教育部人文社会科学研究规划基金"精准扶贫后时代农村返贫治理机制优化与扶贫对象可持续发展研究"(项目编号:17YJA810003)最终成果

浙江师范大学乡村振兴研究院出版经费支持出版

乡村振兴 系列丛书

丛书主编：朱华友

乡村振兴背景下
农村返贫治理理论与实践
—— 基于浙江案例的研究

葛深渭 陈扬帆 蔡鹏程 ◎ 著

中国财经出版传媒集团
经济科学出版社
Economic Science Press

图书在版编目（CIP）数据

乡村振兴背景下农村返贫治理理论与实践：基于浙江案例的研究/葛深渭，陈扬帆，蔡鹏程著． --北京：经济科学出版社，2021.11

（乡村振兴系列丛书）

ISBN 978 - 7 - 5218 - 3243 - 3

Ⅰ.①乡… Ⅱ.①葛…②陈…③蔡… Ⅲ.①农村 - 扶贫 - 案例 - 浙江 Ⅳ.①F323.8

中国版本图书馆 CIP 数据核字（2021）第 248370 号

责任编辑：李　雪
责任校对：孙　晨
责任印制：王世伟

乡村振兴背景下农村返贫治理理论与实践
——基于浙江案例的研究
葛深渭　陈扬帆　蔡鹏程　著
经济科学出版社出版、发行　新华书店经销
社址：北京市海淀区阜成路甲 28 号　邮编：100142
总编部电话：010 - 88191217　发行部电话：010 - 88191522
网址：www.esp.com.cn
电子邮箱：esp@esp.com.cn
天猫网店：经济科学出版社旗舰店
网址：http://jjkxcbs.tmall.com
北京季蜂印刷有限公司印装
710×1000　16 开　15.75 印张　260000 字
2021 年 11 月第 1 版　2021 年 11 月第 1 次印刷
ISBN 978 - 7 - 5218 - 3243 - 3　定价：78.00 元
(图书出现印装问题，本社负责调换．电话：010 - 88191510)
(版权所有　侵权必究　打击盗版　举报热线：010 - 88191661
 QQ：2242791300　营销中心电话：010 - 88191537
电子邮箱：dbts@esp.com.cn)

序言
PREFACE

乡村振兴是在新时代背景下我国农村发展的重要战略和工作部署。2005年10月，国家"十一五"规划建议要从社会主义现代化建设全局出发，统筹城乡区域发展，坚持把解决好"三农"问题作为全党工作的重中之重，实行工业反哺农业、城市支持农村，推进社会主义新农村建设。2006年2月，中央"一号文件"《中共中央国务院关于推进社会主义新农村建设的若干意见》提出要按照"生产发展、生活宽裕、乡风文明、村容整洁、管理民主"的要求建设社会主义新农村。2017年10月，党的十九大报告中提出实施乡村振兴战略。2017年12月，中央农村工作会议首次提出走中国特色社会主义乡村振兴道路。2018年1月，国务院公布《中共中央国务院关于实施乡村振兴战略的意见》。2018年9月，中共中央、国务院印发了《乡村振兴战略规划（2018－2022年）》。2021年2月，国家乡村振兴局正式成立。2021年3月，国务院印发《关于实现巩固拓展脱贫攻坚成果同乡村振兴有效衔接的意见》。

乡村振兴战略要求坚持农业农村优先发展，按照产业兴旺、生态宜居、乡村文明、治理有效和生活富裕的总要求推进农业农村现代化。乡村振兴的主要目标是农业高质高效、乡村宜居宜业、农民富裕满足，主要任务是产业振兴、人才振兴、文化振兴、生态振兴和组织振兴。在乡村振兴战略中，乡村产业振兴是关键，目标是着力构建现代农业体系；乡村人才振兴是源泉，目标是着力增强内生发展能力；乡村文化振兴是灵魂，目标是着力传承发展中华优秀传统文化；乡村生态振兴是基础，着力建设宜业宜居的美丽生态家园；乡村组织振兴是保证，目标加强以党组织为核心的农村基层组织建设。

作为全国改革发展的重要窗口，近年来，浙江省深入实施"八八战略"，沿着绿水青山就是金山银山的路子，推进农业供给侧结构性改革，深化农村改革，全面开展农村生态文明和美丽乡村建设，农民的获得感、幸福感、安全感显著提升。为科学有序推动乡村振兴，浙江省根据《中共中央国务院关于实施乡村振兴战略的意见》《中共中央国务院关于印发〈乡村振兴战略规划（2018－2022年）〉的通知》和《中共浙江省委浙江省人民政府关于印发〈全面实施乡村振兴战略高水平推进农业农村现代化行动计划（2018－2022年）〉的通知》《农业农村部中共浙江省委浙江省人民政府共同建设乡村振兴示范省合作框架协议》，编制了《浙江省乡村振兴战略规划（2018－2022年）》。在规划的总体要求中提出"以城乡融合发展为主线，以全面深化农村改革为动力，以乡村特质发展为根本，以新时代美丽乡村建设为目标，体系化推进乡村产业振兴、人才振兴、文化振兴、生态振兴、组织振兴，加快建设乡村振兴示范省"。

浙江省乡村振兴一直走在全国前列，形成了一系列典型经验和发展模式，体现在经济、社会、文化和生态各个方面。绿色崛起＋数字赋能模式，如浙江省湖州市安吉县天荒坪镇余村，这里是习近平总书记"绿水青山就是金山银山"理念诞生地、中国美丽乡村精品示范村、省级"两山"乡村旅游产业集聚区核心区，是全国首个以"两山"实践为主题的生态旅游、乡村度假景区。先后获得省3A级景区村庄、省级休闲旅游示范村、省级红色旅游示范基地、全国文明村、全国美丽宜居示范村、全国生态文化村、国家4A级景区等殊荣。组织振兴模式，如浙江省武义县后陈村，在2004年建立全国首个村务监督委员会制度，成为村务民主管理的创新之举。2005年，时任浙江省委书记的习近平同志到后陈村调研，充分肯定"后陈经验"。经过多年的探索和完善，"后陈经验"逐渐成熟,先后被写入新修订的《中华人民共和国村民委员会组织法》和2013年、2015年中央"一号文件",2017年,以此为原型的《关于建立健全村务监督委员会的指导意见》发布。村务监督委员会制度已由一项"治村之计"上升为"治国之策",村务监督委员会也由自发性组织演进为农村基层组织的"标配"。文化振兴模式,如金华市武义县岭下汤村,历经八百余年,依托丰厚的人文历史承载,展示农耕文化、腰鼓、秧歌等民俗文化和民间技艺,探索发展"旅游+文化"的兴村之路。产业振兴模式,如丽水松阳县山头村,"村集体和村民利益共享"的联结机制催生了农村产业振兴的新业态和新模式,形成集种植、加工、观光于一体的产业链,不仅推动了当地豆制品产业以及种植业、养殖业及特色农产品产业发展,还带动了当地农村旅游业的发展。

浙江师范大学对农村研究有着较为悠久的历史,也有着较为深厚的积淀。2003年7月浙江师范大学批准成立校级重点研究机构农村研究中心(RCC),2010年2月28日成为浙江师范大学独立设置研究机构。RCC致力于村域经济转型与农村可持续发展管理研究,不断践行"记忆乡村、解读乡村、服务乡村"的机构宗旨;铸造"调查固本、唯实创新,配合中心、服务基层,既定目标、雷厉风行"的机构作风;培育"自愿、合作、共赢、共担"的团队精神;长期坚持深入村落调查研究,为农村改革和"三农"发展建言献策;初步形成了"与政府密切合作,为农村改革和政策制定提供咨询,主动服务国家战略和区域经济社会发展"的机构特色。浙师大农村研究中心先后与省、部委相关机构及地方政府合作共建了4个研究基地,即与住房与城乡建设部政策研究中心合作设立的"村镇建设调研基地"、与浙江省委、省政府农办共建的"江南村落研究基地"、与浙江省农业厅和"减负办"合作共建的浙江省农民负担动态监测研究基地,同时启动了"21216工程"(固定观察点20个县、100个乡镇、200个村、1000个农户、60个合作社)。浙江师范大学农村研究中心通过主办国际国内学术会议、出版学术专著、发表高级别学术论文、参与立法调研和政府政策咨询等活动,获得省以上奖励多项,被《人民日报》《光明日报》、中央电视台、人民网、光明网等媒体报道多次，形成了广泛的社会影响和良好的社会声誉。

2021年4月16日，为深入贯彻落实国家实施乡村振兴战略的重要部署，积极服务浙江省社会主义现代化先行省、共同富裕示范区建设，浙江师范大学乡村振兴研究院成立，为校级院管研究机构，是融合多学科多领域研究力量，主要从事与"乡村振兴"相关的科学研究和社会服务工作的交叉协同创新平台。业务主管部门为校科学研究院，依托经管学院管理。以学校原有农村研究中心的研究基础，汇聚力量、提档升级，整合学校社会学、法学、教育学、经济学、工商管理、文学、艺术设计、城乡规划、信息技术、生态学、环境科学等多学科领域资源，紧紧围绕乡村产业、人才、文化、生态、组织五大振兴，重点在乡村经济、乡村教育、乡村建设、乡村治理、乡村文化、乡村生态环境建设和现代农业技术生物等方面开展学术研究、决策咨询与社会服务，争取通过3~5年的建设，建成集理论研究、决策咨询、人才培养、文化传承、社会服务功能五位一体的学术高地、高端智库和服务平台。

浙江省金华市政府也十分重视乡村振兴，2021年3月18日，金华市成立了乡村振兴学院，旨在深入贯彻落实乡村振兴战略，满足农业农村发展需求及广大乡村居民的学习培训需求，打造乡村振兴人才高端智库、培养基地和实践中心。目标是将乡村振兴的理论研究和产学实践推向新的高度，为我国乡村振兴提供金华样板和金华经验。

在此背景下，我们这套浙江省《乡村振兴系列丛书》从产业振兴、文化振兴、生态振兴、人才振兴和组织振兴五个方面展开研究。相信在新时代国家政策的引领下，在浙江师范大学和地方政府的大力支持下，我们的乡村振兴研究能在实现学术贡献的同时，扎扎实实地为地方经济和社会发展服务。

此为总序。

浙江师范大学乡村振兴丛书编写组
2021年11月16日

目录
CONTENTS

第一章 绪论 ·· 1
 一、研究意义 ··· 1
 二、基本思路与研究方法 ·· 3
 三、研究内容与不足之处 ·· 5

第二章 中国农村返贫治理研究相关理论 ································ 7
 一、主要概念 ··· 7
 二、无影灯效应论 ··· 13
 三、产业转型理论 ··· 14
 四、产业融合理论 ··· 16
 五、PEST 分析 ·· 21
 六、"飞地经济"理论 ·· 22

第三章 中国农村返贫治理研究进展 ······································ 30
 一、返贫治理研究的总体状况 ·· 30
 二、返贫内涵与返贫率 ·· 32
 三、农村返贫的负面影响 ·· 33
 四、返贫类型与特征 ··· 34
 五、返贫治理存在的问题（困境） ·································· 37
 六、返贫成因研究 ··· 39
 七、返贫风险预测与控制机制 ·· 50
 八、返贫治理对策研究 ·· 58

  九、当前中国农村返贫治理的宏观战略和模式 …………………… **67**

第四章　精准扶贫后时代农村扶贫对象识别监控机制优化……… **68**

  一、国外关于贫困识别的研究 ……………………………………… **68**
  二、国内关于精准扶贫与精准识别的研究 ………………………… **70**
  三、关于扶贫监控机制的研究 ……………………………………… **72**
  四、核心概念梳理与理论依据 ……………………………………… **75**
  五、Z 案例村监控机制分析 ………………………………………… **79**
  六、基于无影灯效应下的监控机制优化 …………………………… **94**

第五章　精准扶贫后时代浙江农村返贫治理政策
　　　　创新及启示 ………………………………………………… **105**

  一、精准脱贫后 26 个原贫困县农村居民收入
  　　增长概况（2015～2019 年） …………………………………… **106**
  二、浙江省精准扶贫后时代返贫治理主要政策创新梳理 ………… **107**
  三、返贫治理三大重点工程及其实施成就 ………………………… **115**
  四、浙江返贫治理启示：创新、包容与共享并举 ………………… **120**

第六章　农村主导产业转型推进脱贫对象可持续发展
　　　　茜溪案例研究 ……………………………………………… **124**

  一、农村主导产业转型的理论探索 ………………………………… **124**
  二、茜溪主导产业转型与脱贫对象的可持续发展历程 …………… **126**
  三、第二次主导产业转型的内生条件 ……………………………… **129**
  四、内生条件（资产）的初步开发利用 …………………………… **136**
  五、研究小结 ………………………………………………………… **143**

第七章　农村三产融合模式促进脱贫对象可持续发展
　　　　何斯路案例研究 …………………………………………… **146**

  一、相关理论研究梳理 ……………………………………………… **147**

二、乡村产业融合发展——何斯路村的可持续
　　　　发展路径选择 ……………………………………… **153**
　　三、何斯路村产业融合发展环境的 PEST 分析
　　　　(2008~2016 年) ………………………………… **160**
　　四、何斯路村产业融合发展的路径与绩效分析 ……… **166**
　　五、何斯路村产业融合发展研究结论与启示 ………… **174**

**第八章　"飞地"投资模式助推脱贫对象可持续发展
WY 县实践研究** …………………………………… **181**
　　一、WY 县"飞地"项目现状 ……………………………… **182**
　　二、基于 DPSIR 模型的 WY 县"飞地"项目运作管理分析 … **189**
　　三、WY 县"飞地"项目存在的主要问题 ………………… **207**
　　四、WY 县"飞地"项目运作效益提升建议 ……………… **209**

第九章　结论与思考 …………………………………… **217**
　　一、本书研究小结 ……………………………………… **217**
　　二、返贫治理路径创新若干思考 ……………………… **220**

附件：WY 县—HN 市"飞地"项目调查问卷 ………… **225**
主要参考文献 …………………………………………… **228**
后记 ……………………………………………………… **243**

第一章

绪 论

一、研究意义

(一) 选题背景

1. 乡村振兴战略实施与精准脱贫时间上重合

2017年10月18日,中国共产党召开第十九次全国代表大会,大会报告中明确提出了为全面建成小康社会必须实施乡村振兴战略,这一战略的实施将通过"三步走"来解决制约中国社会经济全面发展的"三农"问题。2017~2020年又是中国全面解决绝对贫困问题的关键之年,在时间上与乡村振兴的开局时间重叠。在脱贫攻坚的最后阶段,中国的贫困人口越来越集中于深度贫困地区,这些地区通常地处偏远,交通不便、信息闭塞、生态脆弱、基础生存条件很差,实施精准措施过程中一方面面临生态修复治理和保护环境的重大责任,另一方面又需要解决产业发展难题、降低高脱贫成本的困境,同时还需要时刻关注脱贫后再返贫的风险,因此需要探索更有效的贫困治理路径。因此,在实施乡村振兴战略的过程中,如能全方位与多层面地做好与脱贫攻坚的协调工作,就可以为精准扶贫后时代返贫治理提供一种新的思路。

2. 浙江省是中国最早完成精准脱贫任务的省份

2013年年底,习近平总书记针对中国贫困治理已经取得的巨大成就和各地扶贫存在的不足,在广泛听取扶贫战线上的各方建议的基础上,通过大量细致的实地调研,提出了精准扶贫理念,指导全国各地贫困治理的最后攻坚之路。[①] 在这一扶贫思想的指引下,浙江省在全体扶贫参与者的共同努力下,最终于2015年年底,以高于全国标准一倍的标准,率先完成了精准脱贫工作。随后,浙江省各级政府和其他组织又采取各项立足浙江实际的返贫治理措施,保证了浙江省的贫困治理走向深入,截至2020年年底,浙江省没有出现普遍的返贫现象。不仅如此,5年来,经过各方努力,浙江农村居民的平均可支配收入持续增长,从2015年的21125元上升到2020年的31930元;农村居民的人均消费支出,从2015年的16107.7元上升到2020年的21555元,农村居民生活水平持续上升。[②] 因此,选择以浙江省为研究样本,总结浙江省的返贫治理经验,对于全国返贫治理工作具有现实指导意义。

(二) 研究价值

本书的理论价值在于为扶贫理论的进一步完善作一点补充。2013年年底习近平总书记提出精准扶贫理念后,中国学术界从不同侧面展开了全面的研究与探讨,在精准扶贫的内涵、机制、政策、路径、产业发展、金融支持、模式创新、教育、分类治理、政府与社会的合作等方面取得了大量的理论成果。但这些研究基本都是围绕着精准扶贫的科学实施和制定相关保障政策提供解释和支持,对于精准扶贫后时代的反贫困治理却鲜有涉及,因此本书把研究视角置于精准扶贫后时代扶贫对象的监测与可持续发展路径选择问

---

① 王海湾. 习近平总书记关于精准扶贫的重要论述研究 [D]. 成都:西华大学,2021.
② 根据浙江省统计局发布的统计年鉴的数据整理。

题上，通过文献研究和案例分析，详细梳理了返贫原因、预警机制和治理对策等相关理论。

本书的实际应用价值主要体现在两个方面：一是为返贫治理动态监控机制的构建和优化提供参考与思路。本书在梳理相关返贫监控机制理论研究的过程中，总结了三大类多种类型的返贫预警机制模型，这些模型可以为各级政府完善和修正已有的监测机制和相关管理政策提供参考依据。二是为政府决策部门制定保障各地方脱贫对象可持续发展的产业规划、相关支持政策等提供决策依据。返贫的实质仍然是贫困问题，本书详细梳理了各类型返贫的原因、特征、治理政策等的理论研究，同时重点分析了浙江省先期脱贫地区，脱贫后没有再度返贫的典型案例，总结了这些地区之所以能可持续发展，防止返贫发生的主要原因在于实行了与各地特殊环境相适应的各项发展政策。上述理论研究的成果和实践探索的经验，可以为各级政府制定各地预防返贫发生的可持续发展政策提供参考和借鉴。

二、基本思路与研究方法

（一）研究思路

本书研究遵循传统的"理论—实践—理论—政策建议"的应用学科研究思路。首先通过文献研究简要梳理了与本书研究对象相关的理论，接着详细研究了近30年返贫治理的研究成果，在此基础上再以典型的返贫治理成功案例佐证了返贫治理理论的合理性和正确性，最后形成简单的研究结论，进而提出防止脱贫农户再返贫和保持其可持续发展的政策建议。具体研究思路见图1-1。

图 1-1 基本研究思路

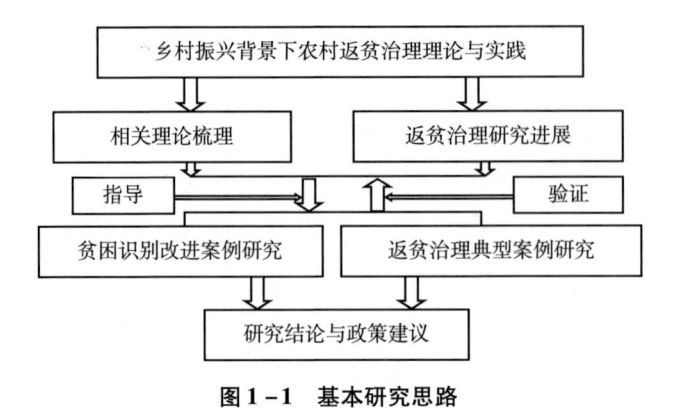

（二）主要研究方法

1. 文献研究法

我们在互联网、中外文数据库、部分研究论著等上面收集了数千篇与返贫治理研究主题相关的论文和著作，然后再以不同的关键词进行二次搜索和甄别，最后确定了具有代表性的数百篇论文和著作作为研究对象，然后从返贫治理的内涵和返贫率、农村返贫的负面影响、返贫类型与特征、返贫治理存在的问题（困境）、返贫成因、返贫风险预测与控制机制、返贫治理对策研究、当前中国农村返贫治理的宏观战略和模式等方面进行了全面梳理，汇总形成了中国农村返贫治理的理论研究成就。

2. 调查研究法

为了验证理论研究中提出的农村返贫治理对策的合理性，我们通过对河南省信阳市罗山县周党镇某村的贫困识别机制、浙江省义乌市某村的农村一二三产业的融合发展防返贫、浙江省浦江县某乡的农村产业升级防返贫、浙江省WY县某村的"飞地"发展模式防返贫等典型案例进行深度访谈，再结合浙江省精准脱贫后的贫困治理政策创新（2015~2019年）情况，对典型案例进行了较为详细和深入的研究，发现产业发展是阻止返贫现象发生的根本动力，制度创新是阻止返贫问题发生的重要保障。

三、研究内容与不足之处

（一）本书主要研究内容

本书核心内容共由九章组成，进一步可以分为相互关联的三大部分。第一部分为理论探索，由第一章、第二章、第三章和第五章组成，第二部分为典型案例分析，由第四章、第六章、第七章和第八章组成，第三部分为研究简要小结和政策建议，主要在第九章。每章内容概述如下：

第一章，绪论部分，简要阐述了本书研究的背景和价值，概括了整个研究的基本思路设计和方法运用，以及本书研究的主要内容和存在的不足之处。

第二章，通过文献研究，概括了返贫治理研究中运用的相关概念、主要理论依据和具体研究方法，具体包括贫困与贫困治理、返贫与返贫治理、精准扶贫、机制优化、可持续发展等核心概念，无影灯效应论、产业转型理论、产业融合理论、PEST 理论、"飞地经济"理论等理论原理和方法。

第三章，主要运用文献研究法，研究了 20 世纪 80 年代末以来，大量学者们公开发表的返贫治理研究论文和著作，结合国外的相关研究成果，阐述了中国农村返贫研究的基本现状和研究脉络，构建了中国式的返贫治理研究理论成果框架。

第四章，在梳理精准脱贫后时代贫困治理新特征的基础上，充分借鉴国内外贫困识别的理论研究成果和实践经验，运用无影灯理论，通过对河南省某村贫困识别监控机制的实地走访调查和分析，发现了识别监控机制存在的不足，提出了完善识别监控机制的相关对策建议，并重新设计了贫困监控识别机制，为返贫治理提供了新的思路。

第五章，主要梳理了浙江省从 2013 年开始到 2019 年止，全面进入精准扶贫后时代，特别是 2015 年高要求完成精准脱贫任务后的关于贫困治理的相关政策、计划和措施，这些政策的颁布实施保证了浙江省脱贫农户的可持续发展，防止了返贫现象的发生。

第六章，以产业转型理论为指导，详细研究了浙江省浦江县虞宅乡从20世纪90年代中后期解决了农村贫困问题以来，通过农村主导产业不断地转型，保证了脱贫后农村的可持续发展，探索了防止农村再度陷入贫困的路径、方法。

第七章，以三产融合理论为指导，详细研究了浙江省义乌市山区偏远村——何斯路村在解决了农村贫困问题后，在乡村能人的带动下通过三产融合方式，走出贫困恶性循环的路径选择、主要做法和经验启示。

第八章，以"飞地"经济理论为指导，选择浙江省WY县某村为研究对象，研究了已经完成精准脱贫任务的乡村，依靠村庄自身资源和能力，无法保证可持续发展目标，但可以借助"飞地"发展模式，通过发展和壮大村集体经济为中介，达到脱贫农户可持续发展的路径、方法与经验借鉴。

第九章，在简单总结前文研究的主要成果的基础上，提出了返贫治理的关键在于构建和完善科学合理的返贫预警机制，全面实施乡村振兴战略，重点谋划适合乡村的新产业，挖掘乡村存量资源，增加农民财产性收入的有效途径。

（二）本书研究的不足

1. 研究的深度和广度有待进一步拓展

由于我们的研究水平所限，再加上2019年年底以来，新冠肺炎疫情的突然暴发和持续扩散，限制了调查研究的区域选择，使得我们在研究过程中不得不主要运用文献研究为主，案例选择仅限于一省之内，且数量偏少，影响了样本的代表性。因此，必然造成研究深度和广度的不足。

2. 返贫预警机制研究不够深入

返贫治理机制优化的关键点在于对返贫现象发生的精准把握，这种精准把握来源于对农户数据的精准监测，这就需要构建和完善科学合理的返贫预警机制。本书的研究由于资料收集和数据获取的困难，仅限于对学者们已经探索提出的返贫预警机制建议进行分类整理，虽然也提出了我们自己的构想，但并没有进行完整、细致的论证，这是本书研究的最大遗憾之一。

| 第二章 |

中国农村返贫治理研究相关理论

一、主 要 概 念

(一) 贫困与贫困治理

1. 贫困

贫困是世界各国普遍存在的长期社会问题。最初由于许多地区人民的温饱无法得到满足,因而学界对贫困所下的定义相对简单,即对于贫困概念的界定仅仅停留在物质资源匮乏、精神文化财富不足等层面,且主要将贫困标准与收入挂钩。但随着经济社会的不断发展,国内外贫困状况发生了一系列新变化,表现出新特征,贫困的内涵也随之改变,国内外学者在贫困问题相关研究中更加强调贫困的相对性与多维性。总体来看,学者关于贫困概念的认识主要包含物质贫困、能力贫困、权利贫困三大层面。

(1) 物质贫困

这一概念来源于英国学者朗特里(M. Rowntree,1901),他在《贫困:城镇生活研究》中指出,一个家庭处于贫困状态是指该家庭的总收入无法满足家庭基本生活需求。在他对贫困所下的定义中可以看出,此时关于贫困的理解主要停留在物质贫困层面,即由于物质资源的匮乏导致人们的生产生活陷入窘境。自朗特里之后,关于贫困定义的研究逐渐展开。例如,美国学者劳埃德·雷诺兹(Lloyd G. Reynolds, 1982)在《微观经济学分析和政策》中提出,贫困是许多美国家庭缺乏足够收入满足基本生活水平的状态;迈克尔·莫里斯(Michael Morris, 1986)和约翰·威廉姆森(John Williamson, 1986)认为贫困是缺乏维持生活需求的资源。中国国家统计局基本也认定贫困一般指物质生活的困难状态。

(2) 能力贫困

随着对贫困研究的逐步深入,以及社会发展环境的变化,学界对于贫困内涵的认识逐渐深化。印度学者阿玛蒂亚·森(Amartya Sen, 1982)从权利相对剥夺的视角来界定贫困,开创了能力贫困研究的先河。阿玛蒂亚·森提出,收入贫困只是贫困的表象特征,贫困不仅是收入贫困问题,而且是基本生存能力被剥夺。阿玛蒂亚·森在贫困问题相关研究中,不仅仅关注收入分配问题,而且关注穷人有关经济和社会权利的相对剥夺状况。此外,世界银行主编的《1990年世界发展报告》(中国财政经济出版社,1990)提出贫困是缺乏取得最低生活标准的能力。联合国开发计划署(UNDP)在《1996年人类发展报告》中也将能力贫困作为衡量贫困的指标。

在国内,徐延辉(2015)等认为,能力贫困是指个人缺乏对于资源的占用与支配,在通过与社会环境进行有效互动实现社会所认可的功能性活动上存在困难;段世江(2010)等提出,在贫困农村,能力贫困即贫困人口或社区,由于受到了社会发育低层次性的影响,在社会性资源的分配上处于手段、能力和机会的匮乏与劣势状态,难以通过与外部环境进行有效互动实现自我发展;刘爽(2002)提出,能力贫困反映了人口综合能力的欠缺情况。

(3) 权利贫困

相关学者通过研究发现,缺乏话语权、社会排斥等也是导致贫困的重要原因。在贫困问题的研究中,许多学者开始将社会排斥与贫困联系起来,由此衍生出权利贫困这一概念。法国学者勒内·勒努瓦(Rene Lenoir, 1974)在《受排斥者——十分之一的法国人》中首次提出"社会排斥"的概念。

托尼·阿特金森（Tony Atkinson，2011）分析了社会排斥、失业与贫困三者之间的关系，研究发现社会排斥的代际传递会影响贫困的代际传递。国内学者洪朝辉（2008）认为治理权利贫困小于治理物质贫困的经济代价，但其社会效益更长远、更积极。关信平（1999）指出贫困是由于部分社会成员缺乏资源而导致的社会剥夺。银平均（2008）认为中国农村贫困问题根本上是由于受到了社会排斥的影响而得不到彻底解决。张等文（2014）等认为中国农民的权利贫困主要表现为经济、政治、社会以及文化权利的缺失与不足。秦守勤（2010）提出权利贫困是指政治权利、经济权利、文化权利和社会权利等基本人权的缺乏或不健全。通过梳理学界关于贫困概念的认识，可以发现以下问题：

首先，贫困不仅指物质资源的匮乏，而是一个包含物质匮乏、能力不足、权利缺失等多方面内容的复杂概念，要突破将贫困问题仅仅视为经济贫困这一思想上的局限，必须从多元的维度看待贫困问题。

其次，贫困概念不是一成不变的，它会随着经济社会的发展变化以及学界研究的不断深入而随之发生变动。因此，我们要用发展的观点看待贫困问题。

再次，将贫困概念的认识由物质贫困层面上升至能力贫困、权利贫困层面，表明人们逐渐摆脱将贫困仅仅与物质生活挂钩这一思想观念上的局限性，这是关于贫困问题认识上的一大进步。随着社会生活的改变，人们越来越强烈地意识到，贫困人口缺乏的不仅仅是基本的物质财富，还包括创造收入、获得机会等能力方面的缺失或不足，如缺乏受教育的机会、缺乏政治参与的权利和自由等，以及相关权利的缺乏，而这些能力或权利的相对被剥夺，也是导致贫困的重要原因。这不仅要求我们在观念上改变对于过去贫困内涵的认识，也强调了在现实中要注重贫困人口能力的提升以及贫困人口权利的维护。提高贫困人口自身的内生发展能力、维护好贫困人口的基本权利，才能更好地改变其贫困状态。

最后，根据不同的划分标准可以把贫困分成不同的类型，如城市贫困与农村贫困、绝对贫困和相对贫困、生存性贫困（温饱型贫困）与发展型贫困，等等。

2. 贫困治理

贫困治理是伴随着贫困问题的发生而产生的组织行为。随着全球贫困治理实践的不断推进、贫困内涵的逐步丰富，贫困治理理念也发生了变化，贫困治理由强调消除经济层面的贫困逐步向强调贫困人群的获得感、幸福感、满足感的提升，强调战胜不平等方面转变。

郭思源（2021）提出，贫困治理必须根据贫困的转型与本质的改变发生相应的变化；唐任伍（2018）等学者认为，贫困治理的本质是要实现与保障贫困人口的生存权和发展权，使贫困人口具备自我发展能力，既要实现贫困人口在经济上脱贫，又要实现他们在精神上脱困；段忠贤（2016）等主张，区域贫困治理不仅需要具有科学的治理结构，更需要具备相关资源要素条件。

（二）返贫与返贫治理

1. 返贫

从字面上看，返贫就是指已脱贫的人口重新陷入贫困。但具体来说，它有丰富的内涵，是一个多属性概念，需要结合实际情况进行理解。返贫可以是由于自然灾害等因素导致原来离开贫困或者处于贫困标准线之上的人口再次回到贫困域或贫困线之下，再度成为贫困人口；也可以是已经摆脱贫困的人口再次回到了贫困人口的行列。虽然关于返贫的概念，相关学者的表述并非完全相同，但其表达的内涵基本一致，即认为返贫是已经脱贫的人口因为各种原因再次回到了贫困状态。

关于返贫含义的理解，应关注以下几点：一是返贫是指原来经过努力脱贫的人群因为各种原因，如疾病、孩子上学等，再次回到了贫困状态；二是贫困的内涵较为丰富，不仅包括经济贫困，还包括能力贫困、权利贫困，等等，具有多维性、相对性，因而对于返贫概念的理解应当立足于对贫困概念的理解；三是对于"返贫"概念，应结合具体发展实际，放在具体时代背景下加以理解。

2. 返贫治理

返贫治理即针对已经出现或可能出现的返贫人群，采取各种帮扶措施，以巩固脱贫攻坚成果。针对中国贫困治理工作中许多地区出现的返贫问题，学术界立足各地实践情况，采用定性、定量等研究方法开展了相关研究。王传刚（2020）等基于KPI视角，构建了返贫治理绩效指标模型；张珺（2011）提出了中国农村返贫治理中存在"数字脱贫"和"政绩脱贫"、政府短期行为、重视物质投入、忽视精神脱贫、贫困者并非真正的脱贫主体及农村扶贫投资结构不合理等问题；庞庆明（2020）等通过分析因疫情返贫的基本特点及影响，提出了因疫情返贫的治理标准，具体包括建立因疫情返贫的分区预防标准、分类监测标准、产业支持标准及民生保障标准。

（三）精准扶贫

"精准扶贫"是针对中国扶贫实践中存在的问题所提出的，也是对以前扶贫实践的总结与反思。2013年11月，习近平总书记在湖南湘西花垣县十八洞村考察时提出了"精准扶贫"思想。"精准扶贫"思想，主要是针对粗放式扶贫而言的。精准扶贫即针对不同贫困区域、不同贫困农户实际情况，采用科学程序对扶贫对象实施精确识别、精确帮扶、精确管理的贫困治理方式；精准扶贫实质上是要在扶贫工作中精准定位扶贫主体、精确识别扶贫对象以及精准选择扶贫路径，以实现高效开展扶贫工作、取得减贫脱贫成果的目标；精准扶贫是要通过精准帮扶贫困家庭和贫困人口，解决导致贫困的因素与障碍、拔出"穷根"，真正实现脱贫致富。精准扶贫的核心要义在于"扶真贫、真扶贫"。

真正做到精准扶贫、精准脱贫，重点要把握六个"精准"，即扶持对象精准、项目安排精准、资金使用精准、措施到户精准、因村派人精准以及脱贫成效精准。具体来看，精准扶贫就是要在精准识别、精准帮扶及精准管理上下功夫。因此，从扶贫对象的确定到脱贫成效的取得及保持，每一个环节都必须把好关、保证精准。精准扶贫的基本标准是"两不愁"和"三保障"，即不愁吃、不愁穿，义务教育、基本医疗、住房安全有保障。

（四）机制优化

机制一词，源自希腊文，原指机器的构造与运作原理，其后逐渐用于其他领域，表示社会或自然现象内在组织与运行的变化规律。机制的内涵极为丰富，如它既可以指机器的构造与工作原理、有机体的构造、功能和相互关系，又可以用来表示工作系统的组织或部分之间相互作用的过程和方式。目前，机制已广泛应用于不同领域，且其在不同的应用领域有不同的内涵，如经济机制、监管机制、扶贫机制，等等。

吴昊（2007）通过分析社会学、管理学、心理学等不同语境下机制的不同内涵，提出机制是机体的构造、功能和关系；申秀清（2014）提出，机制是以新的方式使有机体的要素有效配置，充分发挥每一要素的功能，实现系统整合的作用，使有机体高效率运转的方式；潘锡杨（2013）从系统论的角度出发，将机制定义为系统内部各子系统、各要素之间的组织结构、相互关系、制约因素及其内在运动规律和工作原理，以及与系统运作密切联系的基本准则、规章制度和管理方法；刘佳丽（2014）认为，机制即制度化的方法；李景鹏（2010）认为，机制表现出了主体自动趋于一定目标的这样一种趋势和过程。

优化，即指采取一定方法、措施使某个对象变得更好，它反映了研究对象向好的方向发展的趋势与特征。由此，可以将机制优化定义为通过一定措施，使系统内部各要素实现更加良性的合作，从而使有机体更加高效运转。

（五）可持续发展

20世纪五六十年代，日益加剧的资源、环境压力引发了人们的反思，从而催生了可持续发展理念。1962年，蕾切尔·卡森（Rachel Carson）发表《寂静的春天》一书，书中关于环境污染、生态破坏现象的描述引发人们关于发展观念的反思。1972年，在斯德哥尔摩召开的第一次国际环保大会联合国人类环境会议，针对环境问题进行了讨论，并通过了《人类环境宣言》。1987年，世界环境与发展委员会在《我们共同的未来》中正式使用了可持续发展的概念。1992年，在里约热内卢召开了环境与发展大会，会上通过了《联合国气候变化框架公约》等5个文件，意味着可持续发展理念逐步付诸实践。

目前，可持续发展的内涵有多种，各种定义的侧重点有所区别，或侧重自然层面，或侧重社会层面，或侧重经济层面，或侧重科技层面，但被广泛认可的是世界环境与发展委员会在《我们共同的未来》（1987）中对可持续发展所下的定义是，既能满足当代人的需要，又不对后代人满足其需要的能力构成危害的发展。一般认为，可持续发展包括三方面内容，即经济可持续发展、社会可持续发展以及环境可持续发展，即要实现经济发展、社会进步及环境保护的有机统一，这要求人们既要注重提高经济效益，又要进一步推动社会公平以及环境保护。

二、无影灯效应论

无影灯原理（shadowless lamp effect）是一种在许多领域广泛使用的物理原理。在医学上，无影灯是一种常用的工具，也是医生手术中不可或缺的工具。在光的照射下，一切都会产生阴影，无影灯的原理是弥补单光束的缺点，并使高强度光成为圆形，整齐地固定在圆弧形灯罩上，使灯光从不同角度照射，每个光源的阴影由相对的光源照射，使得光源的阴影不可见。

无影灯效应的原理告诉我们要想展现出事物的真实性，需要在各个角度施加力量，并且各个方向都要有着力点，通过多方位深观察了解事物的本质。要想无死角地监控需要有四个因素：一是光源数量，数量是实现亮度的前提，单一的光源总会产生阴影，增加光源可以相互照亮彼此的阴影面。二是光源强度，如果数量保证了但是强度没有保障就相当于阴影面没有被完全照亮，还是会产生监控漏洞，因此要保障光的强度，不能有的地方强有的地方弱，功效要统一。三是光线角度，若多角度重复照亮一个地方会产生效率低下的问题，有的地方没有照亮，因此保障全方位的角度才能形成整个监督体的无影区。四是固定平台。满足以上三个条件需要一个平台作为载体进行资源整合，相互交流，灯罩就是作为一个平台的存在进行要素整合。四个要素缺一不可，只有这样才能真正使无影灯展现效果。

在解决实际生活中遇到的复杂问题时，许多场合都应用了无影灯效应理论，其内涵也得到了拓展。目前无影灯效应也用于比喻要多角度、全方位、客观地看待事物，以更加真实地反映事物的全貌。曾有学者在公共治理领域引入无影灯理论，也有人提出在精准识别监控机制中运用无影灯原理。目前，无影灯效应已经不仅仅应用于物理学、医学领域，更广泛应用于扶贫、反腐败、企业财务等领域的研究。

在无影灯效应理论应用研究方面，罗建峰（2017）基于无影灯效应，提出扶贫资金审计监管要有足够多的审计主体、要充分发挥审计权能、要建立审计网络及要为审计主体提供平台；江琦（2018）等借助无影灯效应进行腐败治理分析，提出审计机关与监察委协同治理腐败要把握以下基本原则，即审计机关与监察委要具备一定规模、权力要达到一定强度、要构建全方位的监督球面、要有可以使二者共同发挥作用的平台；任晓军（2016）基于无影灯效应，对 XBRL 财务信息披露形式的市场进行了分析，并提出了政府加大 XBRL 知识的宣传力度、加快建立 XBRL 财务报表鉴证系统、进一步完善 XBRL 的分类标准、实现 XBRL 的本土化等针对性的建议。在未来，无影灯效应理论的应用领域将会更加广泛。

三、产业转型理论

20 世纪中期，国外开始了有关产业转型问题的相关研究。在 20 世纪 90 年代以前，国外关于产业转型相关研究集中于产业结构转型，20 世纪 90 年代以后逐步转向了关于价值链转型的研究。而国内对该问题的研究起步稍微晚一些，始于 20 世纪 90 年代中期，且更多聚焦于资源型城市的转型问题。

国内外都有关产业转型问题的相关研究，且研究成果较为丰富，但关于产业转型尚未形成统一的定义。牟宇峰（2017）认为，产业转型包括产业关系转型、产业结构转型、产业格局调整、产业增长方式变化及产业组织形式转变；杨彬彬（2016）提出，产业转型是某个国家或地区的产业体系通过调整内部结构和体系重构，改善产业与资源环境以及产业与经济增长关系的过程；徐小琴（2019）指出，产业转型是对产业结构各方面进行的调整，包括了产业结构、组织以及技术等多方面的转型；尹良润（2013）主张，产业转型主要包括产业结构、产业组织以及企业组织的转型；刘客（2014）提出，产业转型是指一个产业由于市场、技术等因素的变化而引起的自身的组织、结构调整或者向其他产业局部或完全转变的过程，包括产业组织转型和产业结构转型。虽然学者们关于产业转型的定义不尽一致，但可以看出，相关研究普遍认为产业转型是一个综合性的概念，它包括了产业结构、组织和技术等多方面的转型。

产业转型理论在应用研究领域上，目前较多应用于钢铁产业、煤炭产业、体育产业及旅游产业等领域的研究。在钢铁产业转型相关研究中，常琰琼（2020）对供给侧结构性改革背景下钢铁产业的发展进行了SWOT分析，并提出了邯郸市钢铁产业的转型路径；戴维旺（2018）等分析了河北省钢铁产业绿色转型面临的机遇与挑战，并提出了树立绿色发展理念、建立健全绿色转型动力机制、推动绿色技术创新及抓住京津冀协同发展和"一带一路"建设发展机遇等促进河北省钢铁产业绿色转型的具体建议；高超（2013）认为，中国钢铁产业要实现转型，必须重视循环经济发展技术的引进，并且要加快推广与应用新技术、新工艺和新设备。

在煤炭产业转型相关研究中，刘客（2014）基于熊彼特的创新理论，提出了中国煤炭产业的转型方向，具体包括开发新产品、革新技术、开拓新市场、增加新材料的来源和创新组织形式；周积培（2019）从提高产业机械化程度、推进产业技术升级、发展净煤技术及进行产业融合发展等方面提出了产业安全下煤炭产业的转型之路；汪克夷（2000）等认为中央和地方政府的重视与支持、转型工作开始时间的确定、可行项目的初步筛选及为构成替代产业而进行的项目优化组合均是影响煤炭产业能否顺利转型的因素；李丹（2010）提出要利用系统理念确保山西省煤炭产业实现顺利转型，并提出了转变政府职能、建立资源产业转型基金与加大开放力度等推动山西煤炭产业转型的具体对策。

在体育产业转型相关研究中，陈进良（2014）等分析了体育赛事市场化对经济发展的影响以及制约河南省体育赛事市场发展的因素,并提出了推动河南省体育赛事产业转型的相关建议;刘兴刚(2018)等研究了体育产业转型的路径,如深化体制改革、坚持观念创新、以服务为主进行资源整合及坚持运营创新等;魏家鹏(2014)等提出要对甘肃省特有的民族传统体育产业发展模式进行创新,推动甘肃省体育产业转型发展。

在旅游产业转型相关研究中,胡海霞(2015)以绍兴古城为例,分析了历史文化名城旅游产业的转型路径,具体包括重新定位古城功能、调整产业结构、塑造古城形象、打造古城度假产品、改造商业业态及构建漫游交通体系等;金霞(2009)立足于产业间关系的角度,从理论与实际上分析了旅游产业向何处转型以及如何转型等问题,研究发现旅游产业转型机制的根本动因是产业耦合,未来旅游产业转型的一个主要方向是农旅产业耦合,而休假制度是推动其转型的外在基本条件;麻学锋(2010)提出应当全面客观看待旅游产业转型的初始条件,同时要根据特定的初始条件制定相应的转型战略。

四、产业融合理论

关于产业融合理论的相关研究,国外最早可追溯到马克思和马歇尔进行的相关研究,但当时尚未形成系统的研究体系。20 世纪 60 年代,罗森伯格(Rosenberg,1963)在对美国机械工业进行研究的过程中,提出了技术融合这一概念。20 世纪 70 年代,尼古鲁庞蒂(Negroupponte,1978)提出计算机系统、印刷工业技术和广播技术三大行业的交汇点会成为增长最快的领域。1992 年,经济合作与发展组织(OECD)对产业融合的概念进行了解释。20 世纪 90 年代末,欧洲委员会在发表的绿皮书中,阐述了产业融合的概念,对后来产业融合相关研究具有较大影响。20 世纪 90 年代以后,国外学者逐渐增加了关于产业融合理论的相关研究,如林德(Lind,2004)基于产业生命周期模型对产业融合现象进行了分析,哈克林(Hacklin,2010)对 ICT 产业融合的四大因素进行了分析。

相对而言，国内关于产业融合的研究较晚。20世纪90年代以来，国内学者开始关注产业融合相关问题。于刃刚（1997）分析了第一、第二、第三产业的融合趋势；卢东斌（2001）指出，产业融合是将传统产业与高新技术产业结合的有效途径；厉无畏（2015）认为，产业融合主要包括高新技术的渗透融合、产业间的延伸融合及产业内部的重组融合三种方式；周振华（2003）通过分析电信、广播电视和出版三大产业的融合过程，提出产业融合是对传统产业分立的否定。

（一）产业融合的含义

产业融合的概念界定，从不同的角度所下的定义存在一些差异。厉无畏（2015）指出，产业融合是一个动态发展过程，在这一过程中，不同产业，或者同一产业内的不同行业相互渗透、相互交叉，最终融为一体；马健（2002）提出，产业融合是在技术进步和放松管制的影响下，发生在产业边界和交叉处的技术融合，使得原有产业产品的特征和市场需求发生改变，改变了产业的企业之间竞争合作关系，从而模糊了产业界限甚至导致产业界限的重新划分；李晓丹（2003）认为，产业融合是由于高新技术及其产业作用于其他技术及其产业，使得两种或多种产业融为一体，并逐步催生出新的产业属性的结果。

虽然目前关于产业融合的概念尚未形成统一定论，但可以发现学者们普遍认为产业融合是不同产业相互作用的结果，在这一过程中，产业边界逐渐模糊或消失。

关于产业融合的讨论已经持续了40多年，汇总学者们从不同的研究视角出发，得出的产业融合的内涵，主要包括以下四大类：第一，从信息通信产业的融合视角看，产业融合可以认为是在技术融合、数字融合基础上所出现的产业边界的模糊化，最初是指计算机、通信和广播电视业的"三网融合"。第二，从产业融合的原因和过程等来看，产业融合是一个逐步实现的过程，先后经历四个阶段：从技术融合到产品和业务融合，再到市场融合，最后达到产业融合的状态。由于技术进步和放松管制，在产业交叉处的技术融合改变了原有产业的特征，导致企业之间竞争合作关系发生改变，出现产业界限模糊化甚至重塑产业界限的结果。第三，从产业融合与产业组织结构来看，产业融合往往指随着产业边界的模糊化，原本独立的产业和企业之间出现新的竞争与合作关系，进一步引发产业边界的重新界定。第四，从产业创新和产业发展来看，产业融合如同不同学科的交叉融合会产生新的学科一样，是通过不同产业或者同一产业内的不同行业之间的相互交叉、相互渗透，最终逐步形成新的产业或新的增长点的动态发展过程。

然而，对于产业融合的内涵虽然提法各异，但究其本质，他们都基于一个共同认识：产业融合作为一种新的经济现象，是一个动态演化过程，通过技术进步这一产业融合的内在因素的促进作用，加之政府放松管制的外在影响，降低了产业的壁垒，加强了企业之间的竞争合作关系，导致产业边界模糊化，最终推动了产业融合的发展。产业融合的发展态势对各类产业的走向影响深远，近年来，随着数字经济的发展，数字技术的普及，数字技术领域的融合发展必然带来产业结构的转型升级。

（二）产业融合效应

1. 促进产业创新，提升产业竞争力

产业融合作为一种突破传统范式的产业创新形式，会产生包括技术创新效应、竞争激励效应、组织创新效应在内的一系列创新效应，综合形成产业创新效应，从而促成产业创新。第一，新技术的广泛应用，在两个或者多个产业之间形成了相同的技术基础和市场基础，使得某些产业容易改变结构的布局，迅速从一个产业过渡到另一个产业，实现产业创新发展。第二，产业融合使得传统的竞争规则变得不再适应，企业为了适应新的竞争环境需要对竞争与合作关系进行战略调整，使自身保持较高的竞争优势。第三，产业融合使得产业之间的边界模糊化，必将引起企业组织之间和企业组织内部的调整与创新，实现组织结构创新效应。产业融合将会导致市场结构的深刻变革，企业随着需求趋势的变动不断调整战略规划，追求产业创新。

国家竞争力的核心是产业竞争力，而产业竞争力在一国的发展，更多的是依靠产业结构的转型升级，需要不断地去追求产业结构的高级化和合理

化。而恰好产业融合与产业竞争力的发展过程具有内在的动态一致性，产业融合促进产业创新发展，提高了产业开拓市场、占据市场、获得利润的能力，产业结构得以转型升级，产业竞争力得到提高。

2. 催生产业新业态，释放经济活力

产业融合作为一种新的产业模式，不断影响着企业间的合作形态，让原有的产品和服务有一个新的发展空间。企业与企业之间往往以一种新的合作方式，共同追求原产品或服务的新发展。虚拟企业便是在产业融合视角下发展形成的一种新型企业合作形态，虚拟企业运用互联网技术，联合多个企业的知识与能力，实现资源动态整理。在此基础上，企业快速响应市场，对产品或服务做出及时调整，适应多样化的消费需求。

数字经济背景下，随着数字技术的发展，与传统产业的融合不断加强，数字经济产业应运而生。数字经济产业作为一种新生业态，一方面，其自身的发展就是一个释放经济内生活力的过程；另一方面，通过不断与其他产业的融合，影响和改变着其他产业的产品特点、市场竞争状况以及价值创造过程，最终改变原有产业产品的市场需求和产业的核心能力。新一轮的产业转型升级产生新的合作形态，吸引更多的市场参与者进入，促进新兴产业的出现与成长，扩展产业发展空间。

3. 拓展产业链，实现价值增值

产业融合让原本分立的产业价值链实现部分或全部的融合，融合后的产业在新的价值链下往往比原有产业具有更高的附加值和更大的利润空间，提高了产业竞争力。在延伸拓展的新价值链上，通过资源的整合与优化配置，原本各自独立经营的业务范围不断扩充，交易成本逐渐下降，发展的过程中不断体现价值的增值效应。

数字经济与制造业的融合发展，不仅改变着制造业内部结构，也让源源不断的价值流、资金流、物质流从链条上游向下游发送，实现价值的一次次传递和转移。传统的制造业通过最新的技术、最高端的服务、最先进的网络以及最优质的服务，实现自身价值的不断增值。

4. 推动区域经济一体化发展

产业融合通过促进企业网络发展、提高区域间的联系水平，产生区域效应，推动区域经济一体化发展。这里所说的区域经济一体化是指不同的空间经济主体之间为了生产、消费、流通、贸易等目的，从产品市场到生产要素市场，再到经济政策统一的发展，逐步产生市场一体化的过程。

产业融合突破传统区域边界，打破区域之间的壁垒和障碍，增强区域之间的联系。首先，产业融合促进区域间的贸易与竞争活动，提高区域间资源的流动与配置效率，从而带动区域的贸易效应和竞争效应。其次，产业融合能够改善区域原有的空间二元结构，不断扩展中心区域的扩散与极化效应。最后，产业融合有利于构建通用的区域经济制度框架，促进区域经济一体化制度的建设，降低区域制度造成的障碍，为经济全球化打下基础。

（三）理论应用拓展

产业融合理论，最初是源于对于技术融合的研究。目前，产业融合理论已广泛应用于相关领域的研究，国内学者研究较多的是围绕三次产业融合、文旅融合等相关热门话题展开。

在三产融合相关研究中，赵霞（2017）等从理论上探讨了农村三产融合的内涵、现实意义以及驱动因素；熊爱华（2019）等立足于农业经营主体视角，将农村一二三产业融合模式划分为沿产业链向前后延伸、拓展农业新功能和推广应用先进技术三种类型，并分析了三种融合模式的条件，最后提出推动中国农村三产融合的相关政策建议；孔祥利（2019）等从协同动力、协同主体、协同引擎、协同保障、协同基础五大方面提出了乡村振兴战略与农村三产融合发展的协同路径；王颜齐（2018）等分析了黑龙江省贫困地区农村三产融合的现实困境，并提出了推动黑龙江省贫困地区农村三产融合的相关建议。

在文旅融合相关研究中，金武刚（2019）等提出在公共文化服务中融入旅游元素与在旅游公共服务中加强文化赋能两大促进文旅融合发展的公共服务建设途径；徐翠蓉（2020）等提出了通过文旅融合构建国家认同的实践路径；秦继伟（2019）分析了河南黄河流域文旅融合的现状、存在的具体问题及成因，最后提出打造河南黄河流域文旅融合高质量发展示范区的路径；燕连福（2019）分析了新时代文旅融合的现实意义、面临的问题及未来的着力点。

五、PEST 分析

1999 年约翰逊（Johnson G.）和施乐斯（Scholes K.）提出 PEST 模型。PEST 分析主要用于分析企业的外部宏观环境，即分析一切影响行业和企业的宏观力量。

一般而言，PEST 分析主要是对政治、经济、社会以及技术四大类因素进行分析。其中，政治环境包括国家的方针、政策、法令等；经济环境可以分为宏观经济环境与微观经济环境两方面，主要包括经济发展水平、发展速度、收入水平、储蓄、消费等因素；社会文化环境包括居民的受教育程度、文化水平、价值观念、风俗习惯及宗教信仰等因素；技术环境包括相关技术手段的变化、专利申请、保护情况，等等。

当前，PEST 分析理论应用领域十分广泛。郭燕（2020）等基于 PEST 分析法，对中国跨境电商所处的政治环境、经济环境、社会环境及技术环境进行了分析；孟佳娃（2015）等运用 PEST 方法，分析了中国 PPP 模式养老机构运营的政治环境风险、经济环境风险、社会环境风险及技术环境风险；张童莲（2015）等分析了中国互联网金融的发展历程及现状，基于 PEST 分析法，从政治环境、经济环境、社会环境及技术环境对互联网金融的可持续发展进行了分析；杨璇（2018）等基于 PEST 分析法从政治环境、经济环境、社会环境及技术环境分析了中国健康旅游产业发展的现状以及存在的一些问题，最后提出了促进中国旅游产业发展的针对性策略。

六、"飞地经济"理论

(一)"飞地经济"理论的起源与演化

1992年,美国城市经济学家周敏首次提出"飞地经济"的概念。"飞地经济"是指经济发展存在差距的区域突破地域限制,将"飞出地"的资金与项目放在"飞入地",实现两地资源互补、互利共赢的经济合作模式。"飞出地"与"飞入地"是"飞地经济"的合作主体,其中,"飞出地"是转出生产要素的一方或招商引资方,"飞入地"是承接生产要素的一方。产业集聚理论、不平衡发展理论、增长极理论及比较优势理论均是"飞地经济"的重要理论基础。

文欣中(2004)认为,"飞地经济"具有绕过行政壁垒、实现区域比较优势、可以化解环境与发展的矛盾等优势;王波(2013)提出,发展"飞地经济"可以打破地域限制、解决相关城市地理位置上的缺憾、开辟了中国经济体制改革的一个新的试验区、缓解中国经济发达地区土地紧张的矛盾以及开拓了扶贫的新模式;谢召锋(2014)提出,"飞地经济"有助于推动区域协调发展、促进府际合作和区域契约行政、加快服务型政府建设、促进多元治理主体的有机结合以及提高对口支援的成效。由此可知,"飞地经济"作为一种经济合作模式,在多方面具有显著的优势。

国外对于飞地问题的研究,早期主要集中在国际关系、人文地理等方面,近期主要集中在基于经济学的后殖民依赖关系。

乔纳森(Jonathan,2009)等发现,在已设有飞地的地区,政府行政力量对经济活动的干预要比未设飞地的地区更强。

路易斯(Luis,1984)等从社会层面对经济飞地进行研究,认为"飞地"不仅会对地区经济产生影响,对该地区的人口增长也会产生重要影响。作者指出,减少"飞地"项目导致人口迁移带来的消极影响是国家及其机构的责任，只有国家通过执行区域化的战略计划，才能利用好"飞地"项目带来的经济发展并达到区域均衡发展这一目标。有波兰学者认为经济特区即是一种经济飞地，作者通过对比经济特区在远东和加勒比国家实践的失败和中国发展经济特区的成功经验，认为平衡好地方在税收、企业招引等优惠政策方面的支出和增加地方收益二者之间的关系是确保特区经济或是"飞地"项目持续发展的重要因素。

莫丽娜（Molina，2004）等讨论了工业聚集区与移民飞地聚居区之间的关系和相互作用，认为发展飞地会带动形成移民的飞地概念化。如，飞地会带来新的移民，并且促使本地人增加对移民的接纳度。从飞入地国家的角度来看，在某种程度上这些移民聚居区可能会缓解激烈的全球竞争影响，让飞入地国家在国内就可以找到多样化的生产替代品，从而缓解消费压力。

伍德与格雷（Wood & Grela，1993）最早研究了飞地治理的相关问题，并且把相关的组织合作进行划分，提出了先行、过程、结果等不同的阶段。佩里与汤姆森以此理论作为基础，对此问题进行10多年的探索，对前者所提出的3个阶段进行了完善。飞地治理的先行阶段表示组织合作开展的初期阶段，涉及的因素有资源需求、双方合作的历史、资源共享及其风险、组织的高度依赖性等。飞地治理的过程阶段为核心的环节，主要有5个不同的维度：信任、互动、自治、管理与治理。飞地治理的结果阶段则有新价值伙伴关系的产生、相关组织间进行成功交易的各项规则、系统供应的义务与责任、自治的集体行动等。所以，要获得一个卓有成效的跨域治理结果，要求参与的各个方面都能在所有环节做好平衡，而且公共管理者要能够掌握调控好过程内涵。

不少国外学者也研究了"飞地"对于一国经济发展的重要意义，比如加拉格尔和扎尔斯基（Gallagher & Zarsky，2007）在其专著《飞地经济》（*The Enclave Economy*）中系统研究了"飞地"中国外投资和经济发展问题，该书以墨西哥IT产业为研究对象，研究了"飞地"和外商投资对于当地经济发展的影响。

（二）"飞地经济"理论的主要思想

国内关于飞地经济的研究，由于经济改革和经济发展的需要，一度比较繁荣，并逐渐形成了一些比较一致的观点和结论。

1."飞地"的内涵

"飞地"（enclave）以不平衡发展（unbalanced development）、梯度通道、区域比较优势（regional comparative advantag）等相关理论作为其基础。近年来，有更多的研究人员开始重视飞地的研究与实践，并从各自的视角来定义飞地的概念。相关的研究结果可以归纳如下：

周敏早在 1992 年即提出此概念，认为"飞地"指互相独立且经济发展水平不同的两个行政区域在经济增长过程里，利用突破经济发展空间与跨行政的管理来实现资源互补共赢的增长模式。

夏惠芳与李俊阳（2006）指出，"飞地"是经济欠发达与发达的地区突破行政的限制条件，将资金进行相应的转移，共同对税收体制进行分配、管理与建设等方面的设计，从而使双方的经济发展取得互利共赢的良好结果。

刘子涵及任浩（2007）等人在各自的研究工作中采纳了上述定义。他们提出，"飞地"是在区域经济（regional economy）成长的过程中形成的，相关的两个参与区域都在其经济互联的区域经济模式上，打破原行政区划限制，在区域内通过政策促进飞入地的工业化进程，利用合理的利益分配制度，达到两个不同地区共赢发展的一种经济增长方式。王波、刘晓春、李吉、任浩、朱世宝、尹杰兰、袁伟民、李宁、梁群、张毅等采用了类似的定义。

张黎明（2011）进一步完善了"飞地"的定义，指在行政区域间开展经济合作时，飞出/飞入双方构建相关的利益分配制度，进行共同资金的管理及建立经济区，从而获得共赢且互惠互利结果的一类经济发展方式。

部分学者从区域经济发展的角度界定差距。李宇（2019）的研究指出，作为区域经济增长的新方式，"飞地"把地域层面中的概念纳入经济层面之中，对相关地区的发展差异、资源特色与发展方式进行分析。据林昌辉和曾军（2008）介绍，"飞地"是指两个行政独立、经济存在差异、突破行政区划限制、经济发展和行政管理实现两地协调发展的区域。张跑等人采纳且对上述定义进行了证明。

2."飞地"的特征

李瑜（2007）认为"飞地"具有产业关联性（两者形成完整产业链）、优势互补性（两地在各个方面进行优势互补）、环境差异性（两地在社会环境、人文及经济水平等的差异）与发展空间分离性（两地在行政区划上各不相同）等方面的特点。梁新举（2010）的研究也指出，"飞地"项目有着合作共赢、空间区域分离、资源互补等特点，不同于传统的投资吸引模式和经济园区建设模式。

3."飞地"的类型

按照管理主体的不同，可以将飞地划分成大学或民间非营利机构主导型、政府主导型，以及政府、大学、企业联合管理型三种管理模式。也有人认为可以划分为飞入地管理模式、飞出地管理模式、两地共管模式，我们通过分析得出不同模式之间的优缺点。比如，飞入地管理型，管理方熟悉当地情况，但没管理经验；飞出地管理型，服务和政策连续，但管理方不熟悉当地情况；两地共管型，服务管理延续，但管理效率低；对口帮扶型，政策优势明显但利益分配不均。

按照合作方式划分，有人认为"飞地"基本运作方式和载体是开发区，只是在具体运作细节上有所不同，可以通过对比共管模式、托管模式、园中园模式、项目合作模式、贸易合作模式和交流合作模式六种开发区管理模式的异同来寻找飞地工业园区管理模式的差异。林伟军（2009）则将其简单概括为"飞地"基本运作方式只是共管模式和托管模式。他以深圳市为例，认为飞地园区起步建设范围内暂由公司和政府协调管理，起步区外由所在地乡镇政府管理，随后在园区发展过程中逐步移交管理的方法能有效避免托管机构在园区建设初期的管理负担。而陈帅飞、曾伟（2016）认为飞地管理的主要模式有行政托管模式、管理移植模式和第三方管理模式。两位作者集合飞地管理的特点和难点，提出了"复合行政"理念对飞地管理的适用。朱绍勇、夏凡（2017）总结飞地工业园区基本管理模式包括政府间合作和政企合作。认为建立高位推动是政府间共建飞地工业园区的重要保障，市场化运作是飞地工业园区管理的有效途径。

4."飞地"的经营模式

江苏省常州市是中国"飞地"项目的探路者。常州市在20世纪80~90年代和陕西安康及三峡库区分别搭建起战略合作关系,对"飞地"经营模式进行了最初的探索。进入21世纪以来,中国陆续出现了各地"飞地"经营模式的实践探索,目前已经取得了一些成果,有各种各样的合作方式。其实践通常包括产业(industrial transfer)"飞地"经营模式、区域合作"飞地"经营模式、移民产业"飞地"经营模式、特色产业"飞地"经营模式和地理位置调整"飞地"经营模式等。

5."飞地"发展条件

从实践来看,"飞地"经营模式在现实发展过程中取得了一定的成绩,然而该经济发展模式需要有一定的条件作为前提,并非任意两个地区皆能够成功地应用此方式。李骥与刘晓春(2007)指出,要考虑产业结构与地理位置两个因素来开展论证。李瑜(2007)提出"飞地"项目建设需要产业梯度与资源配置等条件。而任浩(2007)等人的研究则表明,必须具备三个条件:地理位置接近、优势互补、发展时机。赵永杰(2010)提出了三个条件:区位优势、资源优势和产业梯度。根据东方学院和杨平的说法,"飞地"经营模式成功应用的基本条件是利益分享,而土地则是其成长的前提条件。李长华(2010)研究了张泉与长潭之间的"飞地"实践,提出封闭空间是该类经济发展所必须的,"飞地"项目在工业领域的发展的各个特点相互依存,主要经济和社会资源有成本差距,发展机会相互促进。"飞地"的发展条件已有研究报道,其结果受到分析问题的视角所影响。总体而言,其发展前提是区域差异、产业梯度及补充资源的优势,而利益共享与政策的支持则是其基本条件。

6."飞地"建设面临的困境和对策

从最初创造性的实践探索到今天的全国开花,过去十多年全国各地建立了大小数百个飞地园区,但有专家认为,迄今为止国内多数"飞地"项目并没有实现真正意义上的成功,"飞地"合作成功的范例并不多,甚至有些合作仅停留在酝酿阶段,如同范轶芳、赵弘（2015）所形容的"签协议,无机制,无落实,无跟踪""重前期,轻后期,重投资,轻产业"。在"飞地"发展过程中新情况、新问题层出不穷,对现行的行政和经济管理体制机制产生了冲击,改革创新是突破发展瓶颈的唯一出路。以发展经验丰富的江苏为例,江苏南北共建园区启动迅速,成效显著,但仍缺少一套稳定高效的长期推进合作机制,并且受宏观环境的影响,飞入地本身要素价格普遍快速上涨,有竞争力下降和发展后劲不足的危险,事实也证明设立较晚、规模较小的共建园区发展效益并不明显。查婷俊,刘志彪（2017）认为缺乏与时俱进的顶层设计使得"飞地"项目的可持续发展受到阻碍；横向关系不顺产生一系列摩擦和利益分歧；处于经济下行周期将导致双方合作的意愿迅速减弱,而且飞入地与飞出地的改革意识、价值观念不同也使得地区间合作以及产业转移困难重重。胡俊峰、杨凤华（2014）提出强化顶层推动,加强规划引领；创新合作共建方式,探索利益分享机制；各级政府创新体制机制,强化保障措施等推动江苏共建园区发展的对策。同时在长三角范围内为促进共建园区发展还应该构建长三角一体化市场,打造园区运营主体企业化和政府服务平台化的模式。

7. 促进飞地经济发展的具体措施

飞地经济要得到有效的发展,需要有多方面的条件:一是发挥市场的调节机制,建设合理的制度来推动飞地经济发展；二是在区域经济的相关协调发展战略中纳入产业转移；三是对政府行为进行规范,创新相关的制度；四是该类经济的发展战略制定要参考地方的具体情况。殷杰兰（2008）对河南的飞地经济实践进行研究,认为需要克服相关体制所形成的障碍,要清晰地对飞地产业进行行政权力方面的界定。采取各种有效措施推动优势的企业能够走出去；对两地的互利互补要进行科学的规划；借助新农村建设的东风,利用旅游业来推动飞地的经济成长,提升农村的飞地经济发展,充分利用开发区建设来促进飞地经济完善。强化指导与管理,提倡全面且可持续发展的经济观点；逐步关注跨省的飞地经济实践及其取得的效果,结合整体经济与飞地经济,使其共同进步。对黄河三角洲的相关研究表明,在将该经济区提升到国家战略的高度之后,它已经有了飞地经济发展所需的政策、成本落差、平台载体、港口等条件，其发展要有相关的政策作为保障，其政策涉及审批、人才、环保、产业、土地、利益分配、金融、财税等方面。

8."飞地"管理优化

有学者认为，应从运行机制、政策法规以及机构设置等方面，着手优化完善"飞地"经济园区的管理模式。在"飞地"经济园区的发展过程中，需要拟定相应的法律，规范化其监督管理职能，并进一步强化城市化进程的服务和管理，促使政府投入大量资金满足基础设施建设所需。同时需要有相应的运行机制保障，才可以确保有关法律法规的执行和落实。在"飞地"经济的基础上，应该创建出一个由多方主体参与的系统化管理机制，以此来推进园区的建设和发展。基于此，只有逐步完善保障机制，才可以实现多主体的合作共赢。评估一个机制是否成熟，主要因素在于政府是否具备强有力的统筹机制，是否具备健全的组织管理架构，跨地区的区域政策是否有效衔接，同时具备高水准的公共服务质量。具体而言，要求相应的工作机构负责规划、建设并协调"飞地"工业区的管理，并创建出跨地区协调管理结构，把不必要的社会管理职能剥离出去。

一部分学者认为，对于"飞地"经济园区而言，只有平衡管理过程中各方权责和利益的关系，才可以妥善解决与之相关的问题。针对"飞地"型高新区的建设，吕帅（2011）认为，对于飞入地和飞出地而言，应该互相配合，引入飞出地的先进管理软件，协助飞入地科学管理园区，创建出联合股份机制，借助于联席会议机制，妥善均衡分配不同地区、不同利益主体的问题。邢洁（2013）认为，应该事先划分并分配相应的管理权限和利益，再着手完成"飞地"建设，这样才能有效规避纠纷的发生。同时可采用政策引导兼并的方式，妥善管理发展落后的园区。

（三）理论应用拓展

在中国，基于发展实际，"飞地经济"理论已被用于区域协调发展、脱贫攻坚等热点问题的研究。

在"飞地经济"与脱贫攻坚相关研究中，张明善（2019）分析了"飞地经济"模式对深度贫困地区的现实意义以及适应性,并且提出了推动深度贫困地区"飞地经济"发展的相关建议;董凡铭(2020)提出了脱贫攻坚背景下,辽宁发展"飞地经济"要做到进一步狠抓落实"飞地经济"支持政策、大胆探索和创新"飞地经济"合作与分享机制以及进一步健全完善"飞地经济"考核奖励机制;蒋文杰(2020)认为,"飞地经济"在实现现行标准下的贫困人口全部脱贫、防止经济欠发达地区返贫、助力区域经济协调发展上将大有可为;曾伟(2014)等认为集中连片特困山区发展"飞地经济"有助于连片特困山区的资源优化配置、产业集约发展及其可持续发展。

在"飞地经济"与区域协调发展相关研究中,连莲(2016)等探讨了在京津冀地区进行"飞地"布局的重要意义,并提出了京津冀"飞地"布局的针对性建议;李猛(2020)等主张,飞地经济作为一种新的区域经济合作模式,对于打破行政区划界限、促进区域协调发展起到促进作用;韩文秀(2011)等认为,异地合作共建产业园区的飞地经济模式,是推动区域协调发展的有效途径。

第三章

中国农村返贫治理研究进展

一、返贫治理研究的总体状况

返贫的实质就是贫困，中国贫困治理的艰难历程显示，返贫现象一直伴随着脱贫的进程。因此，随着贫困治理研究的兴起，返贫研究也几乎同时展开，只是当国家把主要精力放在脱贫问题上时，大多数学者们也把主要精力投入了贫困治理的研究，而对于返贫治理的研究少有人充分关注。我们利用知网数据库，使用不同的主题进行搜索，发现研究的集中度差异明显，其中"返贫"主题的论文最多，截至2021年3月31日，有关返贫研究的论文达3245篇（截至7月31日，达到了3825篇），见表3-1。其中最早的一篇是由唐智勇撰写的论文《帮助返贫户再脱贫》，该文于1989年发表于《老区建设》（1989第11期）。返贫研究的总体趋势可以分成两个阶段，从20世纪80年代末开始到2015年前，发表返贫研究相关论文数量一直比较平稳，这种状态与中国贫困治理的进程基本相同。2015年以后，因为2020年实现全面脱贫目标的提出和进入全面小康社会任务的下达，防止脱贫后返贫的出现，成为国家建设的一项重要任务，伴随而来的返贫治理研究相关论文的发表量也快速攀升，见图3-1。

表 3-1 知网数据库返贫治理不同主题搜索结果（截至 2021 年 3 月 31 日）

序号	论文主题	篇数
1	返贫研究论文	3245
2	返贫原因探讨	1194
3	返贫对策	324
4	返贫风险	503
5	返贫困境	5
6	返贫率	15
7	返贫现象	588
8	返贫治理	279
9	返贫问题	1142
10	返贫对策	324

资料来源：作者根据知网发文统计。

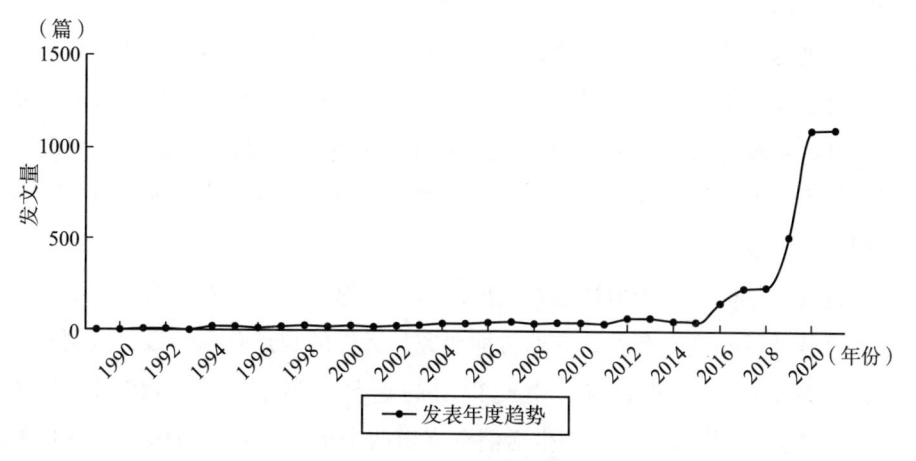

图 3-1 返贫研究总体趋势

从研究的主题角度分析，开展精准脱贫工作以前（2013 年），大量的研究文章主要探讨返贫的原因、影响因素、发生机理、治理对策等内容，实施精准脱贫政策后，研究重心逐渐发生转移，大量研究文章开始关注返贫预警机制的探讨、预警机制的构建以及实证研究和计量分析论证，并进一步提出了"后扶贫时代"的概念。随着精准脱贫任务在全国各地的完成，返贫治理研究开始与乡村振兴战略结合，探讨返贫治理长效机制的构建问题。

二、返贫内涵与返贫率

自从中国开展农村扶贫以来，理论界关于返贫的界定基本一致，一般都把返贫问题界定为贫困治理过程中发生的一种社会经济现象，是已经解决了贫困问题的人，因为某些因素的作用而重新回到贫困状态，其实质是贫困（柯元，2007；金鑫，2015；何华征等，2017；漆敏，2021）。不同研究者关于返贫定义的区别在于标准和外延的规定性有所不同。张丽敏（2019）、漆敏（2021）等定义了返贫的三个层面，即按照某一时期的统一经济标准脱贫后再陷入贫困、贫困程度加深、非贫困人口坠入贫困。范西川（2017）等学者则以是否能过上体面生活作为标准来定义返贫。常齐杰（2019）等学者则把返贫状况仅定义在建档立卡户范围内，即已脱贫户，生活水平再次或重复性地达不到"两不愁、三保障"且年人均纯收入在贫困线以下者则为返贫。蒋雅娜（2019）等学者则在前人研究的基础上，把返贫的界定范围进行了拓展，不仅指经济收入原因导致的贫困，而且多为贫困导致的综合贫困。

返贫率是标志一个地区返贫程度的指标。返贫率的计算与贫困标准的确定与返贫外延的规定有关，在这方面研究学者们的观点基本一致，区别只在于计算的指标和方法差异，由此得出的返贫率数据也各不相同。刘晖（2005）运用人均收入与人均生活消费支出两个指标，结合新疆贫困人口的特点，测算了新疆2001年喀什地区、若羌县、和田地区的贫困发生率分别为20%、60%和70%，再测算连续6年（1996~2001年）的扶贫效果，发现新疆的返贫率大约在2%~6%之间，和田市则高达12%。柯元（2007）等其他学者研究发现，中国各地的返贫率每年大约在15%~20%之间，也有少部分学者甚至认为中国返贫率高达20%~30%，并且返贫率还有区域差异，表现为中西部返贫率高而东部比较低，时间特征上表现为返贫率的周期性，基本以每一、二年波动一次。

三、农村返贫的负面影响

关于农村返贫的负面影响方面的研究，在可查询的文献中研究这方面的并不是很多，其中论述较全面的论文为李玉田发表于《广西右江民族师专学报》（2005年4月）的《中国农村反返贫困问题研究》一文。该文作者认为，返贫带来的负面影响是多层面和全方位的，具体概括了八大方面：一是返贫蚕食反贫困治理已经取得微观成果；二是返贫延缓了反贫困治理的进程，实践上可以发现，在特殊时期部分地区返贫人口甚至部分或全部抵消了已脱贫人口；三是返贫与贫困的叠加增加了贫困治理的难度；四是返贫通过影响资源的区域配置进而影响区域经济社会的持续发展；五是返贫导致扶贫资源不断重复投入，进而浪费了本就稀缺的贫困治理资源；六是返贫使贫困者由于不断重复"贫困—脱贫—贫困"的循环而消磨激情，最终丧失反贫困斗志；七是返贫在一定意义上导致贫困治理组织者和指导者因为工作长期没有绩效激励而灰心，甚至放弃参与贫困治理工作；八是频繁的返贫也会使贫困治理的社会参与者放弃参与贫困治理。

也有部分研究者基于更细的观察视角和不同的社会背景，阐述了返贫的负面影响。张春艳（2012）等以"因灾返贫"为研究对象，利用历史数据作为依据，阐述了"因灾返贫"的负面影响主要有返贫会带来经济损失、造成社会动荡、产生灾后疫情和造成心理恐慌，进而对脱贫丧失信心。从某种意义上讲，返贫比贫困给经济社会带来的破坏性更大，特别是原本不贫困的农户因为灾害而返贫，其受到的心理冲击更大、更深，由此可能影响到以人为本的和谐社会的建设进程。何华征、盛德荣（2017）等则从公共管理学视角分析了返贫的危害：一是因为返贫产生于陌生社会结构而对社会稳定形成隐性危害；二是返贫使乡村经济产生波动，继而造成之前的扶贫资金投入与政策失效，一定程度上导致民众失去对公共管理部门的信任；三是返贫使进一步的减贫脱困行动由于经济社会复杂性的提高而变得失去方向。叶林（2019）等从乡村振兴和小康社会建设的视角，在充分肯定其他学者研究成果的基础上，进一步把返贫的危害提升到了影响国家建设目标的层面，指出返贫将会严重阻碍中国全面建成小康社会的历史进程。

四、返贫类型与特征

（一）返贫类型

关于返贫类型的划分，精准扶贫前后的研究存在较大的区别。在中国实施精准扶贫政策以前，学者们的研究更多以直观描述进行分类为主，其特点是通俗易懂，一目了然。史德（1999）、赵文灿（2000）、凌保平（2001）等学者们，根据返贫发生的不同影响因素把返贫情况分成九大类型，即因灾返贫型、因病返贫型、因学返贫型、因市场返贫型、因婚返贫型、因超生返贫型、因"愚"返贫型、因"懒"返贫型、因"粗"返贫型。其中，前五种类型属于客观原因导致的返贫类型，后四种类型属于主观原因导致的返贫类型。

2013年，中国实施精准扶贫政策后，关于贫困治理的研究逐渐进入一个高潮期，更多学者开始了抽象分析和提炼，对返贫问题的研究更细化、更接近于本质。关于返贫类型的探讨也不再局限于直观描述，而是与对返贫的本质研究相一致形成了新的分类方式。金鑫（2015）专门以自然灾害导致的返贫作为研究对象，从宏观和微观两个层面对返贫进行了分类。其中，宏观层面的类型划分采用两分法，因为角度的不同，类别名称的定义不同，见表3-2；微观层面以个人和家庭为单位把返贫分成三种类型，即生计资产缺失型返贫、脱贫能力缺失型返贫和参与权利缺失型返贫。生计资产缺失型返贫是指自然灾害造成农户在自然、物质、社会、金融等生计资产上大面积毁损而导致整体性和长期性的返贫；脱贫能力缺失型返贫是指由于自然灾害造成农户、家庭个人的劳动能力损失而导致的返贫，这种类型的返贫又可以进一步细分为劳动力有效供给断裂型返贫和灾害后身心健康危机型返贫两类；参与权利缺失型返贫是指农户因为未能参与到贫困治理政策的制定使相关政策不科学、不可行而导致的返贫，这种返贫也可以进一步细分为政策制定的参与权利缺失型返贫和战略实施的参与权利缺失型返贫两类。

表 3-2　　　　　　　　　　宏观层面返贫类型划分

序号	划分标准	类型
1	影响时间	永久性返贫、暂时性返贫
2	影响程度	绝对性返贫、相对性返贫
3	原因依据	纯粹天灾型返贫、天灾人祸型返贫
4	影响范围	整体性返贫、个体性返贫

注：根据金鑫：《当代中国应对自然灾害导致返贫的对策研究》，吉林大学博士学位论文，2015 (5)，32-39. 一文整理。

何华征、盛德荣（2017），张丽敏（2019）等学者从导致返贫的原因入手，结合贫困治理政策的实施和解除、社会财富分配和社会角色转化视角，运用社会学分析方法，把返贫情况分成断血性返贫、狩猎性返贫、失敏性返贫、转移性返贫和传递性返贫五大类型。断血性返贫是指由于扶贫政策的福利消失而导致脱贫农户因缺乏自身发展的内生动力而产生的返贫；狩猎性返贫是指某些农户因为政治文明与社会进步的不断提高导致在原有普惠性扶贫政策下依据人情输送而获得的利益无法有效再得所造成的返贫；失敏性返贫是指农户因扶贫政策缺乏创新而产生的政策相应不足进而失去经济活力的返贫；转移性返贫是指农户因脱贫导致角色转换，进而不能适应新的生存环境而再次陷入贫困的状态；传递性返贫是基于社会遗传密码理论的精神和技术层面的因素在族群内产生的再贫困现象。

杨瑚（2019）等学者基于相同的返贫影响因素的分析，给出了另一种返贫分类，这种分类方法把返贫分成四大类：一是制度政策型返贫。这种类型的返贫有制度惯性型返贫和政策扭曲型返贫两种情形。制度惯性型返贫是指扶贫情景发生变化但对原有扶贫政策的依赖没有改变而导致的返贫；政策扭曲型返贫则是由于扶贫政策的缺陷造成的返贫。二是资源环境型返贫。这类返贫主要是有脱贫户所处区域的资源匮乏或环境恶化造成的再贫困现象。

三是灾祸风险型返贫。这是由天灾人祸和投资、市场不稳定性造成的再贫困状态。四是能力习惯型返贫。这是由脱贫农户自身素质缺陷因素造成的返贫，这些素质因素既有身体特征、学习、技能方面的内容，又有思想观念、风俗习惯、行为方式等方面的内容。

（二）返贫特征

关于返贫特征的研究，多年来学者们或从个案、或从区域、或从整体视角出发，得出了各自不同的研究成果。分析这些成果，我们发现在有些返贫特征描述上，不同学者们获得了一些共识，但在另一些方面则存在各自的差异。学者们共识较多的特征包括返贫的地域性（区域性）、严重性、频发性（高发性）和反复性、不均衡性（原因和时序）等（李玉田、王玉平等，2005；张春勋等，2006；张珺，2011；汪磊等，2013；金鑫，2015；张丽敏，2019；漆敏，2021）。

除了上述研究者提到的共同的返贫特征外，更多的是返贫特征的不同描述。李玉田（2005）从哲学角度论证了农村返贫具有普遍性、必然性、多样性、非均衡性、高弹性和难消除性等特点。王玉平等（2005）补充阐述了中国农村返贫现象具有弱质性和危害性特性。张春勋等（2006）以西部农村的返贫问题为研究对象，论证了西部农村返贫的五个独有特性：一是温饱标准偏低，脱贫基础差；二是返贫分散性；三是返贫的共同特征和根源在于人力资本存量低下；四是迅速上升的农产品市场风险带来的返贫趋势；五是因灾、病、学导致的返贫比例奇高（占比达50%以上）。张珺（2011）阐述了返贫的个体性特征，认为返贫与农户的个人素质有直接关系。汪磊等（2013）以贵州农村返贫现象为研究对象，从返贫的内因和外因两方面论证了返贫发生的突发性特性。张丽敏（2019）、漆敏（2021）论证了被"脱贫"现象与被"返贫"问题并重的特点，主要原因在于贫困标准的频繁上升性变动。

常齐杰（2019）与其他研究者的不同之处在于，以河北某县的脱贫人口为研究对象，以返贫特征为区分标准，论证了返贫户和返贫地区各自不同的特征，认为返贫户主要表现出五大特征：一是返贫户中一般缺少主要劳动力；二是已有的劳动力劳动能力较差；三是返贫户中拥有林地面积等农林资源较少；四是返贫农户中因灾返贫和因病返贫的户数占比高；五是返贫户家庭成员年龄往往都比较大。返贫的地区特征表现在三个方面：返贫户一般生活在自然灾害易发的山地为主的地形区域；区域内的常住人口大多以中老年人为主；这些区域一般经济发展迟缓。

程明（2021）等以精准脱贫后的时代背景为依据，阐述了农村返贫治理将面临新的时代特征：一是农村返贫治理将由"脱贫"治理转向"防贫"治理为主，返贫治理的力量由政府主导的外部性力量转向政府引导、市场参与、村民自主为主导的内部性力量。二是返贫治理的视角将从单一的解决"物质贫困"为中心转向解决多维的"能力贫困"为中心，这就需要构建集知识获取能力、行政决策参与能力、健康保障能力、资产赋权能力等的多元化农村返贫人口权益保障体系。三是返贫成效的评价标准将从脱贫人口的完成数量（"规模性"）转向考核脱贫农户的可持续发展能力、相对贫困发生的比率等"可持续性"指标。

五、返贫治理存在的问题（困境）

中国数十年的返贫治理过程中暴露出了许多问题，针对这些问题，学者们从不同的层面和角度进行探讨、梳理和研究，归纳起来主要集中在四个大的方面。

（一）贫困和返贫治理制度设计缺陷带来的问题

学者们普遍认为贫困治理制度设计缺陷带来的返贫治理困境和问题是最为突出的。常莉（2018）在研究某县的扶贫工作时，发现由于没有建立完善的社会帮扶体系，产生了在返贫治理中社会参与力量薄弱的问题。吴昀（2019）在研究岳西县农村老年贫困群体的返贫现象时发现因贫困治理的制度缺陷造成了返贫治理的四大困境：第一，整个治理体系因缺乏系统化需求分析、治理策略浅显粗放、治理目标不具体而造成未能建立适合民情的治理体系困境；第二，城市化的快速推进和老龄化社会的到来使原有农村非制度保障影响力急剧下降造成制度保障乏力困境；第三，因非政府主体返贫治理参与性不强、政府主体监管机制不健全和各层面治理队伍人才匮乏等带来的治理机制不完善困境；第四，未能建立因应多元治理模式和体系框架的治理模式单一困境。

随着精准脱贫任务的完成，中国社会进入了"后扶贫时代"，在这一时代贫困治理的主题发生了根本变化，防返贫和相对贫困治理成为贫困治理的主要目标。因此，返贫治理面临的困境也会不同。从制度层面来看，程明、钱力、吴波（2020）认为"后扶贫时代"的返贫治理存在着扶贫主体监督考核机制不尽完善的问题，原因就在于贫困治理环境的变化与制度设计改进的滞后矛盾。程明（2021）进一步分析了"后2020"时代农村返贫治理的四大现实困境：第一，"刚性的"瞄准下返贫治理措施的退出导致贫困治理资源的缺乏与"微量化"返贫现象持续存在之间的不匹配矛盾；第二，返贫户的网状分布特点变成点状分布特点，且流动性加速，造成返贫群体识别困难；第三，大规模贫困治理政策的退出带来贫困主体能动性有效激发困难；第四，进而面临需要重新协调各种关系、扶贫力量之间的平衡，重构农村返贫治理体系的困境。

（二）返贫者个体因素形成的问题

这类问题主要是由返贫户或返贫者的自身主客观原因造成的。张珺（2011）认为扶贫者受政绩观所支配，造成被扶贫者缺乏脱贫的主观能动性，从而养成政府依赖特性，一旦扶贫政策退出，必然造成返贫，形成贫困者并不是真正的脱贫主体难题。常莉（2018）通过研究发现，返贫治理遇到的最大户主问题是难以控制偏大的因病因残返贫概率，以及贫困户由于自我发展能力差、思想观念落后、培训效能低造成的职业能力低下、农村人口老年化妇女化儿童化、脱贫质量低下等造成的贫困户自身防御风险能力不足两大问题。程明等（2020）认为在"后扶贫时代"，扶贫对象思想懈怠、脱贫依赖政府、脱贫行为滞后问题仍然存在，极易造成返贫现象的发生。

(三) 产业导入贫困治理路径产生的问题

在原贫困地区导入相应产业是建立贫困治理长效机制，防止脱贫户返贫的最有效手段之一，但在实践上屡屡出现偏差，从而产生产业扶贫成效不明显的问题。常莉（2018）等学者通过研究发现，导致产业扶贫效果不明显的问题主要如下：一是产业扶贫是一个长期的过程，见效缓慢，无论扶贫主导方还是被主导方都不愿投入过多资源；二是各地已经导入的产业基本都为产业链短小、投资周期长、风险隐患高的产业；三是一旦农户选择这类产业很容易受到市场不稳定性的冲击，进而造成农户受到损害而返贫。

(四) 教育贫困治理方式运用中的问题

虽然扶贫先扶志、教育要先行的理念已经获得了普遍共识，但在推进教育治理返贫的工作中，出现了教育既可以治理返贫，又可因操作不当而导致返贫的两难困境。鲁子箫（2017）研究发现，教育投入的长期性及高成本性与教育收益过低和不可控性造成的教育收益下降、高投入的教育所带来的大量农村高素质劳动力的"离农"价值取向，是造成因教返贫问题的主要根源。

六、返贫成因研究

关于返贫成因的研究是学者们涉及最为广泛的一个领域，不同学科背景的研究者从各自不同的研究视角探讨了中国农村返贫的原因，研究成果丰硕，我们主要从制度因素、非制度因素及其他因素等多方面进行梳理和回顾。

（一）返贫的非制度因素

1. 自然、环境因素

绝大多数研究者都承认自然、环境要素是导致农村脱贫后返贫的主要因素之一。仝刘革（2000）、凌保平（2001）、谭贤楚（2013）、赵文灿（2020）等总结了返贫原因主要在于脆弱的基础设施和恶劣的自然条件。张华等（2002）认为自然灾害是较大范围返贫致贫的重要影响因素。廖富洲等（2003）、金坤城（2005）认为恶劣的自然环境、频繁的自然灾害和落后的基础设施是导致农村地区"大灾大返贫，小灾小返贫"的主要原因。王玉平（2005）认为恶劣的生态环境带来了贫乏的抗灾能力而导致返贫频发。柯元（2007）认为恶劣的自然环境和人们的盲目开发加剧了农村返贫的发生。陈标平等（2010）研究了自然生态的不可持续循环是导致返贫的主因之一。吴晓俊（2010）认为贫困地区农户维持经济发展的载体（自然、生态环境等）循环的不可持续性使贫困人口陷入"贫困—生态环境破坏—自然灾害—返贫"的贫困恶性循环之中，最终难以冲出"贫困—脱贫—返贫"的怪圈。李瑞琴等（2011）在研究柳林县的贫困治理问题过程中发现对自然资源的无节制的利用，造成自然灾害频繁，特别是干旱缺水，环境越来越差，使该地区的脱贫又返贫现象频发。金鑫（2015）认为自然灾害导致返贫的机制通过两条路径实现：一是自然灾害频发导致严重的灾害影响；二是脆弱的生态环境引致自然灾害破坏性加剧，进而使得生态恢复难度极大。范西川（2017）研究了包含自然资源、物质资产在内的多个层面的生计资产缺失导致了返贫。彭琪等（2017）、张中近（2019）把导致返贫发生的自然、环境因素，家庭残缺，突发重大疾病等概括成外界不可抗力因素。漆敏（2021）认为自然资源的过度开发造成生态环境恶化，必然导致因灾返贫现象的发生。

2. 农民自身素质因素

农民自身素质因素包含多重方面，王玉平等（2005）研究发现人口素质偏低和思想意识落后是导致返贫的原因。柯元（2007）认为农民素质的高低与返贫率成反比关系，返贫最根本的原因是返贫者的主体素质偏低。陈标平、吴晓俊等（2010）认为贫困人口包括身体健康、思想观念、教育水平、文化技能等在内的综合素质的不可持续发展，形成"贫困—超生多生—教育水平低—素质低—返贫"的恶性循环，这是返贫的主因。范西川等（2017）把农户个体的劳动能力、劳动技能、风险应对能力、思想观念概括为农户的脱贫能力，认为农户的脱贫能力如果产生缺失，必然导致返贫发生。任经宪（2019）认为导致返贫的个人因素包括劳动力内生动力不足和劳动力受传统因素影响等。农民不同层面的素质要素对返贫的影响存在差异。

（1）生理素质

生理素质既包括贫困户主的身体状况，又包括贫困户其他家庭成员的健康状况。生理素质不佳会因医治疾病高成本支出导致返贫。王刚（2017）等学者研究发现，随着中国医疗事业的不断发展，医疗费用持续上升，相对于贫困地区农户相对有限的经济能力，一旦患病极易因为高额医疗费支出而陷入返贫。漆敏（2021）描述了"因病返贫"恶性循环的传导过程，这一过程表现为"贫困—自身健康状况较差—易生病—病后怕花钱或就医不便未能及时就医—拖成大病—医药费高昂更无法承受—返贫"①。同时农村贫困人口的"因病返贫"还可能是因家庭成员的重疾导致长期高额医疗费支出造成。

（2）思想观念（心理）素质

思想观念落后，人口（劳动力）素质低下是脱贫后返贫的根本原因（仝刘革，2000；廖富洲等，2003；谭贤楚，2013）。冉光电（1997）概括了贫困地区农户中带来返贫的这类落后观念有崇尚迷信听天命、讲排场讲面子、重男轻女养儿防老等思想。赵文灿（2000）、凌保平（2001）把导致返贫的落后思想观念分成三类：第一类是思想素质，包括不思改变的守旧思想、温饱即安不竞争思想；第二类是文化素质，主要是返贫户的受教育水平太低导致粗放经营、致富无门；第三类是基层干部的思想素质，贫困地区普

---

① 漆敏：《我国农村返贫问题根源剖析与对策研究》，重庆大学硕士学位论文，2021（4）：21-34。

遍缺乏人才，缺乏远见、缺乏致富思路、缺乏经营思想。张华（2002）、贵桁（2019）等把返贫户的观念落后解释为"等、靠、要"思想根深蒂固，农户本人没有进取心，无所作为，把贫困治理当作党和政府的责任而与己无关。金坤城（2005）认为造成准绝对贫困人口返贫的深层原因在于农民自身科技文化素质低下，无法通过外出打工增加收入，从而在脱贫后再度陷入贫困。李瑞琴等（2011）、张中近（2019）等学者认为返贫户的思想观念落后主要表现在三个方面，一是等、靠、要；二是因循守旧，不愿意过多投入教育，提升素质；三是目光短浅，温饱即安，没有发展规划。

罗文霞（2015）、彭琪等（2017）等专门从返贫户落后的生活观念视角分析了返贫原因。一是严重的等、靠、要思想，不相信可以通过自己的努力能够实现收入增长，对于可能再次陷入贫困无所谓；二是狭隘的满足观，对于已经取得的生活心满意足，认为脱贫是政策带来的幸运，抱着保守的小农思想，得过且过，对脱贫后的生活缺乏认知和规划，造成脱贫后劲不足导致再次返贫；三是落后的生育观念，抱着生儿防老、多子多福的传统思想，陷入越生越穷、越穷越生的恶性循环圈；四是消费观念不健康，随意挥霍，部分脱贫户不知合理使用钱财，盲目攀比，婚丧嫁娶无度支出，大肆操办，最终再度陷入贫困状态。

落后的教育观念也是导致返贫的重要心理因素。冉光电（1997）研究发现由于部分农户以"不误子女奔前程"的盲目教育观念导致过度投入子女教育而返贫。韦志明（2007）研究发现部分农户认定只要孩子接受了高等教育，就能解决贫困问题，因此盲目大量投入孩子的教育费用，但教育投入的回报因专业选择的盲目性和可持续投入的不足不能弥补，进而造成返贫难以避免。鲁子箫（2017）的研究进一步发现除了盲目追求单一高学历、缺乏创新创业冲动的落后教育观念外，"看不起"职业学校教育，以在大城市工作为荣、回家乡工作为耻的心理也是导致返贫的重要因素。

（3）农户家庭状况

返贫农户的家庭状况在一定程度上也是影响返贫的一个重要因素。王刚（2017）研究发现部分返贫户中的劳动力数量及其健康状况与返贫概率存在负相关关系。一般拥有一定量的健康劳动力的家庭，因为收入来源稳定而意外大额支出较少，不太容易再次坠入贫困。另外返贫户中家庭赡养、负担人数与返贫发生率成正相关关系，也就是说一个家庭中需要被赡养的人越多，越容易在脱贫后再次坠入贫困。

（4）个人技能不足

个人能力不足也是导致返贫的一个重要影响因素。冉光电（1997）研究发现某些农户的返贫源于致富心切导致盲目投资，选错投资项目或投资方向。罗文霞（2015）研究发现部分农户的返贫是因为其劳动技能不强。

3. 社会因素

社会因素包含多个方面，一般是通过制度和非制度因素的中介作用影响返贫现象。

（1）社会整体发育滞后

赵文灿（2000）、凌保平（2001）等学者研究发现社会发育整体滞后、缺乏活力是导致偏远山区返贫现象的根本原因之一。仝刘革（2000）在对晋中农村返贫原因的探究中，发现晋中农村地区的市场体系不完备、信息服务滞后、农民负担过重、增收渠道稀少和堵塞、社会环境不宽松、乡村财力困难等是造成返贫的主要因素。

（2）基础设施薄弱

张华等（2002）在对农村牧区的返贫问题研究中发现基础设施的薄弱是导致返贫的前提条件。金鑫（2015）认为薄弱的基础设施无法有效减弱自然灾害带来的损害是部分地区农户返贫的主要根源。罗文霞（2015）研究发现导致返贫的薄弱基础设施主要有交通不便、信息传递不畅、电力供应不足和干旱缺水等方面。

（3）社会经济发展状况不佳

金坤城（2005）通过对中国将近5千万农村准绝对贫困人口返贫现象的研究，发现其返贫成因一方面是脆弱的脱贫现实与实际面临的严重生存困境间的矛盾，另一方面是生产资料价格的快速增长与生产开展困难之间的矛盾。王玉平等（2005）从市场经济发展视角探讨了农村返贫的成因主要在于严重的人才流失和信息匮乏、生产力相对低下和产业结构的单一、市场营商环境和经济发展环境相对较差等多个方面。李瑞琴等（2011）认为某些农村返贫因素主要在于区域产业结构不合理，产业种类少。谭贤楚（2013）

通过对恩施州民族山区农村返贫人口的调查研究发现，返贫的根源在于社会经济发展相对滞后。金鑫（2015）等学者研究发现欠发达省份的贫困地区由于经济发展水平落后导致自然灾害之后恢复能力缓慢，造成返贫问题突出和严重。常齐杰（2019）研究发现返贫主体劳动力创造的产品附加值较低是脱贫人口返贫的重要原因，产生这种结果的原因在于返贫主体劳动力劳动技能单一、女性劳动力和潜在劳动力未被深度挖掘，最终限制了其水平的发挥，使其创造的产品附加值也偏低。

（二）返贫的制度因素

导致返贫的制度因素主要是指国家政府为了更好地进行农村贫困治理而提出的一系列规划、政策、措施、法律制度安排等和建立的各种扶贫设施。廖富洲等（2003）、范西川（2017）、彭琪等（2017）认为扶贫的政策依赖会带来"数字脱贫""被脱贫"怪象，一旦政策弱化或退出就会发生返贫现象。张春勋等（2006）从路径依赖视角，从理论上分析了西部农村返贫的制度根源在于交易制度的路径依赖、反贫困制度的路径依赖，导致贫困治理偏离缓解贫困的目的，制度效率被锁定在无效或低效状态。由于各种因素的干扰和社会环境的变迁，贫困治理的制度设计中的缺陷，可能成为导致返贫的重要因素（谭贤楚，2013）。

1. 贫困治理战略设计与规划缺陷

扶贫战略与规划是为了更好地配置扶贫资源而制定的纲领性文件，对扶贫工作的开展具有长远的指导意义，但战略和规划也存在一些不足，正是这些不足在一定程度上成为返贫的原因。凌保平（2001）在研究中国"八七"扶贫攻坚计划时发现，一些没被列入国定贫困县的贫困区域因为国家划拨的扶贫资金偏少，甚至断供而使部分贫困户重新返贫。麻朝晖（2003）、李瑞琴等（2011）认为开发式脱贫战略中脱贫资金投入不足和脱贫资金使用管理不善的缺陷是20世纪90年代后农村返贫率居高不下的一个重要原因。廖富洲等（2003）认为国家扶贫战略及实施中给予贫困户扶贫资金而轻于资金使用的引导、组织和管理的设计，使扶贫资金未能发挥启动生产的作用，更多地流入消费领域而导致脱贫户再度返贫。柯元（2007）、李瑞琴等（2011）认为扶贫战略的制定基本按照传统计划经济思路进行，导致农村贫困户主动参与度差，无法避免计划经济的各种弊端，这种弊端使政府脱贫战略适用性差，进而导致返贫状况。谭贤楚（2013）认为开发式扶贫战略是一种"特殊的区域发展战略"，它是基于特定项目在特定的贫困区域展开的，忽视了没有能力参与扶贫开发的人群，因此更易导致这些贫困人口的返贫。

2. 贫困治理体制、政策设计缺陷

贫困治理体制与政策设计涉及扶贫战略和规划的执行层面，包含的内容更广泛、具体，因而存在的不足和缺陷也更多，对返贫的影响也就更具体和普遍。

（1）贫困标准（线）设置不科学

贫困标准是政府贫困管理部门判定农户是否贫困、脱贫和返贫的主要标准，有部分学者认为中国贫困标准的设定存在一定缺陷，是导致中国返贫率居高不下的原因之一。王玉平等（2005）认为中国脱贫标准虽然参考了联合国标准，但还是定得过低，再加上农民负担过重，最终导致了农户返贫不断。金坤城（2005）在研究农村准绝对贫困人口（低收入群体）返贫的主要原因时发现，中国的农村贫困标准由于国情影响，不仅一直定得很低而且差距小，很容易由于遭遇天灾人祸、经济波动而使大量农户（约10%~20%）返贫。谭贤楚（2013）认为贫困线标准低是农村返贫率较高的重要原因，低贫困线水平脱贫的村民返贫的可能性很大。彭琪等（2017）、漆敏（2021）等学者认为由于中国的统一贫困线标准定得过低，一旦贫困标准提升就会导致返贫规模扩大。漆敏（2021）进一步把这种返贫定义为政策性返贫，它不属于实质性返贫，其根本原因在贫困标准制定得不科学。

（2）扶贫资金的筹集、使用和管理机制不健全

在扶贫资金对于返贫的影响方面，一部分研究者认为农村扶贫资金的投入不足是导致返贫居高不下的原因（王玉平等，2005）；另一部分学者研究发现扶贫资金在使用管理上的制度缺陷，才是农村返贫产生的关键。赵文灿（2000）研究发现导致农村脱贫后再返贫的原因在于扶贫资金使用管理的偏差，这些偏差表现在四个方面：一是"断奶"式资金使用，二是贫困户扶

持资金不到位，三是扶贫资金被挪用到与扶贫无关的项目上，四是扶贫资金的避险行为造成的扶"富"不扶贫。仝刘革（2000）特别强调了扶贫资金使用与项目管理、资金管理人员与扶贫工程管理沟通、财务管理与扶贫工程管理之间的所谓"三脱结"，导致扶贫资金使用低效，从而造成返贫。麻朝晖（2003）、李瑞琴等（2011）通过对黄季焜等（1998）多名学者的调查结果进行分析，得出了脱贫资金使用管理不善主要表现为资金筹集渠道繁多、管理复杂，使用审批不规范、程序复杂等，同时又缺乏对扶贫资金使用的有效监管，造成扶贫资金的漏出率居高不下，使用效益低下，这是20世纪90年代返贫率高的一个重要原因。柯元（2007）等学者的研究进一步证实了前述学者们的研究成果，同时发现资金的分散管理造成了有限资金的扶贫合力不足。陈标平等（2010）从外部性视角论证了扶贫资金的投入不足是造成返贫的重要原因。张中近（2019）等结合精准扶贫背景下的扶贫状况，认为部分地区盲目的资金扶持助长了贫困户的"惰性"，使其不思进取而造成返贫。

（3）扶贫效果考核制度不完备

扶贫效果的考核机制虽然不是导致农村返贫的直接原因，但由于其不合理会间接影响农村返贫的发生。张华等（2002）研究发现某些扶贫干部由于没有意识到农村扶贫的重要性而把扶贫工作当作任务来简单执行，给钱了事，从而未能在增强脱贫农户的脱贫内劲方面给予帮助。廖富洲等（2003）研究发现扶贫项目选择片面注重"政绩"的政府行为导致扶贫效益短期化而产生返贫。柯元（2007）认为某些扶贫干部的扶贫政绩化追求，造成扶贫规划缺乏科学性，影响扶贫效果，导致返贫频发。彭琪等（2017）认为对扶贫驻村干部的考核存在缺陷，导致其扶贫工作缺乏主动性和担当，从而使扶贫效果达不到预期目标而使农户产生返贫。扶贫驻村干部的管理制度不完善主要表现在两个方面：一是归属感的缺乏，这种状态来自对原工作单位政治前途的担忧；二是激励与保障制度的缺乏，因为贫困村大多环境恶劣、资源匮乏，在那里工作可能会对自身的利益造成大量损失。

（4）财税制度政策安排不公平

金坤城（2005）认为政府在财力安排上缺乏具体的刚性规定是导致农村准绝对贫困人口（低收入群体）返贫的主要成因，这种"一手硬，一手软"的制度设计只关注了绝对贫困户而忽视了准贫困户，是一种不合理的财税政策。柯元（2007）研究发现，中国长期偏重城市发展的财税制度和政策导致了贫困地区政府没有足够的财力支撑公共服务的投入和建设，使部分农民容易脱贫后再次返贫。

（5）缺乏脱贫长效机制

常齐杰（2019）认为缺失脱贫长效机制设计是中国长期贫困治理实践中脱贫人口返贫的重要原因。这种脱贫长效机制的缺失表现在三个方面：一是长效防灾机制的缺失，习惯于灾后重建而不善于防灾减损；二是医疗防返贫机制缺失，特别是大病跟踪预警机制；三是促进脱贫内生动力培育的产业发展机制缺失。

（6）其他返贫治理制度因素

吴晓俊（2010）从中国农村返贫困境分析出发，发现农村脱贫人口返贫的主要根源在于供体扶持的不可持续性导致农村贫困地区得不到持续有效的扶贫资源供给，进而使贫困地区经济发展陷入困境，受此制约，最终形成"贫困—扶贫资源不足—经济困难—返贫"的恶性循环。

彭琪等（2017）通过对边缘贫困户案例研究，发现传统的扶贫制度设计未能覆盖边缘贫困群体，容易使其面临巨大的返贫风险。常齐杰（2019）通过对湖北返贫人口的返贫原因研究发现，现行脱贫政策设计具有忽视贫困脆弱性的缺陷，是导致脱贫户再返贫的重要根源。

3. 教育制度存在不足

中国数十年的贫困治理实践和反贫困理论研究表明，教育是从根本上治理农村贫困问题的重要路径，即所谓"扶贫先扶智"，在这一贫困治理观念上无论是学者还是扶贫实践工作者基本取得了共识，但在各地教育扶贫实践上，反映出教育在有利于消除贫困的同时也会带来脱贫对象和边缘贫困者因为教育投入而再度返贫的问题。针对这一问题，虽然不同的研究者从各自的研究领域给出了不同的解释，但在根本上都指向教育制度的设计缺陷。彭腾（2002）通过研究发现现有教育制度特别是教育的高成本性制度缺陷不仅直接导致了很多家庭因高昂的教育成本投入而返贫，而且也带来部分贫困农户因负担不起高昂的教育成本而产生贫困循环的问题。

金坤城、王玉平等（2005）学者们的研究进一步证实了教育的高成本性原因导致的返贫现象。韦志明（2007）详细分析了"因教返贫"具体制度设计缺陷，主要表现在义务教育阶段家庭承担比例过高造成成本分担不合理、非义务教育费用过高和教育乱收费三大方面。杨翠萍（2010）从西部农村的实际情况出发，发现"因教返贫"的原因主要在于西部农村"读书立命"的耕读文化、教育产业化引发的高学费和低就业现实、西部农村农民把"知识改变命运"认定为"考试改变命运"的机械思维方式。吕登蓉等（2010）从经济学视角论证了教育的反贫与返贫是共生的关系，教育成本—收益的不均衡是因教返贫的直接原因；教育收益周期长，时滞性强是因教返贫的重要原因。王刚等（2017）以具体村落为研究样本，通过实证分析，发现农村家庭户主文化程度与返贫概率成明显负相关关系，农村家庭子女教育负担对返贫发生概率有显著的正向影响，但高中和大学的教育成本过高，极易导致返贫发生。漆敏（2021）认为"致贫"与"致返贫"因素是相一致的，教育制度缺陷带来的高昂教育成本必然产生"贫困—自身受教育程度低—寄希望于子女升学改变现状—教育持续时间长且成本高—返贫"的恶性循环。

4. 社会保障制度设计缺陷

社会保障制度是防止贫困的最后屏障。冉光电等学者早在1997年就研究发现由于缺乏完备的社会保障机制，农户极易因为重病、年老、残疾、丧失劳动能力等原因而返贫。因此，中国由于这一制度设计中存在不足，无法屏蔽返贫现象，导致因病、因灾、因育、因失等返贫现象频繁发生（彭腾，2002）。张华等（2002）认为这种制度缺陷无法保证农民基本物质生活所需；王玉平等（2005）、柯元（2007）等学者研究发现，由于贫困地区经济发展差，农村社会保障体系不健全，造成当地的社会保障程度低，农民因病返贫现象十分普遍；陈标平等（2010）、罗文霞（2015）认为农村改革后传统合作医疗体系因集体经济的薄弱而瘫痪，但新的医疗体系又尚未完全建立，致使市场化的医疗制度加重农民的医疗费用支出，另外养老标准偏低进一步影响农户的投保积极性，因此遇到天灾人祸必然产生返贫现象。

吴晓俊（2010）从扶贫供体（扶贫资源和制度供给）的不可持续性（缺失）视角论证了"贫困—扶贫资源不足—经济困难—返贫"的恶性循环，其中制度供给缺失包含了农村社会保障制度的缺失。金鑫（2015）认为社会保障制度的不健全不完善，无法防御高贫困脆弱性农户的返贫风险，而灾害救助体系的不平衡只能保证有限的返贫防控水平。常莉（2018）研究发现社会保障制度的不完善必然带来深度贫困户的脱贫成果难以巩固、农村公共服务水平不易提升的问题，从而增大返贫风险。

5. 社会扶贫工作机制不健全

社会力量是贫困治理不可忽视的重要力量，但在贫困治理的制度设计中并没有很好地体现出来，这也是导致返贫的一个重要制度因素缺陷。常莉（2018）认为民营企业的扶贫主体地位在扶贫工作体制设计中定位模糊，动员机制不健全，互动机制不完善，缺乏监控机制等未能发挥返贫治理的重要作用。贵桁（2019）认为传统扶贫模式下返贫的原因在于市场主体参与返贫治理动力不足和社会组织参与返贫治理职责缺位。

（三）扶贫工作本身存在的问题

扶贫工作机制本身存在的不足，在一定程度上也会导致返贫发生（张华等，2002）。张丽敏（2019）研究发现，这种不足表现在实践上就是"重脱贫、轻解困"，寄希望于一次性解决贫困问题，从而导致返贫问题经常发生。漆敏（2021）从三个方面详细论证了"扶贫工作"本身存在的缺陷：一是扶贫目标确立上"重量轻质"；二是扶贫操作上欠缺跟踪监测，重视"瞬间"脱贫，轻视"持续"脱贫；三是在扶贫结果考核上缺乏阶段性评估，不能对扶贫工作的有效性进行动态测定。

（四）其他因素

除了上述三大方面的因素造成返贫外，部分学者的研究结果表明还有另外一些要素也能在一定区域、针对特定人群造成返贫。彭腾（2002）、谭贤楚（2013）等学者研究发现，失地、失业、失足也是造成部分农户返贫的重要原因。麻朝晖（2003）认为扶贫决策部门对农村形势的错误认识，进而造成社会救济作用的过度弱化增加了返贫风险，提高了返贫率。漆敏（2021）研究发现外部机遇的"低值性"①显示了"脱贫"仅仅是一个短时间的结果而非持久的状态，而外部机遇的"非持续性"无形中导致了"返贫"的频繁发生。

还有部分学者从经济学视角，对返贫的原因进行了有益的探讨。金坤城（2005）研究发现农村准绝对贫困人口（低收入群体）返贫的主要原因在于惠民政策和救助绝对贫困人口的边际效益下降。陈标平等（2010）认为导致农村返贫的主要原因在于自然生态资源和扶贫社会资源的不可循环与不可持续。常莉（2018）认为存在返贫风险的原因主要在于脱贫主体的内生动力激发不够和扶贫产业发展因缺乏科学规划、辐射带头能力不足和利益联结机制薄弱造成的可持续性不强。任经宪（2019）也赞同劳动力内生动力不足是返贫原因之一。张中近（2019）论证了在精准扶贫背景下长期产业发展规划缺乏、优势资源和产品开发不足是返贫的潜在风险。叶林（2019）从乡村产业发展角度，分析了返贫的原因主要在于农业劳动生产率低、农业风险大、农村产业融合度低、缺乏合理的利益联结机制。

七、返贫风险预测与控制机制

关于返贫风险预测防控机制的研究是近几年随着精准扶贫任务接近尾声而被学者们关注的问题。到 2020 年末，中国必须彻底解决绝对贫困问题，但绝对贫困的解决只是意味着生存问题的解决而并不是贫困治理的结束，中国仍然存在着如何解决返贫风险和脱贫户的可持续发展难题。学者们进行了

---

① "低值性"指的是贫困人口未抓住"脱贫"机遇或者即使抓住了，机遇的价值也不大或者为零。

广泛研究和探讨，提出了不同的返贫风险预警和控制机制设想。

（一）单一返贫因素视域下的返贫风险预测与控制机制研究

张春艳（2012）从完善中国的社会救助体系的视角出发建构了包括灾前预防、灾时救援和灾后重建三大方面的"因灾返贫"的防治机制，并就每个方面设置了各自的具体控制节点，见图3-2。

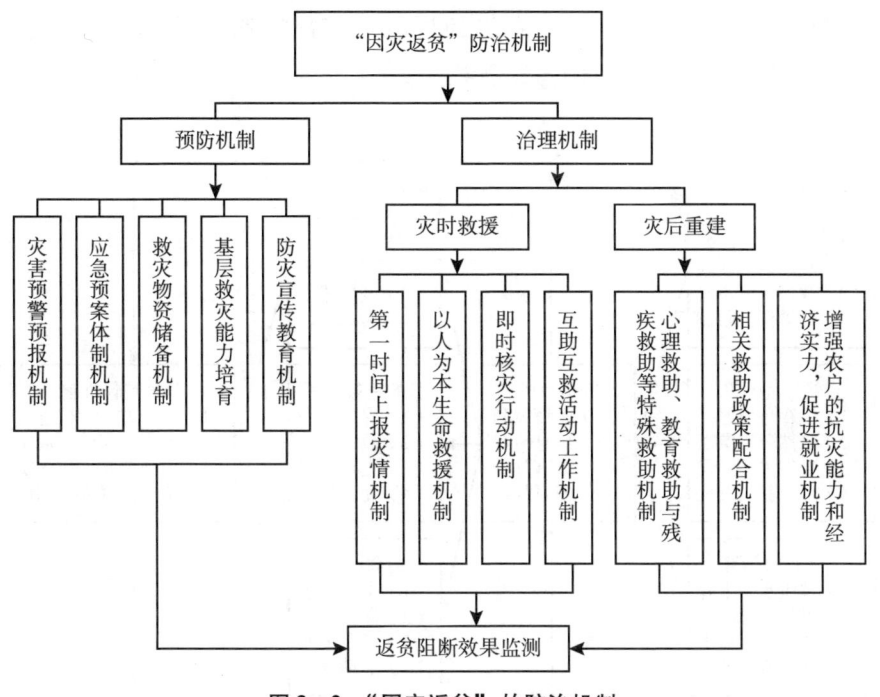

图3-2 "因灾返贫"的防治机制

陈琳（2018）通过对贵州"隐性离婚"的调查研究，认为"隐性离婚"会因导致家庭破裂加剧、家庭负担加重和家庭贫困加深造成返贫的风险。由此，作者提出了基于"隐性离婚"现象的返贫风险的防范机制，其内容包括全面贯彻落实婚姻制度、建立相应的婚姻调解制度、严打各种违法婚姻行为、建立相应的婚姻补救制度和建立健全家庭返贫预防制度等内容。

姚建平等（2017）以村域农业产业化扶贫失误风险为研究对象，指出其返贫风险主要来自农村产业结构的单一化，由此提出了农业产业化经营返贫风险的三个防范建议：一是组织和开发网络销售平台，减少农产品销售的中间环节；二是改革农业技术推广体制，建立以政府为主导、其他组织参与的多元农业技术推广机制；三是在争取政府资金和技术支持的基础上开展农产品的深加工，提升产品附加值。

范和生（2018）以贫困脆弱性导致返贫为研究对象，把返贫预警分成三种类型，即政策环境预警、自然环境预警和主体自身预警，在此基础上构建了一个主动返贫治理预警系统。该返贫预警系统由预警信息机制、组织预警机制、长效衔接机制、利益联结机制和考核监督机制五个部分组成，每个子系统（机制）又由各自的构成要素组成，具体见图3-3所示。

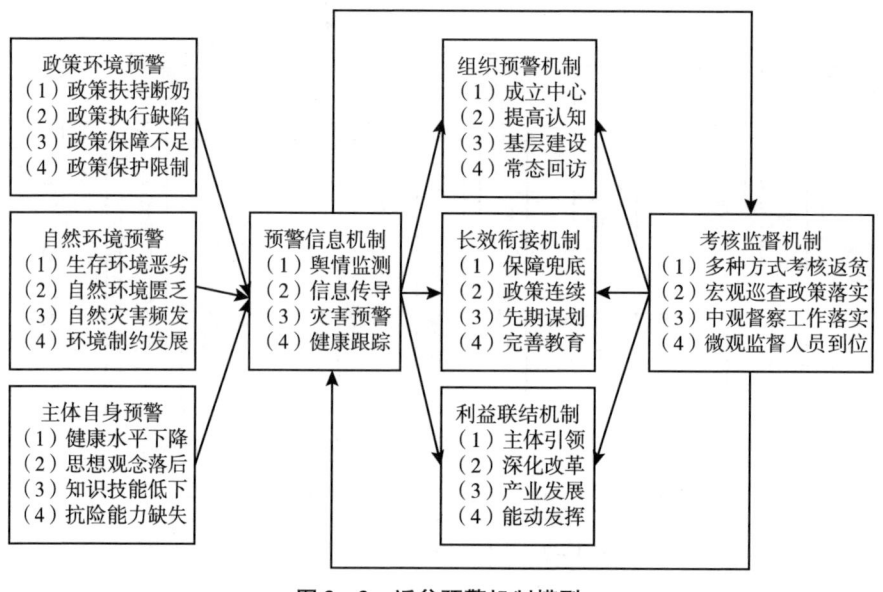

图3-3 返贫预警机制模型

（二）特殊区域返贫预警与控制机制研究

杨玉娇（2019）通过对井冈山旅游区域反返贫机制的实证研究，发现政府因素是导致返贫的主要因素，由此提出了全域旅游下的井冈山反返贫机制。这一机制由五大部分组成，分别是开放的"旅游＋"转换机制、精细高效的旅游教育培训机制、政府统筹推进的旅游赋权机制、共建共享的全民参与机制和党领导下的反返贫组织保障机制。韦香（2019）在对贵州某贫困乡实地调查的基础上，结合当地实际提出了脱贫与提智培志共抓并重、创新政策宣传方式、提高乡村治理能力、强化风险意识为核心的返贫风险的防控策略及路径。沈权平（2020）在分析东北边疆民族地区返贫问题的基础上，提出了返贫常规预警机制（包括多部门联合体系、动态跟踪体系和监督管理体系）和返贫源头预警机制（包括培育中坚农民、壮大村集体经济和提高抗风险能力）的设想。

（三）多因素作用导致返贫的预警与控制机制研究

汪磊等（2013）通过对贵州喀斯特山地区域农村返贫问题研究，发现农村返贫的主要风险来自市场波动、自然灾害、信息不对称、劳动力供给、教育健康和项目选择六个方面，并把这六大返贫风险分为系统风险（市场波动风险、自然灾害风险、信息不对称风险）和非系统风险（劳动力供给风险、教育健康风险、项目选择风险）两大类，进而提出规避系统风险需发挥政府作用、调整种植结构、分散农户风险和提升信息对称度等的逻辑思路，通过分散风险方式规避非系统风险的逻辑思路（见图3－4）。

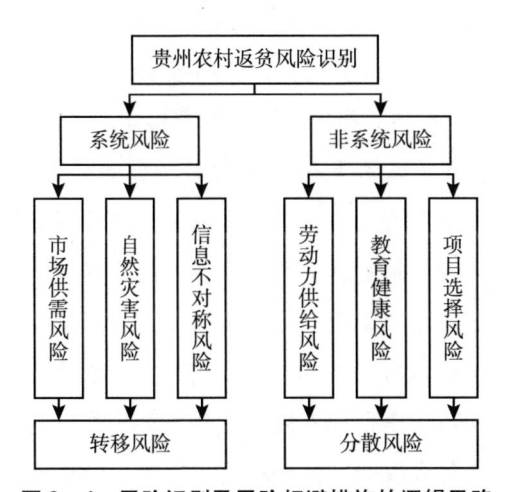

图3－4　风险识别及风险规避措施的逻辑思路

何华征等（2017）在分析总结其他研究者关于返贫原因的基础上，把返贫划分为五种类型，即断血性返贫、狩猎性返贫、失敏性返贫、转移性返贫和传递性返贫。根据上述五类返贫类型产生的原因、特征和社会表现的不同，构建了预防返贫的阻断机制，见图3-5，这一机制实质上是在科学预测的基础上对返贫现象的前置管理。

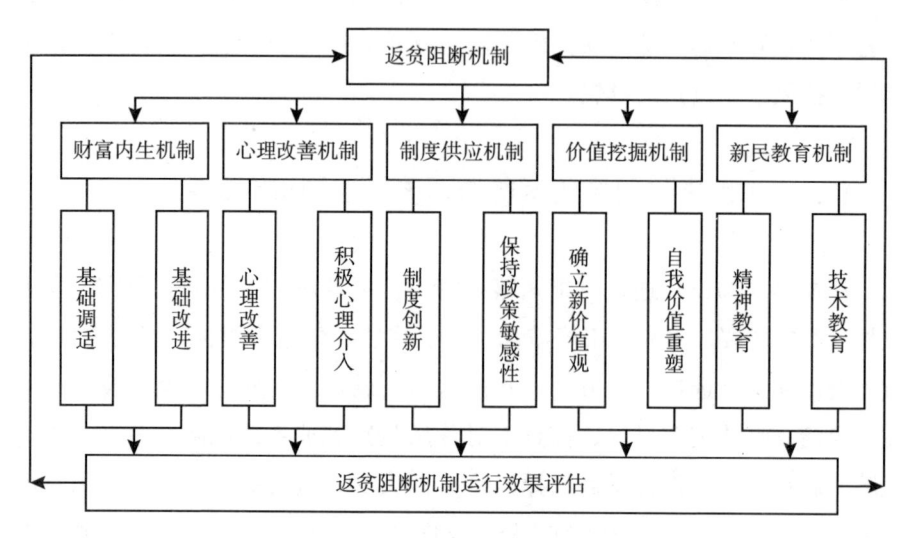

```
                          返贫阻断机制
    ┌──────────┬──────────┬──────────┬──────────┬──────────┐
  财富内生机制  心理改善机制  制度供应机制  价值挖掘机制  新民教育机制
  ┌────┬────┐ ┌────┬────┐ ┌────┬────┐ ┌────┬────┐ ┌────┬────┐
  基础  基础  心理  积极  制度  保持  确立  自我  精神  技术
  调适  改进  改善  心理  创新  政策  新价  价值  教育  教育
              介入        敏感性 值观  重塑
                    返贫阻断机制运行效果评估
```

图3-5　返贫阻断机制

杨瑚（2019）通过对返贫原因的详细探讨及对返贫现象的生成机理进行事故因果连锁、突变理论角度分析，再运用系统熵理论、演化经济学理论对返贫现象进行演化过程推演，提出了返贫预警机制的总体架构（见图3-6）、返贫预警机制运行思路（见图3-7）和返贫预警的组织结构（见图3-8），构建了包括返贫预警信息管理机制、返贫预警应急管理机制、返贫预警运行的保障条件在内的比较完整的返贫预警系统。在此基础上，进一步构建并论证了返贫预警系统的主要决策流程和决策保障的内部条件和外部条件。内部条件由以大数据技术创新为基础的技术支持、各层级专业化人才队伍建设、相互关联的信息传递与共享系统支持和不断完善的监督制度保障四大部分组成。外部条件主要由各级政府支持和政策支持构成的政策保障、权责明确的各级监督机制构成的权力保障、信息保障和手段保障四个方面组成。

黄海棠（2019）在分析返贫原因的基础上，利用深度学习方法，设计了返贫风险评估步骤与方法，见图 3-9，构建了乡村振兴背景下防范返贫长效机制，其内容涉及基本社会保障、生态保护、义务教育、新型农村养老模式和人文关怀等方面。

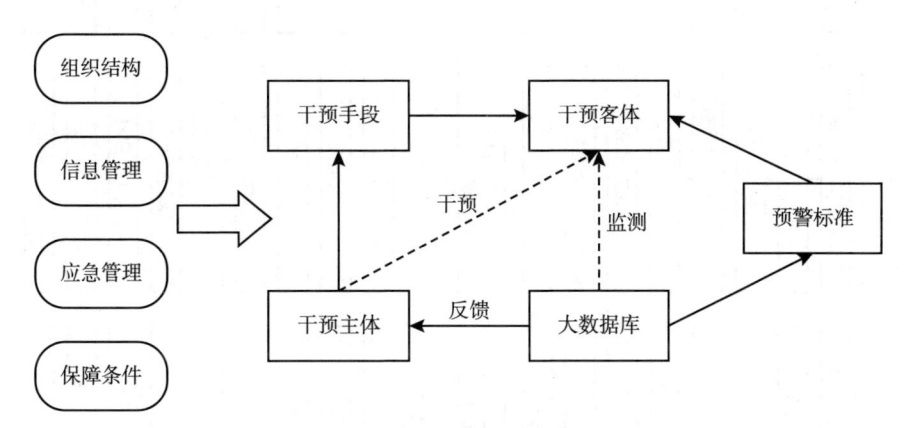

图 3-6 返贫预警机制总体架构

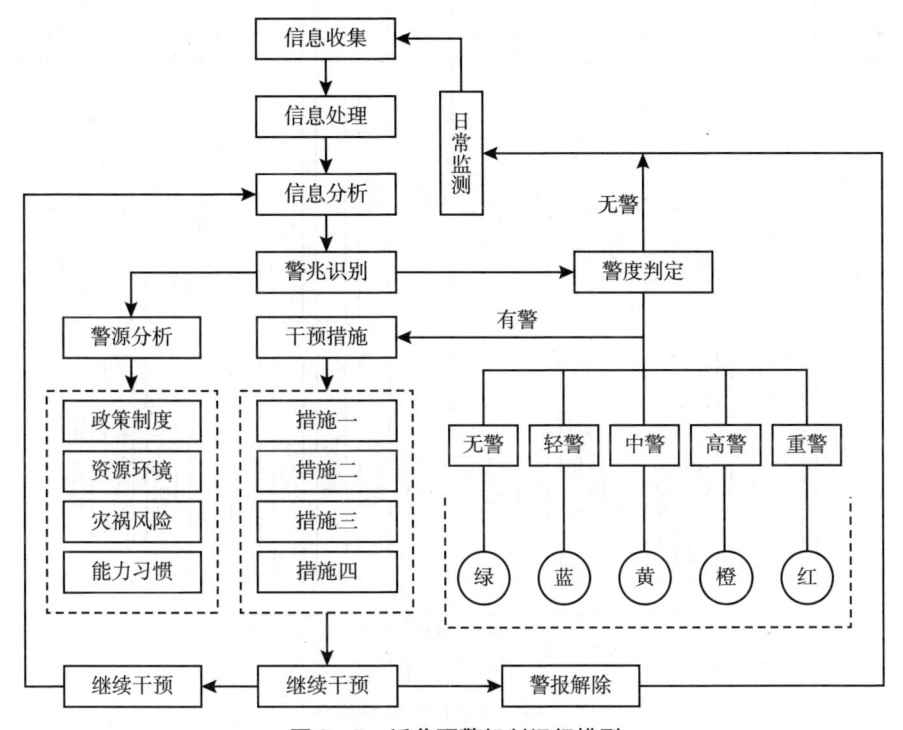

图 3-7 返贫预警机制运行模型

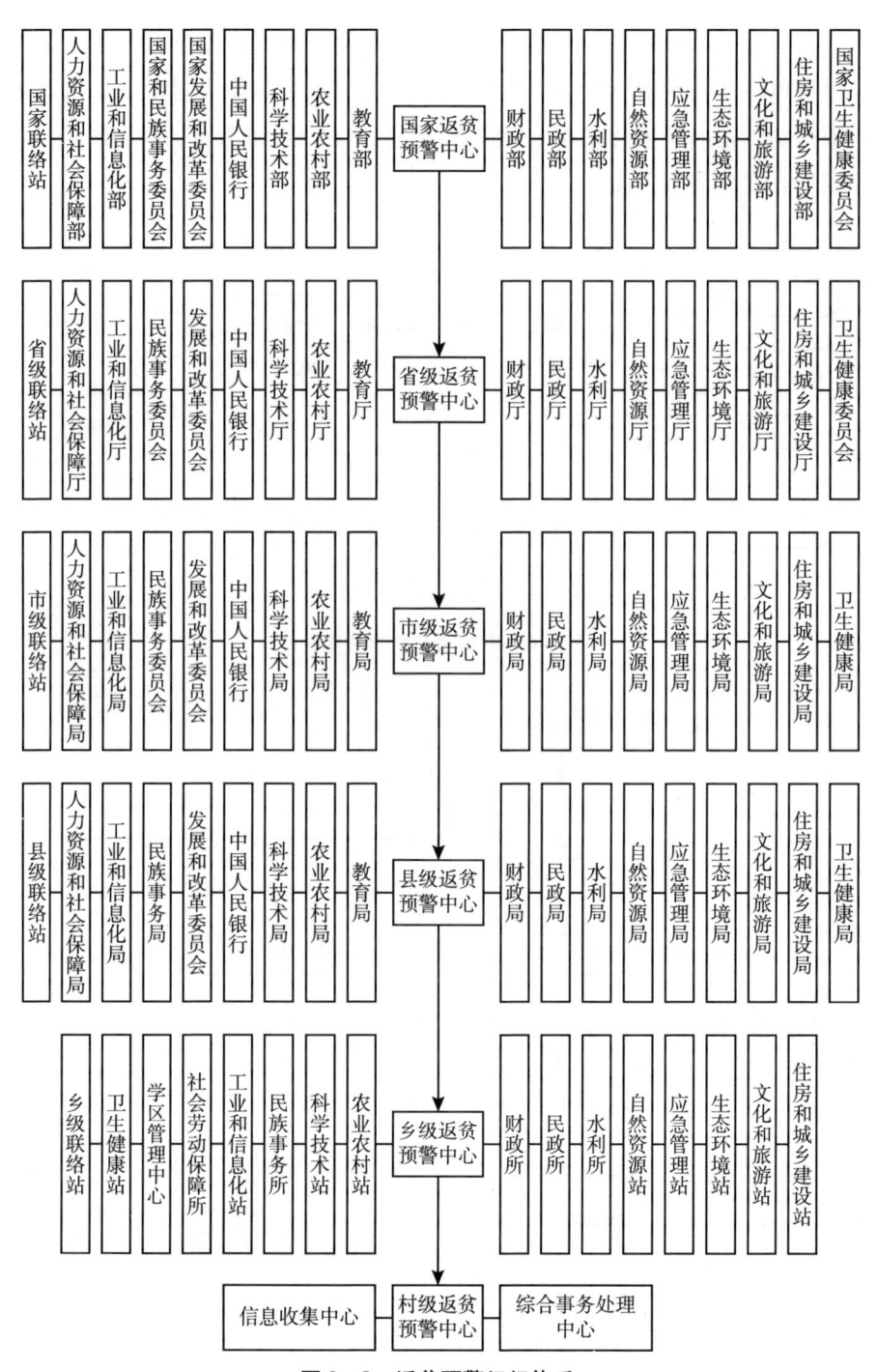

图 3–8 返贫预警组织体系

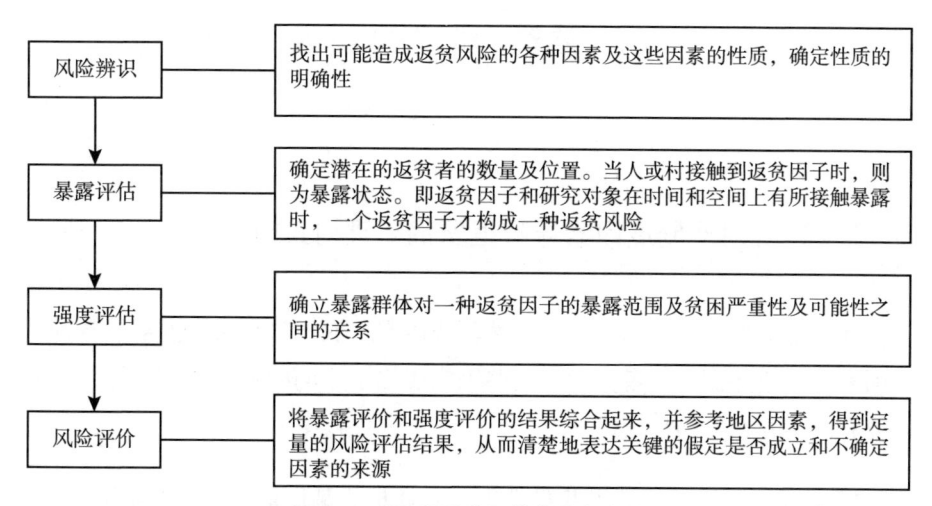

第三章 中国农村返贫治理研究进展

风险辨识	找出可能造成返贫风险的各种因素及这些因素的性质，确定性质的明确性
暴露评估	确定潜在的返贫者的数量及位置。当人或村接触到返贫因子时，则为暴露状态。即返贫因子和研究对象在时间和空间上有所接触暴露时，一个返贫因子才构成一种返贫风险
强度评估	确立暴露群体对一种返贫因子的暴露范围及贫困严重性及可能性之间的关系
风险评价	将暴露评价和强度评价的结果综合起来，并参考地区因素，得到定量的风险评估结果，从而清楚地表达关键的假定是否成立和不确定因素的来源

图 3-9 返贫风险评估步骤与方法

李会琴等（2020）基于风险因素识别的视角，构建了包括返贫风险因子、信息监测机制、长效帮扶机制、利益联动机制和监督反馈机制五个方面的长效动态的返贫预警机制，见图 3-10。

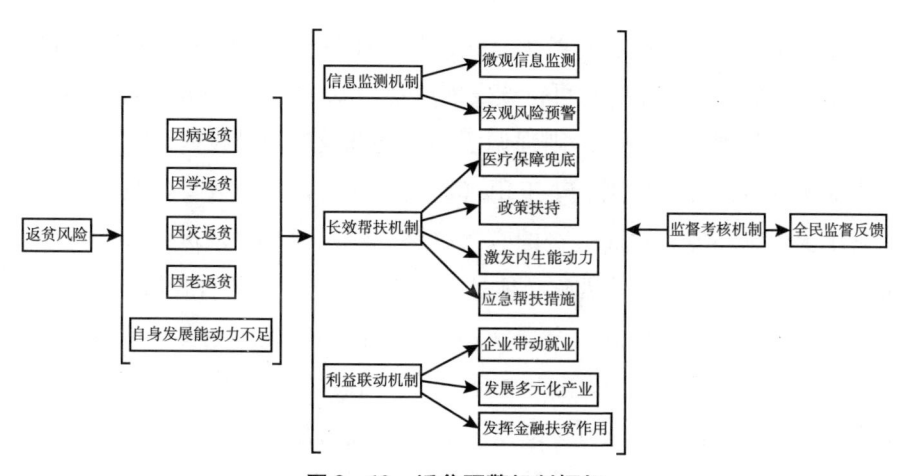

图 3-10 返贫预警机制框架

八、返贫治理对策研究

（一）针对非制度因素导致返贫的治理对策研究

导致返贫的非制度因素包括自然环境因素、农民自身素质因素、各种社会因素等多个方面，学者们针对这些因素提出了不同的解决对策，综合起来主要有以下几个方面。

1. 建设、完善减灾防灾基础设施，做好相关制度建设，保护环境

针对自然灾害导致的返贫，早在1992年陈年生等研究者就提出了通过加强农田水利等基础设施建设、改善生产条件来加以预防的建议。其后史德（1999）、赵文灿（2000）等学者以及直到近几年的研究者如张中近、任经宪等（2019）都一直强调这一对策对于返贫治理的重要性。仝刘革（2000）、杨翠萍（2010）等学者在强调基础设施建设对于返贫治理意义的基础上增加了移民防返贫的思路，并给予立法保护。苑藏忍（2004）拓展了基础设施建设的内涵，提出了坚持可持续发展道路，实现资源、环境与经济协调发展的思路。焦国栋（2004）则强调了加大基础设施建设投入力度和小城镇建设对于返贫治理的作用。李玉田（2005）认为恢复和改善农村生态环境是解决因生态环境恶化而返贫的有效之路。柯元（2007）进一步阐述了恢复和改善生态环境的具体措施必须是充分依靠生态系统的自我修复能力而不是过分强调人工干预措施。金鑫（2015）从协同实施区域发展战略、落实扶贫开发战略、完善社会保障和救助体系、拓展贫困治理国际合作、强化脆弱群体应对自然灾害的能力建设和自然灾害风险管理体系建设六大方面比较全面地提出了应对自然灾害导致的返贫对策。贺立龙、王刚、彭琪、蒋雅娜等（2017）学者们从各自研究领域出发，都提出了通过生态移民、因地制宜完善生态补偿机制治理返贫的对策。漆敏（2021）提出生态环境保护防

返贫必须做到防治结合，改变粗放的农业传统经营模式。

2. 改善和提升贫困户自身素质的对策

通过教育和制度约束来作为解决贫困农户因落后观念、素质不高导致的返贫对策是很多学者的共识。陈年生等（1992）、焦国栋（2004）提出了建立人口计划和扶贫计划挂钩的机制来防止返贫的思路。史德（1999）提出遏制返贫可以通过加强贫困户的思想教育（包括改变传统生产经营观念、生育观念和消费方式）来进行预防。凌保平（2001）、张华等（2002）、廖富洲等（2003）、陈标平等（2010）认为要提高贫困人口的素质，必须加大科教力度，把普通教育、职业教育、成人教育结合起来，只有这样才能预防返贫的发生。麻朝晖（2003）、范西川（2017）等学者研究发现只有通过教育消灭欠发达地区农户的精神贫困，才能从根本上杜绝返贫的发生。王玉平等（2005）强调了农民脱贫信心教育的重要性。柯元（2007）提出了提高农民素质必须加大农村基础教育投入和增加道德与法制教育的内容。李赞（2016）专门就因婚返贫问题研究得出了通过加强法律宣传教育、营造反对高额彩礼的健康氛围村、依法打击借婚姻索取财物的违法行为等解决对策。常莉（2018）、张丽敏等（2019）研究者认为通过教育激活农户的内生动力机制，提升返贫人口的发展能力，激发农户的脱贫积极性和主动性是解决返贫问题的基本前提。任经宪（2019）认为通过教育传播禁毒意识、新时代婚嫁规则和生育观念、倡导自力更生文化，可以提升脱贫农户素质，增强自主脱贫能力。程明等（2020）认为通过教育激发贫困户的脱贫内生动力，结合利益保障机制构建可持续性脱贫长效机制可以有效防止返贫。漆敏（2021）对于近30年学者们关于改善和提升贫困户自身素质的对策进行了系统梳理，强调了教育的重要性，认为贫困人口的自身主动学习，可以持续提高自我发展能力，最终达到自我遏制"返贫"。

3. 针对其他非制度社会因素致返贫的对策研究

陈年生等（1992）认为防返贫应保持贫困乡镇领导班子的衔接性和连续性，减轻农户的不合理开支。史德（1999）认为遏制返贫必须创新收入来源路径，提升抵御返贫能力。廖富洲等（2003）提出遏制返贫必须综合治理，正确处理扶贫开发与遏制返贫的关系，探索有效的扶贫路径。金坤城（2005）认为返贫治理应该发挥软手段（公益宣传平台）的作用，形成人人参与返贫治理的氛围。李玉田（2005）认为返贫治理可以从推进劳动力转移就业和引导农村合理消费两方面入手。王玉平等（2005）认为遏制农村返贫还需增强集体经济实力和加快农村小城镇建设。柯元（2007）、李瑞琴等（2011）认为返贫治理需要市场与政府相互协作，市场关注增收，政府要多办实事，注重消灭精神贫困。任经宪（2019）指出返贫治理还需加大硬件防御设施建设，推动工作机制改革，创新扶贫工作方式。

（二）针对制度因素造成返贫的治理对策研究

1. 调整贫困标准，使返贫识别更具科学性

中国采用的贫困标准虽然越来越接近于国际标准，但仍然属于绝对性标准，缺乏科学性，因此需要进行适当调整，使其更科学、更符合中国实际（任经宪，2019）。彭琪等（2017）学者认为要治理和预防政策性返贫，必须建立国家贫困线的动态调整机制。蒋雅娜（2019）建议从政策细节上预防返贫，灵活判定贫困问题。漆敏（2021）提出科学制定扶贫标准需要正视贫困规模，采用相对贫困标准（只要收入低于或等于农民人均纯收入的30%的农村对象即可定位贫困），建立贫困人口的"返贫"识别机制。

2. 加大资金投入力度，做好扶贫资金管理

赵文灿（2000）、焦国栋（2004）等学者认为必须通过建立严格的制度设计和执行来加强扶贫资金的管理，保证扶贫资金被专款专用。仝刘革（2000）提出强化扶贫资金管理既要开源，又要统筹使用才能发挥扶贫资金的使用效益。麻朝晖（2003）、王玉平（2005）、柯元（2007）等学者认为在加大国家脱贫资金投入的同时，必须加强对国家扶贫资金使用方向的监管，扶贫资金增量必须更多投入农村基础设施建设，提高资金使用效果，防止返贫现象发生。廖富洲等（2003）认为国家要加大对中西部贫困地区的投资力度，增强防返贫的能力。漆敏（2021）认为虽然脱贫资金的投入主

要是国家的责任,但也需要全社会的共同参与,通过鼓励社会捐助、支持个体救助、加强地区企事业单位帮扶等途径,集聚社会各界力量来共同应对"返贫"挑战。

3. 强化社会救济,完善社会保障制度

完善的社会保障制度是阻止返贫的最后屏障。彭腾(2002)提出在通过政府加大投入的农村医保制度、加大政府补贴的农业保险制度、政府统管"三方筹资"(个人、集体、政府)农村养老保险制度、农民工失业保险制度的完善中消除农村返贫困。麻朝晖(2003)认为加强摸底调查,强化社会救济,可以减少返贫现象的发生。焦国栋(2004)、李玉田(2005)、柯元(2007)、张丽敏(2019)等学者认为建立多层次的社会保障体系,强化社会救济可以解决中国农村返贫问题。金坤城(2005)应把所有准绝对贫困人口纳入合作医疗保险,使新农合与农村最低生活保障落到实处。李瑞琴等(2011)学者认为农村社会保障体系应该包括建立健全农村教育、医疗、养老等公共事业。谭贤楚(2013)认为完善贫困救助政策必须实现农村社会保障全覆盖。罗文霞(2015)认为建设社会保障网络必须发挥社会慈善机构的辅助作用。王刚等(2017)学者认为完善农村医疗保障制度,要加大农村医疗设施建设,鼓励企业参与,做好法律监督工作。彭琪(2017)、常莉(2018)、漆敏(2021)等研究者认为遏制因病返贫必须从实处(如简化手续、提高报销范围和比例、分级诊治、农民"走进去"与医生"走出来"相结合、普及农村基础公共卫生服务、推进"家庭医生"试点等)着手,完善农村医疗卫生服务体系和农村老人及弱势群体的保障体系,完善社会救助体系建设、健全农村返贫人口的健康帮扶机制。刘娜(2017)提出解决农村因病致贫问题可以从实施村级医疗机构标准化,建设乡村"医疗联合体",提前介入治未病,构建有序竞争的多元办医格局,防止过度医疗和非法行医,保护守法民营医疗机构经营入手。常齐杰(2019)提出建立及完善医疗防返贫机制,提高大病报销比例,合理配资医疗资源,建立大病预警机制。蒋雅娜(2019)提出建立包括农村医疗建设体制、养老保险的统筹规划、财产保险保障体系规划等内容的多方位的保障机制。吴昀、任经宪、张中近(2019)等学者认为应完善农村特殊贫困群体,如老年贫困群体、边疆民族地区贫困群体、边缘群体等的返贫制度保障，完善救助制度。

4. 完善教育制度

冉光电（1997）提出要教方法教技术，抓好农村乡土人才培训防返贫。赵文灿（2000）、罗文霞（2015）等学者认为贫困地区要加大科教扶贫力度，始终坚持普通教育、职业教育、成人教育三教齐抓，引导农业科技人才下基层，带领农民依靠科技脱贫致富防返贫，落实和改进"雨露计划"培训，提高农民致富本领。彭腾（2002）提出通过加大农村义务投入、规范教育收费制度、实施农民和农业免费教育制度、完善教育救助等构建起一个由政府、民间组织和民众共同参与的教育保障体系来防止返贫发生。韦志明（2007）认为还需加大新义务教育法的执法力度，强化教育监督，更新农村农民的教育观念，选择适合自己发展的学校和专业。吕登蓉等（2010）认为教育防返贫要强调中央政府、地方政府、西部农村家庭通力合作，综合发挥主体性作用。杨翠萍（2010）提出遏制"因教返贫"除了对非移民区加大基础教育投入外，还要强化互联网建设，分期、分批组织城市教师义务支教、建立健全心理疾病的预防和干预机制。王刚等（2017）、彭琪等（2017）学者建议针对贫困户子女降低助学贷款门槛，简化手续，适当减免或补助学杂费，积极推行"院校＋企业＋贫困学生"的教育帮扶模式。鲁子箫（2017）认为教育防返贫必须破除唯学历主义的人才观、"劳心者治人，劳力者治于人"的价值观和教育"离农"的价值观。范西川（2017）、赵欣等（2018）认为要加强教育培训工作，重点是做好农村教师队伍建设和标准化学校建设。常莉（2018）、漆敏（2021）等研究者认为需要科学设计包含教育救助制度化、扩大教育救助受益范围的防返贫教育机制，构建整合多部门培训项目和资源，开展"靶向性"精准培训的创新人才培育机制。常齐杰（2019）等学者认为脱贫人口返贫治理需要通过加强劳动力专业培训、女性劳动力专业培训、潜在劳动力接受专业技能教育，提升劳动力创造产品附加值的能力。任经宪（2019）提出要重视职业技术教育，构建助学新模式。漆敏（2021）进一步论证了建立社会教育救助平台，衔接"教育救助"与"就业救助"两项制度，从根源上杜绝一个家庭的再次贫困。

5. 进一步完善脱贫地区产业发展政策

积极推进和提高农业产业化经营水平，稳定增加农民收入是防止和减少返贫的重要途径（赵文灿，2000；凌保平，2001）。张华等（2002）、李玉田（2005）、罗文霞（2015）等学者认为农业产业化需要强化项目效益，发展和扩大特色农业规模，大力建设支柱产业。焦国栋（2004）、赵欣（2018）等学者认为在贫困农村地区必须搞好农业综合性开发，发展资源型工业及其产品加工业，以城镇为依托连片开发，大力发展劳动密集型第三产业。王玉平等（2005）、李瑞琴等（2011）、谭贤楚（2013）等学者提出通过产业化路径防返贫必须加快产业结构调整，实行区域经济一体化发展。苑藏忍（2004）认为解决农村返贫问题要抓好农村政策、农业产业政策和科技知识培训，坚持做好重点农户与重点产业相结合。常莉（2018）、常齐杰（2019）等学者认为需要通过建立利益联结机制、深化产业融合发展模式、培育具有本地特色的扶贫支柱产业、加大扶持产业的资金投入、鼓励电商行业的发展等措施来建立及完善产业发展长效机制预防返贫。张中近（2019）、任经宪（2019）等学者认为要发挥区位优势，推动产业发展，加大扶贫项目的扶持力度，强化"一村一品"专业村建设，实现产业兴旺，大力推行乡村振兴战略，预防返贫。程明等（2020）认为"后扶贫时代"返贫治理必须构建防止返贫与乡村振兴的耦合机制。

6. 加大科技、信息扶贫力度

陈年生等（1992）、史德（1999）、仝刘革（2000）等学者认为防止返贫必须加大科技创新力度，强化农户的科技意识，建立科技扶贫网络，遵循"实际、实用、实效"的原则，做好新技术培训和典型示范，制定技术风险防范工作。廖富洲等（2003）认为返贫治理需要注重提高贫困地区的自我发展能力，加大科技扶贫的力度，增强和完善贫困地区的造血功能。苑藏忍（2004）认为解决农村贫困人口返贫问题需要做好科技扶贫试点，让群众看到实效。焦国栋（2004）认为解决农村返贫问题要狠抓先进适用技术的推广应用，加强农户智力开发，探索技术扶贫到村到户的途径和方法，建立扶贫联合体。金坤城（2005）认为实施科技信息扶贫，要多为准绝对贫困人口办实事，提供产前、产中、产后系列化服务，形成贸工农一体化、产供销一条龙的产业化经营。王玉平等（2005）学者认为加大科技扶贫力度，要搞好人力资源开发。王刚等（2017）学者提出返贫治理要借助国内优秀农业院校科研创新平台，加强农业信息化队伍建设，构建农业信息化人才体系。

7. 加强贫困治理人才队伍建设

彭琪等（2017）学者认为由乡村"中坚农民群体"为主构成的新乡贤，能够在政府和村民之间充当"中介者"角色，大力发动乡贤参与脱贫返贫，能形成示范效应。吴昀（2019）等学者认为返贫治理必须打破传统人才使用观念，强化返贫治理人才队伍建设。

8. 创新返贫治理工作机制

史德（1999）提出防返贫要建立职责分明、督查有力的组织领导机制。仝刘革（2000）提出创新行政管理体系，营造宽松发展环境。王玉平等（2005）学者认为遏制农村返贫现象必须克服官僚主义工作作风。彭琪等（2017）、蒋雅娜（2019）等学者认为构建合理的政策衔接机制是治理和预防返贫的关键，为此需要进一步完善驻村干部的激励与考核机制、驻村干部召回制度，以确保驻村干部真抓实干做好返贫治理工作。漆敏（2021）认为治理返贫首先应预防"数字型"脱贫，因此需要科学制定扶贫工作考核标准，建立跟踪、评估、反馈机制，运用"双到"① 工作方式，以提高贫困治理工作的精度。

9. 完善社会力量参与返贫治理机制

社会力量是扶贫攻坚的重要力量，返贫治理是一项综合性社会工程，因此需要继续组织社会力量参与返贫治理（赵文灿，2000；凌保平，2001）。要破解农村的返贫困境，必须建立起一套以政府为主导、全社会组织和个人广泛参与、国内外力量辅助的筹资新机制（陈标平等，2010）。构建多元参

---

① 双到：指扶贫工作要规划到户，责任到人。

与的防返贫机制，需要制度创新——政府适当简政放权，鼓励和支持非政府组织和非营利性单位参与反贫困相关工作，建立扶贫主体间、多部门间、经济与精神之间协同机制，共同应对脱贫返贫挑战（王刚，2017；常莉，2018；张丽敏，2019）。任经宪（2019）认为返贫治理需要搭建扶贫参与平台，联动社会扶贫力量，创新联合参与渠道。

10. 构建返贫监测系统，防范返贫风险，形成返贫治理长效机制

返贫治理需要创新扶贫模式，做好发生贫困的预防工作（彭琪等，2017），建立和完善贫困监测系统（廖富洲，2003；焦国栋，2004）；进一步完善返贫风险管理机制、风险预警机制，强化能力建设，分类施策防返贫，健全救助体系，加强区域整体经济建设，保持扶贫政策延续稳定，建立长效机制，推进脱贫成效持续稳定（范西川，2017）。建立返贫预警机制需要推动项目资金大数据管理的预警机制，建立互促的村企共建长效机制（常莉，2018），成立返贫调查小组（张中近，2019），完善脱贫成效巩固提升动态监测机制（覃志敏，2019）。常齐杰（2019）建议建立及完善医疗防返贫机制。程明等（2020）提出在"后扶贫时代"防止返贫应依托现有的精准扶贫大数据管理平台，构建防止返贫的长期性政策与监督预警机制相衔接的返贫预警机制，激发脱贫户的内生动力，防止返贫。（更多内容详见本章第五节）

（三）其他返贫治理对策研究

1. 做好返贫治理宣传工作

冉光电（1997）认为宣传倡导积极健康的精神文明建设，有利于发挥扶贫资金的最大效用。柯元（2007）认为贫困治理工作中必须采取有效措施，做好返贫治理重要性的宣传，以增强治贫工作的责任感和紧迫感。漆敏（2021）等学者认为加大扶贫宣传，提高群众知悉度是创新返贫治理工作机制的基础。

2. 特殊群体的返贫治理对策

(1) 老年群体的返贫治理对策

吴昀（2019）提出农村老年贫困群体返贫治理需要从老年群体的实际需求出发，构建具有地方特色的返贫治理体系，运用大数据思维和数字技术，分类施策，完善返贫治理机制。任经宪（2019）提出加大政府投入，鼓励老年群体劳有所获。

(2) 民族地区的返贫治理对策

张燚（2020）认为民族地区农村返贫治理必须走"均衡市场化"之路。这一路径由三部分构成，即以恢复返贫家庭的再脱贫信心为前提，以返贫家庭为主，在各种帮扶力量的作用下使返贫家庭实现生产与消费的再市场化为基本原则，以提高市场化生产的收入，降低市场化消费的成本，实现返贫家庭均衡发展为基本方略。

(3) 借贷返贫治理对策

赵欣、任军（2018）等学者认为治理高利贷返贫应从治理农民借贷灰色地带、提高农村公共服务水平和借贷风险防范意识出发，拓宽扶贫贷款渠道，做到合法金融贷款服务全覆盖，建立高利贷返贫治理数据库，筹建农村应急帮扶基金。

(4) "因婚返贫"治理对策

龚晓珺（2018）等学者认为农村因婚返贫治理应贯彻"五合"整体论以及多元协同治理方式，所谓"五合"是指"合道"（以乡贤文化引领"后乡土社会"价值体系）、"合理"（以制度理性重塑现代彩礼观）、"合规"（以正式制度和非正式制度的有机耦合去"婚俗困境"）"合法"（以"新常态"婚俗心智模式重构制度认同）和"合度"（以多元协同治理提升获得感）。

3. 创新市场化其他防返贫机制

张春勋等（2006）认为既然返贫根源在于农村经济制度、返贫治理制度设计缺陷及其路径依赖，因此返贫治理机制创新必须导入重视交易效率和水平的市场化机制，为此必须完善农村土地制度改革（彭腾，2002）；实现自然生态的可持续循环与发展（陈标平，2010）；健全科学扶贫机制，加强农村组织建设（罗文霞，2015）；提高扶贫社会化服务能力（张丽敏，2019）；重视贫困脆弱性，构建脱贫长效机制（常齐杰，2019）；多措并举，推行乡村振兴战略，预防返贫困（张中近，2019）。

九、当前中国农村返贫治理的宏观战略和模式

返贫治理宏观战略研究较少，张珺（2007）提出农村返贫治理应该坚持以经济发展为主、以人为本、可持续发展的返贫治理战略。焦克源等（2019）研究者认为需要坚持返贫阻断、资源统筹、项目整合、权责重构、"主客"共持、主体协同等原则。程明（2021）认为"后2020"时代返贫治理需要围绕汇聚多元合力、构建防返贫预警与识别机制、探寻动力源泉和加强制度优化等原则展开。

关于返贫治理模式的探讨也较少，吴晓俊（2010）在研究的基础上构建了"主体—供体—载体"三位一体、三体均衡的扶贫模式，见图3-11，论证了该模式的内涵和运行要求与规则。

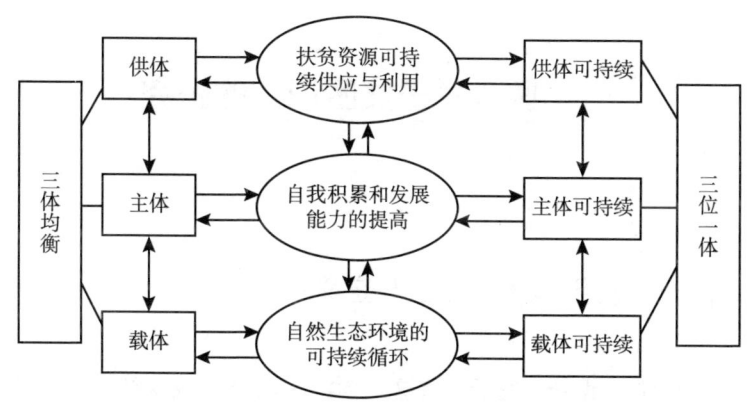

图3-11 "三位一体""三体均衡"贫困治理模式

第四章

精准扶贫后时代农村扶贫对象识别监控机制优化[①]

2013年开始筹划的精准脱贫工作任务，在全国广大干部群众的共同努力下，到2020年年底在全国彻底完成，从此中国彻底摆脱绝对贫困问题的困扰，走上了全面建设小康社会、着力民族振兴的康庄大道。但绝对贫困问题的解决并不意味着贫困治理工作的终结，在精准扶贫后时代，贫困问题将以新的方式出现，其中最典型的贫困问题有两个方面：一是返贫问题，二是相对贫困问题。因此，如何识别精准扶贫后时代的贫困（返贫）仍然是贫困治理的关键环节。

一、国外关于贫困识别的研究

（一）对于贫困概念的提出与定义

在国外研究文献中，关于脱贫这一词汇一般有着减少贫困、治理贫困的

[①] 本章内容根据蔡鹏程毕业论文《精准扶贫对象识别监控机制的优化研究——基于L县Z村调研分析》（2019）改编。论文指导老师：葛深渭。本章的数据都是作者实地调研中的第一手资料。

含义。不论是发达国家还是发展中国家都存在的贫困问题，但是对于贫困的标准各个国家定论不一，通常较为简单的方式是将日常开销人均一美元定义为贫困。英国学者朗特里（Rowntree，1901）对贫困的研究较早，把贫困定义为家庭所拥有的收入不足以支持生存的最低开销。吉尔尔（Giler N，2001）从社会效应与国际视角出发，将扶贫定位为社会福利的一种体现。皮特·汤森德（Peter Townsend，1971）认为相对贫困是指个人、家庭、社会组织因缺乏获得饮食、住房、娱乐和参与社会活动等方面的资源，使其不足以达到按照社会习俗或所处社会提倡的平均生活水平的一种贫困状态。拉瓦雷（Ravallion，2005）认为绝对贫困不仅要满足最低的生活需要，还应满足基于整个贫困领域产生的更高层次的生活需求。

（二）对于贫困问题的治理

消除贫困是人类追求的目标，国外学者对反贫困问题进行了大量研究。具有代表性理论的观点有三大类。第一，发展经济式减贫。美国学者纳克斯（Nurkse，1966）提出贫困循环陷阱理论，从资本供给与需求角度研究贫困产生的机理，提出通过资本投资与积累可靠资本来达到减贫的目的。纳尔逊（Nelson，1956）提出低水平陷阱理论，通过分析人均资本与人口增长、产出增长之间的关系，指出应该通过大规模资本投资消除贫困。第二，通过人力资源的投入实现减贫。舒尔茨（Schultz，1964）认为导致贫困的关键是人力资本的缺乏，提出人力资源减贫的理论。阿玛蒂亚森（Amartyak Sen，1982）认为贫穷不是单纯由收入低导致的，更多是因为贫困人口的基本能力和发展机会被相对剥夺。第三，社会改革式减贫，缪尔达尔（Myrdal，1982）从政治、经济、社会等多个层面系统性研究致贫原因之后得出应该通过对教育、土地、权力关系等方面进行社会改革，并且构建了缪尔达尔的反贫理论模式，为贫困治理提供新的研究视角。

（三）贫困人群的精准识别研究

国外关于贫困识别的研究开始于 20 世纪初。英国经济学家朗特里

(1901）提出的绝对贫困这一概念，当时将绝对消费的数目作为贫困线判断的依据。科普斯泰克（Copestake，2005），汤森和戈登（Townseng P & Gordon D，2002）等学者则提出不同的看法，认为精准识别还是要落到实处，应该不同的地区具体分析，通过社会调研才能得出答案，不能仅仅依靠冰冷的消费数据。贝斯利和坎布尔（Besley & Kanbur，1990）、纳拉扬帕克和埃贝（Narayan Parker & Ebbe，1996）、施赖纳（Schreiner，2011）认为应该将识别人放在基层，由社区人员进行综合评估筛选，并且将受益者也放在识别决策的过程之中。贫困存在于每个国家中，贫困和反贫困不可避免地成为各个学科领域研究的重点，在进行反贫困研究的同时，国外学者逐渐将识别精度的瞄准作为研究重点，从20世纪末开始，提出了个体需求评估法、指标瞄准法、自我瞄准法和以社区为基础瞄准法，以期准确瞄准贫困对象，达到减贫效果优化的目的。

二、国内关于精准扶贫与精准识别的研究

（一）精准识别的概念与内容

汪三贵、刘未（2016）认为精准扶贫即通过对贫困户进行点对点的扶贫，通过打消各种致贫因素，将贫困户自身的能力释放出来，赋予其发展的机会。汪磊、伍国勇（2016）为精准识别下了定义，认为精准扶贫就是以中央关于精准扶贫的系列政策为指导思想，通过科学的方法制定好扶贫的标准之后，按照规范的步骤流程，识别出真正的贫困户，从而为下一步的精准帮扶做好准备。叶初升、邹欣（2012），吴雄周等（2015），王琦、王平达（2016）等通过研究得出，现阶段中国关于精准识别的机制方面还存在缺陷，导致中国的扶贫工作产生"大水漫灌"现象，使扶贫效果大打折扣，严重浪费国家资金；保障识别的精准性尤为重要，因此提出了动态识别机制和瞄准的单维性与多维性之分。

张晓静、冯星光（2008）提出了应该设立贫困线来识别穷人，将家庭人口数量、收入水平、日常生活支出量、地区收入与消费差异等相关因素整合一个变动的扶贫线。王小林、Alkire（2009），李佳路（2010），邹薇、方迎凤（2011），高艳云（2012），张全红、周强（2015），高帅（2015）等认为应该以家庭为基本个体，从多维度来分析贫困问题，通过对家庭收入、健康程度、受教育水平与教育负担、自然灾害情况、地理区位、生活水平差异、当地福利水平等维度进行权重赋值综合来测量贫困线。杨道田（2017）还认为识别应该包括明确扶贫对象、查找贫困原因、找寻发展路子等。

（二）精准识别所存在的问题与难点

关于精准识别具体操作实践中所出现的一些问题：首先是杨龙等人（2015）提出精准识别结果出现目标偏离很大一部分原因在于测量手段与农户收入支出的计算方式有误差。其次是邓维杰（2014）指出的排斥理论，包括地区型排斥、规模型排斥、识别过程产生的恶意排斥与过失排斥等现象。汪三贵等（2015）、王国勇（2015）认为贫困评价机制太单一，单独凭借人均收入难以准确衡量贫困指数，并且贫困的区域性差异很大，同样的标准难以适应所有地区。最后杨秀丽（2016）认为当前的精准识别机制缺乏制度性的保障，识别主体即基层政府部门缺乏相应监督，易出现腐败现象，同时，由于缺乏针对扶贫工作专门的立法，导致部分地区为了政绩或完成扶贫任务，出现一些"面子"工程或者是并不符合可持续发展的短期工程等，这些问题都导致识别效果较差，对后续的工作造成困扰。

（三）精准扶贫瞄准方法

对于瞄准方面，有学者从构建数量模型角度进行瞄准，例如使用"双临界值法""PI指数法"、建立多维贫困模型，等等，而有学者则从具体操作流程和项目方向进行分析，如自我瞄准、个体需求评估法、以社区为基准瞄准法等。在宏观方面，邓维杰（2013）在分析贫困村的生计资本及其特点的基础上，提出了贫困村整体识别的方法，通过对村庄的整体自然环境、区域因素、经济条件、发展模式等情况进行分析，给村庄进行整体打分，提出按照指标分类和通过资源检索进行分类的方式对村庄进行评级。在微观分析方面，杨晶（2014）提出可以运用现有数据、规范性假设、公共认知、参与式方法、已有文献的实证分析五种方法选取收入、教育、医疗健康、生活质量、社会保障等多维指标测量农户贫困程度。左婷、杨雨鑫等（2015）认为建档立卡信息收集方式可以做出调整，应该采取自上而下和自下而上结合的方式，让更多的同村村民参与其中，以提高其准确性。

在相关评价机制和实际操作中，王国勇认为应从准确识别贫困对象、分类制定帮扶措施、明确识别贫困程序、准确识别贫困原因、创新贫困评价机制四个方面建立行之有效的精准识别机制，以提升农村贫困人口识别精准度。罗江月等（2014）对当前使用较多的个体识别法进行了梳理，整理了国外学者对扶贫瞄准问题的深入研究，得出为了更好地推动扶贫瞄准，可以将贫困界定指标多元化，并且也要将扶贫瞄准的行政成本纳入考虑范围，减少识别程序带来的负面影响。还有一些学者通过对案例村长时间的调研提出了一些比较务实的操作，比如葛志军、邢成举（2015）与陆汉文、李文君（2016）分别在对银川的两个村庄和河南西部某村调研后，前者强调扶贫瞄准的统与分的关系，在政策层面强调扶贫工作的精准性时，不仅仅瞄准家庭，而要整体来看待整个村庄的状况，不能过度地只强调对户的帮助，而要从整体来看，将村庄真正地发展起来，而后者通过进行过程分析法，提出解决信息不对称性的最好方式是增加信息公开和提高农户参与，这样能够有效遏制村干部及基层政府按照自身利益识别"贫困户"的问题，进而促进精准识别。

三、关于扶贫监控机制的研究

（一）引入第三方机构（NGO）参与

首先对第三方扶贫组织 NGO 的定义方面，于秀丽（2006）将民间组织定义为独立于政府之外的、为社会公众谋取福利的团体和组织，具有非营利性、非政府性的主要特点。对于 NGO 监督的作用，王名（2001）认为 NGO 可以监督政府福利性的政策执行情况，在精准识别的机制中扮演着局外监察人的角色。吴胜亮（2016）从民间扶贫组织的研究中得出外部监督的重要性，认为监督机制的监督主体应该由政府主管部门、社会力量、专业的第三方独立评估机构、利益相关者四个角色构成。徐璐（2018）则认为政府如果购买第三方服务，应该由第三方采取重点评估、专项评估、随机抽查、定点核查、蹲点调研、明察暗访、群众满意度测评等方式。洪苏珍（2018）认为在政府—市场—社会的三元架构中，第三方的角色可以更加近距离接触农户，提供更加专业性的服务，发挥其中立的优势，补齐政府组织的短板，弥补政府在基层政权判断失灵的问题。张文礼、王达梅（2017）也着重提出第三方监督的重要性，并对监管的主体做了梳理，认为"政府监管主体"包括财政部门、购买主体、民政部门、审计部门、监察部门，"社会监管主体"包括新闻媒体、服务对象、公众，"第三方监管"主要由第三机构进行；监管范围包括"事前、事中、事后"的全面监督，即对购买过程、资金使用、服务提供过程、服务效果进行监督。

（二）监控方式探讨

邱铁华（2017）在四川白马乡调研后提出要建立评估与考核相结合的运行管理机制，首先是推进扶贫绩效考核管理。建立扶贫工作绩效评价、考核制度，建立针对指标，乡镇部门根据工作任务进行考核，机关干部纳入年度考核，等等，并逐步完善奖惩细则，强化考核成果利用，推动实施精准扶贫工作，取得实效。张玉胜（2016）认为要对村干部加强素质教育，完善村内管理机制、监控机制等，使精准识别一线人员具备相应的素质和能力，这样才是保障精准识别的基础。刘渊（2015）对西部偏远山区贫困人口的识别工作进行了分析，提出建立贫困人口识别的当地公开民主选穷机制，建立政府、社会、村民等多方面参与到贫困人口识别的公平博弈机制，建立贫困人口识别工作的动态调整机制。与此类似的观点还有，杨志银（2017）在扶贫资金监管的研究中提出，除了完善事前、事中、事后的监督外，还需要做好信息的及时公示，信息的及时反馈等工作，提高政策运行的透明度以加强外部力量的监管。朱琳（2016）认为扩大监管主体的范围，并且通过异地交换互审常态化，以提高扶贫资金监管主体的独立性，形成一个科学完善的扶贫资金监管机制，通过提高监管的深度和力度，以大数据引领扶贫资金监管提质增效。代家龙（2016）在对会泽县一村庄调研后，对于监控问题提出了要在上下结合的基础上，以横向方式在某个点插入巡查识别力量，有利于提高精准度；在村内广泛宣传并发动群众参与其中，让评议识别在阳光下运行，最大限度避免村内"精英"干扰识别，在民主评议后将认定程序、过程和结果对群众全面公开，接受监督。徐延利等（2006）运用数学分析方式，阐述了激励机制对人的能动性效果的提升，设计了激励机制的数学模型，通过实证分析得出了激励机制对监控效果的提升作用，并且扩宽了激励机制的理论框架，得出了激励机制与监控机制都能激励或引导代理人努力工作，监控机制与激励机制具有正相关性，并且具有替代作用。

（三）监控机制优化与完善

单独研究识别过程中的监控机制的文章还较少，但是有大量研究其他机构的监控机制，例如郭友文（2014）在其慈善机构的内部控制研究中，引用了无影灯效应，基于角度、数量、平台、数量等构建了其慈善机构内部的控制机制，这对于我们谈论的主体精准识别监控机制的完善有着借鉴意义。王华女（2013）在探讨教育课程质量监控机制的实施中，为了保障课程的质量提出了应该在监控机制中建立系统导航、协商互动、反馈调节等机制。黄得林（2008）在中国公务员监控机制方面提出新的监控理念，从权力分散、源头管理、维权反馈等方面探讨完善中国公务员监控机制。陆湘群（2013）在对大学生体质健康监控机制中，提出了提高监控人员的道德素养，通过制度加强责任意识，辅以制度化的激励措施来强化监督主体的内部动力，保障工作的公正准确。张园园等（2018）在对农产品质量安全政府监管机制建设中，提出了通过运用大数据系统，将市场信息体系、政府政策支持信息、公共服务信息组合起来，这些都是政府监管机制中的重要组成部分。田立帅（2007）对中国政府监管存在的问题进行了研究，得出了监督主体片面增加反而可能出现职权不对等、职责不明等现象。如果只是增加监督主体却没有监管方式进行更新最终可能会导致成本上升、结果准确性下降、行政低下等问题，所以提出了要建立相应的评估制度，健全内部问责机制等措施。可以看出监控机制的优化是全方面多层次的，需要明确主体与客体、优化相关的机制才能真正使监控效果发挥出来。

四、核心概念梳理与理论依据

（一）精准识别

精准识别作为"六个精准"之首位精准尤为重要，国务院发布的《建立精准扶贫工作机制实施方案》中，给精准识别的内容作了规定，是指通过农户申请评议、村内公示公告、上级抽检核查、大数据信息录入比对等程序，通过一系列的方式途径把标准下的贫困户和整体贫困村准确识别出来，并且建档立卡，查明致贫原因、发展意愿，制定脱贫措施、找准发展路子的一种扶贫工作机制。其机制的内容包括识别主体、识别客体、识别手段、识别内容等方面。其中识别主体主要是政府体制下的基层扶贫工作队，包括村书记、村长、村监察委员、驻村干部等。识别方法是指识别主体在精准识别中使用的方法及规章程序，例如农户申请、村代表表决、村内进行公示公告、上级领导进行抽检核查、县中心进行信息录入等步骤，它包括了实施过程中的物质需求及规章制度和平台机构等方面。识别对象，顾名思义就是指中国行政区域内的暂时未宣布全部脱贫的行政村和一定行政村内的村民，即潜在的贫困户。识别内容包括贫困人口、致贫原因、家庭情况、资源禀赋等基础物料。

因此，精准识别是一种社会科学，通过工作程序以某种形式方法将真正符合条件的贫困户识别出来而将不符合条件的排除在外。作为一种工作机制它具有一定的科学性、严谨性、制度性，有着明确的目标和强调公平公正的原则。它不只为了识别得精准，更是通过规定标准和程序，明确原则和要求，在识别目标的前提下，通过一系列的走访调查对贫困程度、发展意愿等问题进行科学系统的分类，为后期的精准帮扶奠定好基础。从宏观角度看，它对贫困区域的空间位置、资源情况、基础设施、产业条件、政府管理、社会习俗等扶贫条件进行识别，并以此制定针对性的基础规划和帮扶措施，以提高当地整体的持续发展能力，从而避免脱贫又快速返贫的问题，也为后期退出机制做好数据收集工作。

（二）监控机制

机制最初的定义是指有机体的构造、功能及其相互关系，来源于机械的运行。现阶段机制的定义越加广泛，是指社会上一个客观系统内部各要素的组织结构，以及各要素与各子系统之间相互作用的具备规律性的运行方式以及运行过程。其中监管机制作为机制的一种，又称为责任保障机制，它包括两个方面的作用力：其一是外力对行为主体的监督制约，其二是行为主体的自我约束。其机制的核心要义是监督与制约。作为一个运行完备的监管机制，主要应该包括四个方面：（1）监督主体，以及各个监督主体之间的相互关系，包括制约及协助；（2）监督客体，即监督主体监督的对象；（3）监督制度，即监督主体的责任与义务，监督的程序与流程，监督的平台以及惩罚措施；（4）监督的激励措施，适当的激励措施有利于提高监督主体正确行使监督权力提高履行监督的动力。

（三）加强监控机制优化必要性的理论依据

1. 信息不对称理论

这一理论的核心思想是指所有各方已知和拥有的信息，以及某些行为者理解和拥有但其他人不理解或不具备的信息出现不对等。掌握相关信息的多少有一定差异，通常掌握充分信息的人处于相对有利位置，而信息量掌握较少的人处于不利地位，这必然导致信息所有者为了更大利益去损害对方的利益。① 在扶贫工作中信息不对称的存在，可能会对识别工作造成偏差，影响机制的作用。具体表现为识别人在入户核查过程中，村民有意或无意隐瞒个人资产、家庭成员信息等，致使识别人对于贫困户的真实情况收集产生偏差，从而对于是否入选贫困户产生误差。此外，信息不对称还表现在村民对于精准扶贫相关信息了解得较少，而贫困村村委一方面出于主观意愿对于扶贫信息公布较少，另一方面受乡村环境与治理因素影响，信息宣传途径较少，这些都导致村民参与精准识别鉴定工作的积极性下降。所以信息不对称的严重程度是导致贫困户识别偏离的重要原因，见图4-1。

农户隐藏自身信息 → 占用贫困户评选额 → 导致精准识别误差 ← 降低农户的积极性 ← 村委向上隐瞒信息

图4-1 建立在信息不对称下的识别误差

2. 共谋理论

共谋行为是指基层政府与其直接上级政府达成某种意义上的共识，并且相互配合，从而采取各种策略来处理上级政府的政策法令和监督检查。② 一方面共谋行为与现有的正式政策文件精神违背或者运行不一，另一方面此行为不是其个人行为，常发生在正式的组织内部，并且大规模有组织地进行。在一定程度上这也是集权决策中强调政策任务完成所导致的结果。在精准识别过程中所出现的共谋行为，一是指村民与村委配合，采取各种策略来应对上级部门的入户核查，二是指村委和驻村工作队也会采取各种策略来应对其他村民的质疑，这对前期的精准识别和后期的核查工作都造成了干扰。基于共谋理论的特性如何才能最大程度地打消其造成的影响，使监控的作用不打折扣地发挥出来，是我们需要从无影灯理论中探究的。

---

① 辛琳. 信息不对称理论研究 [J]. 嘉兴学院学报，2001 (3)：38-42.
② 周雪光. 基层政府间的"共谋现象"：一个政府行为的制度逻辑 [J]. 开放时代，2009 (12)：40-55.

（四）无影灯效应理论

1. 运用无影灯效应研究的必要性

从现有的监控机制运行情况看来，由于时间问题，很多地区的监控机制还不完善，共谋理论和信息不对称理论也告诉我们单独依靠人自身的道德层面对精准识别的准确性提出要求不现实，需要运用一个理论完善其运行流程以保证机制的完整性。扶贫工作由于它的公益性质和社会福利性，现阶段受到很多关注，相关规章流程也应运而生，所以对现有的机制做一个去其糟粕留其精华的工作十分重要，那么将本着什么原则、什么理论对现有的机制进行优化呢？本书将借助医学上常用的工具无影灯，在现阶段监控机制基础上对现有的监控机制进行一定程度的优化。

2. 无影灯效应原理在识别监控机制中的推演

无影灯效应的原理告诉我们，认识事物必须从多角度出发，全面客观地发现问题，同时，要把各个角度的问题结合起来，统一分析，深入理解，充分认识事物，认清本质。总之，影响无影灯效果的主要因素有四个：较多数量的光源；光源有足够的强度；照射角度全面；光源的灯罩固定。这里可以主要概况为数量、强度、全面、平台四大要素，只有具有上述四个要素，无影灯才可以发挥其作用。首先，光的数量对应着监控主体，为了全面有效地找到识别不准确性的"障碍"，需要足够数量的控制主体共同完成，监督人的来源要多，不能仅仅是村委及村民，还应考虑社会力量；其次，光的效能对应着监督者的职权，监督者应有充分的专业知识、积极的工作心态、相对应的权利与义务；再次，光线角度决定了有无阴暗面，光源相互结合才能形成"无影"区域，这个想法适用于识别和监控，就是要加强监控的深度和广度，形成覆盖所有领域和层次的三维监控网络；最后，即使光源数量足够大，能量足够强，角度足够宽，但缺少一个共享平台仍然无法工作。为了发挥作用，监控机制必须有一个平台，允许内部控制实体传递信息，相互牵制，相互支持，避免主体分散，无法实施监控措施的尴尬局面。平台的作用是将相关信息进行公开，确保精准识别的技术平台沟通畅通，以及相关信息的有效整合，见图 4-2。

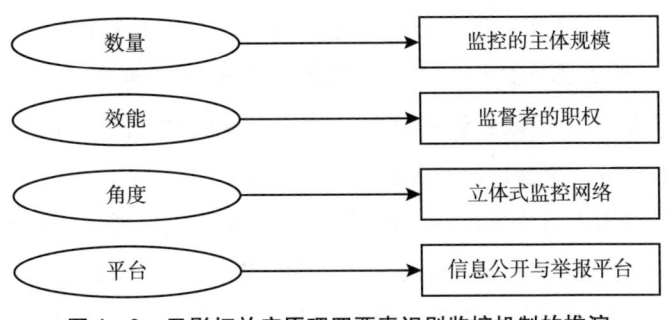

```
数量  ——→  监控的主体规模
效能  ——→  监督者的职权
角度  ——→  立体式监控网络
平台  ——→  信息公开与举报平台
```

图 4-2　无影灯效应原理四要素识别监控机制的推演

五、Z 案例村监控机制分析[①]

我们在文献资料研究的基础上，通过研究人员进村入户，跟随当地扶贫工作人员进行全天候的工作流程跟踪，采取第三者旁观者的角度观察扶贫主体和客体的工作程序，从而获得第一手客观资料。通过跟随扶贫人员、责任帮扶人，加深了对扶贫工作的认识。运用实地走访深度访谈形式，对该某镇副镇长、Z 案例村党总支书记、贫困户、驻村扶贫工作队员进行访谈，从不同角度了解该村精准识别现状、存在不足，以此增加实证性，为研究寻找论据支撑。

（一）扶贫工作的背景及进程

1. 全县扶贫概况

2014 年以来，全县有建档立卡贫困户 2120 户，贫困人口 70431 人，有

---

① Z 案例村位于河南省信阳市罗山县周党镇。

贫困人口的行政村286个，贫困村97个，这些贫困人口分布在全县20个乡镇（街道办事处），经过"五清"核查和历次动态管理，2014～2017这四年间累计脱贫贫困村62个（2014年脱贫14个，2015年脱贫13个，2016年脱贫28个，2017年脱贫7个）、贫困户11619户，44272人，贫困发生率降至4.1%。经过多次建档立卡动态调整，截至2017年年底，全县还有未脱贫贫困村35个，尚未脱贫贫困户9601户，未脱贫贫困人口26159人。

经数据分析，全县目前贫困状况如下：

（1）从贫困人口分布来看，全县非贫困村贫困人口占比较高。全县2.62万贫困人口中，有1.88万贫困人口分布在非贫困村，占72%。

（2）从致贫原因分布来看，全县9601户贫困户中，有4612户因病致贫，占48.04%；2467户因残致贫，占25.7%。这两种致贫原因是全县最主要的致贫原因，共7079户，占73.74%。

（3）从贫困属性分布来看，全县低保、五保贫困户较多。全县26159名贫困人口中16210人属于低保贫困户，占61.97%；2318人属于五保贫困户，占8.86%；低保、五保贫困户中共有18528人，占全县贫困人口的70.83%。

（4）从劳动力分布来看，全县劳动力人口偏少。在全县26159名贫困人口中，14680名贫困人口无劳动力、弱劳动力或丧失劳动力，占全县贫困人口的56.12%，有劳动力的人口为11479人，占43.88%。

（5）从年龄分布来看，全县"老""少"人口偏多，全县26159名贫困人口中，16周岁以下的有4647人，占17.76%；60周岁以上的有8429人，占32.22%。两者共13076人，占到了全县贫困人口的近一半（49.99%）。

（6）从务工状况来看，全县贫困人口外出务工人数还不够多。上年度全县外出务工（县外务工）人口达到5808人，占全县贫困人口中有劳动力人口11479人的50.597%。

（7）从上年度收入状况来看，全县还有一些特殊困难户。在全县9601户贫困户中，有212户上年度人均纯收入在2000元以下，还需加大帮扶力度。全县有5573户13594名贫困人口上年度的人均纯收入达到了3208元，占全县9601户贫困户的58.05%，但其中部分贫困户安全住房、安全饮水问题还未解决，脱贫还不够稳定。

2. Z 村扶贫现状

Z 镇辖 23 个有贫困人口的行政村,其中 5 个建档立卡的贫困村。截至 2017 年年底,Z 镇尚有贫困户 883 户,贫困人口 1928 人。笔者重点调研了其中一个重点行政村——Z 村,该村位于 Z 镇北部,全村下辖 32 个村民组,854 户,户籍人口 3586 人,2017 年全村外出务工人员 580 人,劳务所得 600 万元,全村 2017 年人均年收入 9540 元。村内耕地面积共 3520 亩,林地 1800 亩,养殖水面 6 亩,人均耕地面积 1.07 亩,全村以农业种植为主,主要粮食作物有水稻、小麦、玉米;经济作物以油菜、花生为主,截至 2018 年 6 月全村共有建档立卡贫困户 203 户 780 人,其中未脱贫 68 户 182 人,致贫原因如图 4-3 所示。2017 年~2018 年上半年已脱贫 135 户 598 人。为了后期的访谈更有针对性,笔者也对当地村庄的贫困户信息进行了查询,为避免占用过多篇幅,作者选取了部分贫困户名单,见表 4-1。

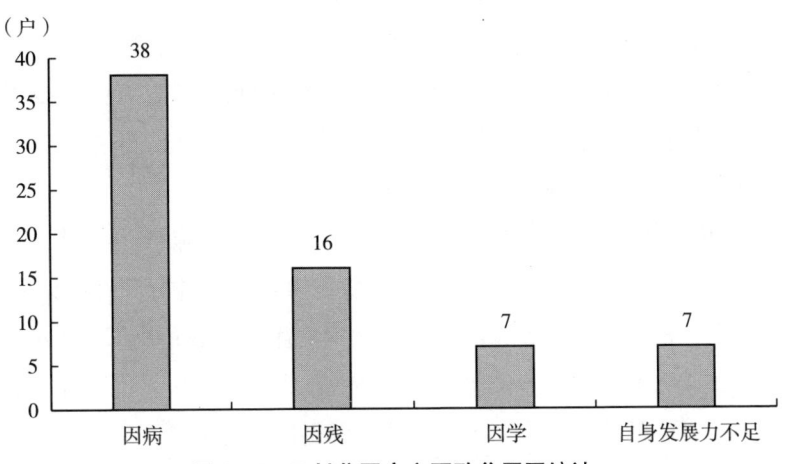

图 4-3 Z 村贫困户主要致贫原因统计

表 4-1 建档立卡贫困户名单(Z 村部分)

序号	户主姓名	贫困户属性	主要致贫原因	家庭成员人数
1	韩 X 福	低保贫困户	因病	5 人
2	丁 X 明	一般贫困户	因病	3 人
3	黎 X 付	低保贫困户	因学	4 人

续表

序号	户主姓名	贫困户属性	主要致贫原因	家庭成员人数
4	秦X华	低保贫困户	因残	3人
5	李X才	低保贫困户	因残	2人
6	彭X元	五保贫困户	因病	2人
7	黄X华	低保贫困户	因病	1人
8	冯X金	低保贫困户	因残	4人
9	秦X亮	一般贫困户	因病	4人
10	秦Y	一般贫困户	因病	7人

资料来源：Z村贫困户信息表。

3. Z村现有识别标准及方法

（1）识别标准：按照国家制定的标准贫困线，划定当地扶贫人均年纯收入的标准。把2010年制定的2300元扶贫基准线作为衡量基准，按照现在的物价程度进行折算，2014年调整为2800元，2015年为2855元，2016年为3026元，2017年为3208元，2018年为3600元。宏观方面还要考虑到"两不愁、三保障"等重要生存性因素，保证农户不愁吃、不愁穿，有权接受义务教育，保证基本医疗和基本住房。

（2）识别方法：村委要秉持着公开、公正原则，施行"一进二看三算四比五议六定"识别流程。其中"进"就是挨家挨户进行调查走访；"看"就是看访问户房子、装修、家居、电器等家庭生活物料；"算"即对调查农户家庭总体收入和支出进行测算，然后得出人均纯收入；"比"就是和全村左邻右舍进行生活质量总体对比；"议"就是通过之前调查所得综合打分评定进行村内评议；"定"即通过民主表决正式确定贫困户，然后由村'两委'推荐给乡镇党委政府确定。

（二）当地监控组织及监控方式

扶贫作为一个政府社会责任的体现，其核心就是要保证责任的落实到位。监控机制是其保障社会福利公平公正的必备要素，一个完整的监控机制应该包括监督主体及各个主体之间的关系、监督客体及其核心权利、监督制度、监督动力四个方面。

1. 监控主体与客体

（1）监督主体：在精准识别的申报环节、初步审核环节、入户核查环节、再次审核环节中，因环节的不同，监控主体也随之变化。其中在申报环节与初步审核环节主要由村民代表、驻村干部、利益相关者作为监督主体。在初步确定名单报备乡镇后由镇（办）扶贫办负责审核贫困户评选是否真实有效。乡镇扶贫办同时负责本辖区扶贫工作的总体统筹和协调，解决辖区内扶贫工作中存在的困难和问题；指导责任帮扶单位的工作；落实村一级的扶贫工作责任划分，建立相应的考核和奖惩机制；对村委上报的扶贫项目进行审查；并及时与市扶贫办、相关市直单位沟通；指派当地重点贫困的驻村第一书记。在贫困户名单入库后期的复查走访过程中由上级检查部门作为监督主体，其中市扶贫办主要职责为及时与领导小组、相关市直单位进行沟通；审核当地贫困户专项账户情况；初步制定扶贫资金使用和分配方案；对下面基层扶贫部门的项目资金运行和脱贫情况进行监督；指导当地地区镇（办）扶贫办的扶贫工作，重点包括扶贫项目运行情况、贫困户政策落实情况、相关脱贫是否达标。

（2）监督客体：村委在前期识别贫困户的过程中监督客体主要为待入选的贫困户、村委会。待评选信息结果入库后期的检查过程中，监控的客体为村委会、乡镇扶贫办、第一书记、驻村干部、责任帮扶人，其中责任帮扶人主要来自镇机关、计生中心、派出所、食药监所、卫生院、邮政支局、中小学等单位。

2. 监控方式

（1）村民投票及公示。在接受上级政府下发扶贫评估文件之后，由村委负责宣传工作，将相关扶贫政策、评选标准、申请手续、截止日期等信息通过信息公告、入户通知、派发宣传单等方式告知潜在贫困农户。初次评选名单一方面由村民自愿申报，另一方面由村委会或村民代表帮助其申报。申报完成后由村委入户核查其信息的准确性与真实性。最后汇总名单后交由村民代表投票表决，村民代表行使其监督权，以防止不合标准的农户入选。在初选名单出来之后进行村内第一次公示，公示时间为七天，公示内容为致贫原因、贫困户名单、日期、村委签字等，公示地点为村委会大门口墙壁公示栏（见图4-4）。

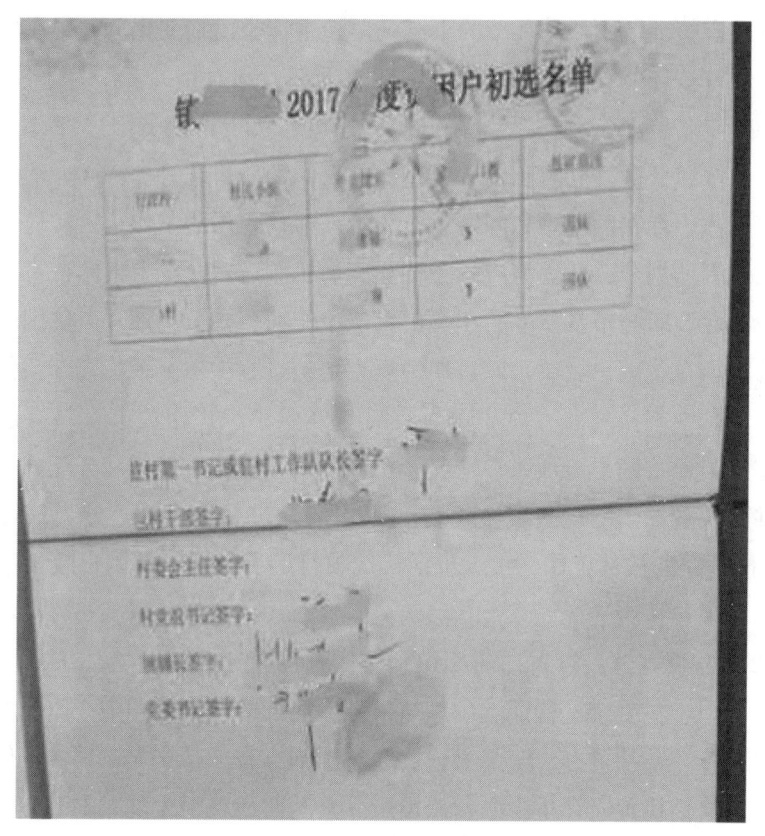

图4-4 Z村贫困户初选名单公示

（2）信息系统平台。目前使用的全国扶贫开发信息系统，是由最初的全国建档立卡信息系统升级后于2015年12月上线运行的。主要实现扶贫对象（贫困县、贫困村、贫困人口）信息管理、扶贫主体（帮扶单位、驻村工作队、帮扶责任人）信息管理、扶贫资金和项目信息管理、查询和统计等功能。还有河南省精准扶贫信息管理平台，是在全国扶贫开发信息系统的基础上建立的精准扶贫信息管理平台，于2017年9月上线运行，从省、市、县、乡、村到帮扶责任人都可以通过电脑或手机端操作使用。在国家系统的基础上增加了精准施策（帮扶措施采集）、精准脱贫（脱贫指标监测）、督查巡查（问题采集）、分析决策（重要指标监测）、协同管理（行业部门数据交换）等模块，在各乡镇集中将贫困户信息上报县扶贫办后，通过信息系统中的大数据对比功能排除不符合条件的贫困户，如大量存款、名下商品房、营业执照、家庭轿车、户籍不符等情况，最大限度从客观硬条件上排除不精准现象。

（3）复查走访。主要分为常规走访复查和专项抽查，前者走访人员为县及各乡镇主管领导抽调各单位人员下村入户核查，覆盖面广，频率高，检查方式为入户核对信息，查询贫困户档案是否符合标准，询问村委会扶贫工作事宜。监督的对象主要为村委会、驻村干部、帮扶责任人等，监督目的是保证建档立卡工作的质量、贫困户信息的真实准确、扶贫政策项目的宣传到位等。后者主要为省和市对重点扶贫乡镇进行抽查，覆盖面较小，虽然名义为抽查，但是实际上所要抽查的乡镇已经得到通知做好准备工作了，监督的对象为县扶贫办、乡镇扶贫办等，主要检查的是政策落实情况、扶贫组织架构构建、扶贫款项下发情况。采取开通举报热线、邮箱等方式欢迎群众对扶贫工作问题进行举报。

3. 整体监控流程

整个识别监控主要包含两个阶段的监控，其一是指村委在识别贫困户的过程可能发生将不符合扶贫标准的人纳入贫困户中，也可能将符合贫困户的人排除在贫困户之外，此时监控主体为驻村干部、村民群众及其他利益相关者，监控客体为村委会，监控方式采取质询、投票表决、大数据比对等方式。其二，在识别贫困户结束之后的复查环节，此时监督主体为上级检查部门、社会公众，监督的客体为村委会、驻村干部、结对帮扶人员，采取的方式为复查走访、档案查询、举报调查等。其中体制内部监督主体权利有走访复查、档案查阅、行政处罚、违规上报等。体制外即社会公众层面的有举报、投票、质询、公开信息阅读等权利。贫困户的精准识别流程可归纳为四个环节，分别为申报环节、初步审核环节、入户核查环节、再次审核环节，如图 4-5 所示。

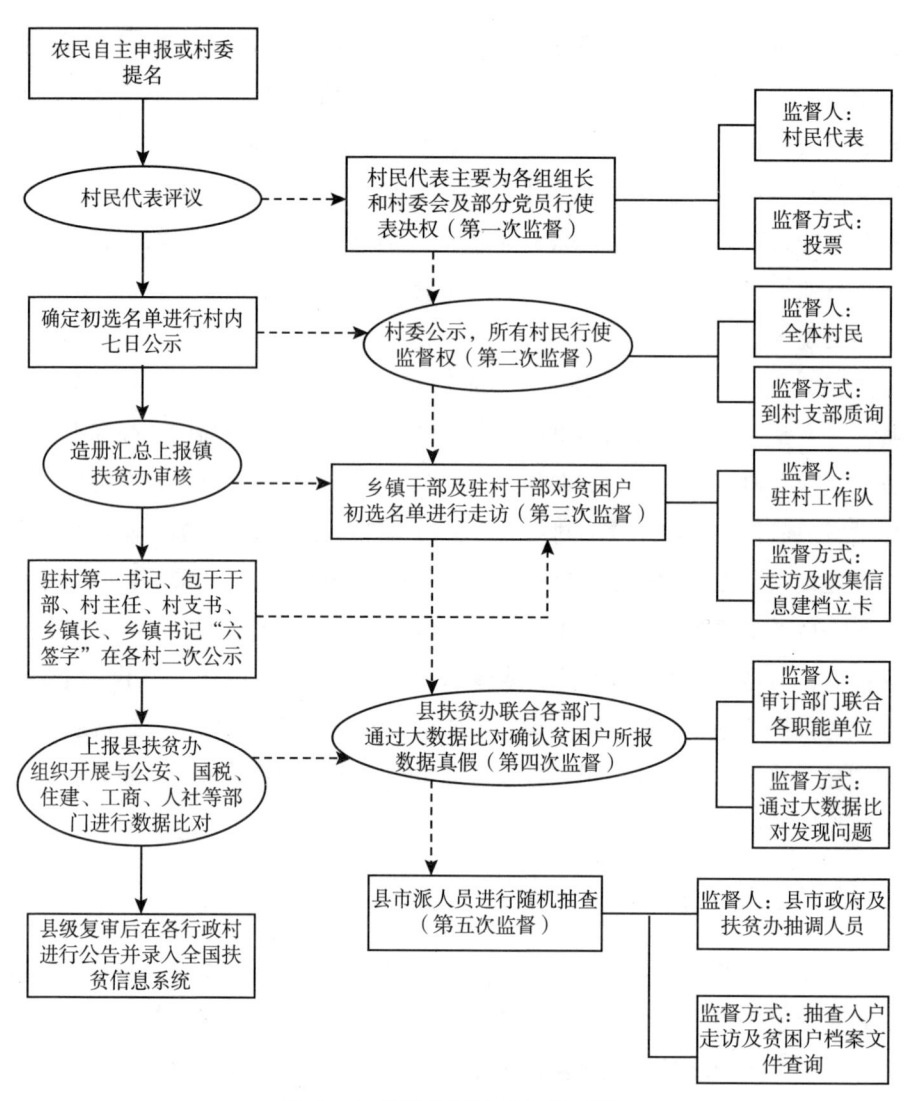

图4-5 精准识别中的监控流程

（三）对监控主体与客体的访问

1. 村干部和帮扶人

村干部主要是指通过村民自治机制选举产生的、在村党组织和村民委员会及其配套组织担任一定职务、行使公共权力、管理公共事务、提供公共服务，并享受一定政治经济待遇的工作人员。作为基层干部，村干部往往要身兼数职，除了村委会的各项工作外，还要负责计划生育、森林防火、环境卫生、土地确权、调节村民纠纷等各项事务。在精准识别工作中，村干部一方面要对提出申请的农户的家庭居住条件、收入和家庭成员健康状况进行初步核实，另一方面，在驻村工作队对贫困户进行核查时，村干部要协助驻村工作队开展入户工作，提供贫困户家庭信息。

笔者走访一户农户时感觉该家庭并不是很贫困，附近农民也表示像他们家的情况没评上贫困户的也有，因此笔者找寻村书记FZG书记了解相关情况，是否村里存在识别不精准的情况。FZG书记回答如下：

> 秦X国是我们Z村黑湖组的，现年72岁，家中有配偶67岁和孙女26岁且孙女有肢体轻度残疾，共三人，大儿子去世儿媳再婚，小儿子入赘女方家，按照标准符合无劳动力和孤寡老残的标准，但实际上，孙女已经出嫁不需要老人供养，且孙女的残疾程度为肢体最轻，对生活基本没有什么大影响，小儿子户籍迁走了，但实际上还是有对老人尽养老义务，逢年过节会回来看看给老人一些钱，但由于户籍已经迁走，从程序上来讲属于孤寡老人，而且他的实际收入无法测量，农户隐瞒你也没有办法，按照标准是符合贫困户标准的，但实际上村里和他情况差不多没有评上贫困户的还有不少。
>
> ——Z村驻村第一书记FZG，访谈编号201807281

很显然，FZG（方X国）书记认为秦X国符合入选贫困户的条件是由于上面文件的要求，即使本人知道他并不是特别贫困还是将其上报贫困户，属于客观不精准情况。

随后我对秦X国的帮扶责任人PJH女士（当地镇医院主管会计）进行了访问，询问对帮扶对象家庭情况是否了解、帮扶措施是什么、评选标准是否清楚、是否有识别精准纠正的责任义务等问题。PJH女士回答如下：

> 帮扶对象一般是由村里面安排给我们的，一个人对接两户贫困户，平时的工作是每周二和周六去一趟，签字填资料，然后学习一

些相关政策，帮扶对象有符合条件的帮他讲解申报一下，其余的也就是打扫下卫生，陪他们唠唠嗑。对于他们是否真的符合贫困户标准这个问题，只要是村里面给我们安排过来的话应该没有什么大的问题，平时自己单位的工作还那么忙，自己也没那个时间去管他们是否真的贫困，我们还要归驻村干部领导，谁没事去质疑他们呀，看着大差不差就行了。他们的家庭（秦 X 国）情况这么长的时间走访下来，大概还是了解的，孙女出嫁了但偶尔还是会拿些东西回来看老人的，小儿子私下有没有打钱给他就不好知道了，他说没有你也没办法说他有。

——Z 村帮扶责任人 PJH，访谈编号 201807282

由此可知责任帮扶人对帮扶对象的情况大概是了解的，平时帮扶工作形式大于内容，对贫困户精准性矫正并没有太大的作用，多是听从村里面的安排，由于自己在本单位还有工作，因此对扶贫工作多是辅助性质的。

2. 驻村工作队

当地为加强精准扶贫精准脱贫的帮扶力量，要求每个贫困村都有驻村工作队驻村。驻村工作队由驻村队长和驻村第一书记组成，由对口帮扶单位选派 1 名科级干部，到定点帮扶村驻村，担任驻村工作队队长，由当地市直机关事业单位选派 1 名科级干部到定点帮扶村驻村，担任帮扶村第一书记，兼驻村工作队副队长。因此，驻村工作队对扶贫工作起着关键性作用，为了解相关情况，笔者找到了当地的驻村工作队办公地点。在 Z 村 LYZ（罗 X 志）为驻村第一书记，由当地镇政府 2017 年上半年调派而来，原工作地在当地镇政府，职务为副科级，工龄 22 年。目前为 Z 村扶贫工作的第一责任人，因此笔者找寻他进行了一次深入访谈，大概内容如下：

驻村工作队成员和第一书记由派驻地区组织、扶贫部门、乡镇党委和派出单位共同管理，任期一般为 3 年，原则上是中途不轮换。像我们驻村工作队长和第一书记驻村工作队必须全脱产驻村，从去年开始就已经驻扎在村内，因为周六是扶贫日，所以基本上是做六休一，相关的政策文件整理起来也特别复杂。在精准识别工作中，前期工作由村两委负责，我们在确定名单之后会进行一次逐户登门核查，核清农户家庭财产情况、家庭收入与支付、家庭人口素质，并进行现场记录，以便后期村委评议是否该农户能被列为贫困户。但是说实话相关的文件要整理的实在太多了，走访人员的积极性也不高，很多时间只要差不多就行了，主要是把需要收集的照片和证件复印件给弄到，不然上面来检查没东西不好弄，像我来基层工作了二十多年，到现在一个月到手的工资也就三千多，来这驻村也就是多了每天二十的饭补和每个月三百的乡镇补贴，划不来。最后关于责任帮扶人的职责方面主要是由我们先给他们进行政策讲解，然后他们进户进行政策宣传。关于秦 X 国的情况我们应该是让他今年年底统一脱贫，因为目前进来不容易，单独"出去"更不容易了。

——Z 村驻村第一书记 LZY，访谈编号 201807291

随后查询了一份贫困户的建卡档案（见图 4-6），发现档案确实很厚，大概三四十页，大部分的精力都用在建档立卡方面确实不假，另外很多驻村干部也都抱怨工作强度大，且没有额外补贴，远离家庭不便，工作不被认可，检查比较频繁，积极性差。

图 4-6　精准扶贫档案资料

另外笔者访问了一位来自县城的驻村工作队队员，YXF女士，其原职务在县民政局工作，办事科员，现抽调到Z村驻村工作队中。对于扶贫工作，YXF女士做了如下回答：

> 作为驻村干部，在脱贫前都是要求吃住在村里，自己单位的活大部分转交给其他人做，实在不行的自己私下加加班，说实话调离原工作岗位跑到农村来，很多驻村干部都有怨言，一方面是工作环境差、强度大，做不完的表格并且没有一分钱的补助，走访贫困户有时候买些礼品还得自己掏钱，很多驻村干部都是应付差事，在前期走访复查也是流于形式，总想着早点结束工作。
>
> ——Z村驻村干部YXF，访谈编号201807271

3. 镇政府

Z镇扶贫办在整个扶贫工作中主要承担上传下达的工作，负责传达上级扶贫部门关于扶贫工作的精神，落实上级扶贫部门关于扶贫工作的指示，评选出贫困村，统筹管理扶贫资金的使用，与驻村工作队进行工作对接，对驻村工作队和村委开展精准扶贫工作予以指导。在精准识别工作中，镇扶贫办一方面要对各村提出的贫困户申报名单进行初步审核，作为评选贫困村的依据，另一方面，在驻村工作队入户核查时，Z镇扶贫办负责指导驻村工作队和村委开展精准识别工作，对各贫困村上报的贫困户名单进行确认审核。

在整个深入访谈中我们发现，从制度上看，驻村干部、帮扶人、村民代表、乡镇主管领导都是精准识别的监督者，驻村第一书记作为扶贫工作的第一责任人，对驻村干部、村两委、帮扶责任人起着一定程度的领导作用。只要贫困户确定下来，帮扶人只是负责一些很基础性质的辅助工作，其监督的职能没有发挥出来，驻村工作队在公示后对贫困户的走访也只是为了核实上报情况的真假，收集相关资料，整理成册应付检查，上级领导过来检查主要是看建档立卡的文件是否合规。村干部就算知道有些不太合适的地方，只要村里面没有人闹，这名单就算定了下来。另外我们不难看出很多时候村两委、驻村干部、帮扶责任人一方面要担负识别者的角色,另一方面也是监督者的角色,相当于同时做了裁判员和选手。

4. 非贫困户村民

对于非贫困户村民的访问,笔者重点选取了 Z 村乡村医生,因为他经常和村里面的人接触,了解得比较多,并且具有一定程度的文化知识。作为本书的深度访谈对象,交流的大概内容如下:

> 村里面的识别工作前几年已经进行好几轮了,2017 年的识别工作从我个人角度来讲大致还算公平,有个别因懒致贫的评选上我并不是很认可,但是也没办法,政策他是符合的,像村里面之前贫困户评选表决基本上都是村里面定的,我们对这些相关情况都不是很了解,公示也是公示在村委会那边,具体什么情况我们也不清楚,之前县里面和镇里面来检查我看到了,他们也只是去家里走一圈,并没有啥实质性内容。
>
> ——Z 村黑龙潭组村民 WJJ,访谈编号 201808031

(四) 现有监控机制问题

1. 公示形式化

村内事务公开是赋予村民监督权的一种非常重要的形式,但在笔者对 Z 村村民 WJJ 访问时,他说道:"我们对这些相关情况都不是很了解,公示也是公示在村委会那边,具体什么情况我们也不清楚。"可见公示虽然有规定,但是实行效果并不好,在接下来的走访调查中确实发现由于缺少村民聚会的正式场所,公示除张贴在村委会公示栏外,更多是在各个小组习惯性聚集的场所,但是这些聚集场所往往是小组内的一个空地或是一小块水泥地,或是稍微开阔的路边泥地等,这些场地并不具备张贴公告的优良条件。公示公告张贴出后或因风吹或因雨打而严重影响了村民了解信息的效果。

2. 监督人职权不对等

驻村干部和帮扶责任人作为一线扶贫人员，长期以来多次下乡走访，进村入户，从主观印象和客观材料对贫困户相对比较了解。如果在发现问题之后能够第一时间上报，可以从最初环节减少识别不精准的现象，但是现有的监控环节中缺少其监督职责，大多数的帮扶责任人只是为了完成上级派下来的任务，平时工作上与村委的扶贫工作队有着上下级关系，例如PJH女士曾回答道："平时自己单位的工作还那么忙，自己也没那个时间去管他们是否真的贫困，我们还要归驻村干部领导，谁没事去质疑他们呀，看着大差不差就行了。"从中得知，由于其工作主要受驻村第一书记的指导，多数时间都是起辅助性作用，其监督职责没能发挥出来，更多的是尽自身的职责而相关的监督权无从体现。

3. 社会监督主体监督意识不强

目前来看，无论是社会公众、政府主管部门，抑或第三方机构工作人员，都缺乏自身所必需的监督意识。虽然，我们出台了很多扶贫工作外部监督主体权益的相关法律法规，但在现实生活中，社会公众参与社会公共治理方面的意识和能力还是比较欠缺的。社会公众作为监督主体普遍存在"民不管官"的观念，对扶贫事业表现出冷漠的态度，没有多大的参与意识，能够自发地主动地去对精准识别进行监督的行为非常少。只有自身利益面临损害的条件下才会主动进行诉求，缺乏主动监督意识。大众媒体应该对精准识别的监督起重要的作用，但新闻媒体往往在政府主管单位发现存在的问题后才会主动进行披露，没有发挥好应该有的监督能力。以上这些便造成了社会对扶贫工作监督意识薄弱和监督环境不健康的局面。

4. 缺乏相应激励机制

访谈期间无论是驻村干部还是责任帮扶人都提及过工作待遇的问题；例如YXF女士就曾讲过"做不完的表格并且没有一分钱的补助，走访贫困户有时候买些礼品还得自己掏钱，很多驻村干部都是应付差事，在前期走访复查也是流于形式，总想着早点结束工作。"一方面是痕迹主义的盛行导致扶贫相关表格过于烦琐，工作的很多时间都是在处理文字材料，整理档案，工作方式并不被老百姓认可。另一方面驻村队员休息时间被大量占用，基本上每周要吃住在村内六天，这种状况从2017年下半年就开始了，很多驻村干部都是从原来的工作岗位抽调而来，很多时候还要私下处理自己原单位的事情，精疲力竭。最后自己还要贴往返村中的路费，走访贫困户时所带慰问礼品很多是自己出钱的，下乡走访没有额外的补助，很多工作人员的工作积极性不高。

5. 重复检查形式主义

该县上级扶贫检查重复现象非常突出，基本在同一时期有扶贫、农业、审计、纪检委等多个上级部门对该县扶贫办开展检查督导工作，令人疲于应付，难以深入下乡下村开展扶贫工作，日常更多是靠电话询问、表格填报等非现场手段开展。制约监督机制健全的原因主要有四个方面：一是政府部门职能界定不够清晰，纪委、审计、财政、扶贫办、农业、林业、水利等多个部门都在开展监督，但各部门并未得到科学的分工与协调，造成扶贫领域监督重复与监督缺位共存的现象。二是监督手段单一，仍以翻阅账簿、实地勘察等微观监督手段为主，还不善于运用大数据比对等信息技术手段挖掘深层次问题，制约了监督成效的充分发挥。三是事后监督多，事前、事中监督少，专项性检查多，日常监督少，在精准识别前期基本都是驻村干部和村委负责，在真正确认名单后上级部门才会复查。四是监督结论使用范围过窄，往往局限于检查组织方履行职责，未能及时向社会公众进行通报曝光，导致监督检查结果未得到全面有效应用。

6. 信息平台的非公开与互通性差

当人们或社会群体对信息获取过于困难或信息成本获取过高时，绝大多数人会选择放弃，导致公众监督缺席。因此，从准确识别工作的外部环境来看，需要一个多元化的信息披露渠道，以方便民众及时获取组织运作方式和及时必要的信息。另外根据帮扶人的介绍，笔者下了相关的App，发现其主要内容是一个扶贫展示、爱心帮扶的平台，其中并没有贫困户的评选信息，走访的乡镇干部也表示这些贫困户信息并没有上传到网上，目前具体的信息还是以纸质资料为主。笔者又随机在网上下载了一些扶贫 App，发现无论是地方的还是全国性质的扶贫软件基本都没有贫困户识别过程中的信息，并且所有的扶贫网站和软件都需要用户登录，这基本上堵死了来自社会方面的监督，使第三方监督无从展开。笔者查询了当地所使用的扶贫网站以及其他省份所使用的手机软件界面①如图4-7所示。

图4-7 扶贫管理信息平台界面

六、基于无影灯效应下的监控机制优化

（一）监控机制优化目标

1. 形成监控的全面性与重点性

一个完整的监控机制中，应当有具体的操作流程，包括对人力、物力、规章制度等信息，需要做到对整体决策、执行、反馈整个流程的监管。识别机制的运行需要多个方面人员的参加，例如驻村干部、对点帮扶人、民政部

---

① 信息来源：http://www.hnfpxh.org/，河南省扶贫开发协会；http://222.143.21.50:8081/JZFP-web/login.jsp，河南省精准扶贫信息管理平台；http://cpadisc3.cpad.gov.cn/cpad/login，全国扶贫监测信息系统门户。

门、审计部门、社会公众等方面，需要全体成员的积极参与，使整个监控机制形成一个流畅的体系，才能有效发挥监控机制的作用。

如果只是追求全面不仅不能把握精准识别的重点，反而会容易因为负担太大导致机制内部有些措施形同虚设，所以，监控机制应该把握事情的重要性原则，把握关键性问题。比如，乡镇一级作为扶贫工作的一线领导部门，要对其监控机制的实施保持负责认真的态度，不可敷衍了事。作为机制的重要管理与执行机构，对整个扶贫工作又起着承上启下的作用，要切实保障机制的有效运行。

2. 形成多方位牵制性监督

现阶段很多时候认定标准是一套，而实际情况往往是由村干部说了算，驻村干部和检查人员很多时候敷衍了事，监督作用起得不够，驻村干部、村主任、村委会成员都是扶贫工作的一线人员。单一行政体制内部的成员，如果要加强内部控制，主要要加强相互牵制，合理分配内部机构人员的工作和职权，以加强相互监督和牵制的作用。牵制性原则要求我们要做到独立部门之前的业务牵制和业务流程中的牵制，也就是横向牵制，以保障内部监督的可控性。

3. 落实可行性与提高监控效率

可行性要求是指相关的机制流程应当是切实可操作的，应以当地实现情况为基础，这包括物质基础、人力基础、财政资金基础，建立符合实际的监控机制。不能硬搬一些地区的成果，必须结合当地情况的特殊性，在借鉴的基础上有所创新，并不断完善。

与企业关注经济效益不同，扶贫部门作为非营利性质的政府组织，社会效益是其管理者最关注的问题。相关识别程序和表格应该本着资源优化的原则，尽可能地减少重复填写工作，优化管理措施，减少不必要的流程，减轻基础扶贫人员的负担，真正提高其工作效率，而不是一味地把时间浪费在各种纸面工作和应付检查上，尽量减少运营成本，使社会效益最大化。

（二）精准识别监控机制的优化措施

根据现场深度访谈所得到的情况，笔者发现现有监控机制运行中所出现的问题，运用无影灯效应原理，以无影灯的灯泡数量、角度、亮度、平台为出发点，对应识别监控机制的主体数量、监控角度、监控者的素质与动力、监控信息平台等，将现有的监控机制进行结构化的优化，弥补其短板与不足，提出了以下优化措施。

1. 完善监控主体规模

（1）政府部门的监控

现有的政府部门监控主要都是垂直型管理，为了减少基层扶贫部门共谋行为发生，首先要按照内部牵制的原则在监控人员结构上统一监管人员的组织力量，市一级政府协调好各扶贫办及各政府部门，集中优势资源，统一检查，避免重复检查浪费人力物力。其次为了最大程度上减少乡村差序格局带来的主观不公平，可以借用公安系统的异地执法经验，在关键时期将相关的监管人员由其他县工作人员担任，尽可能减少出现共谋行为，避免工作带感情色彩。

（2）社会公众监督

同级政府和上级政府的监督都属于内部体制自我监督，这种依靠单一的监督机构，依靠组织内部的组织与组织之间自我相互监督的方式存在很大的缺陷。因此，有必要依靠"多维治理"外部监督体系，引入独立的第三方机构对当前扶贫行动进行系统的评估，当决策机构偏离组织的使命时，通过外部第三方评估和社会监督，识别错误并最终反映给上级领导机构进行改进和完善，这会对识别人员产生巨大的威慑作用，促进其提高工作效率和工作的公正性。专业的第三方评估机构"多元化，共同治理"要求外部监督机构，包括政府部门、社会力量、专业第三方评估机构等，共同履行监督职能，最终逐渐形成多主体联合治理局面。上级扶贫主管部门在这一监督机制中需要发挥其协调作用，让社会监督力量逐步成为外部监督的主力军。加强扶贫对象识别监督扶贫对象精准是一项浩大而精细的工程，它既需要政府发挥主导作用，又需要社会和市场的力量来推动其更广泛地开展。当下对扶贫对象精准工作的监督主要通过行政监督方式来进行，然而行政监督严重流于形式，社会监督机制又极不完善，无法满足目前扶贫对象精准工作蓬勃发展的要求。因此，加强扶贫对象识别监督需要从行政监督与社会监督两方面入手，既要通过完善问责与考核等制度实现强有力的行政监督，又要通过完善相关立法来健全社会监督机制并保障社会成员的参与权利，调动社会成员参与的积极性，真正发挥出社会监督机制的作用，毕竟无论是本级政府还是上级政府的监控都是自己人监督自己人，所以，光靠单个监督主体发力对组织进行监督是行不通的，要依靠"多元共治"的多层次、多主体参与的外部监管体系，其大致可以概括为政府引导、社会配合、专业机构评估。政府向专业机构或高校借调或购买人力，在当前的精准识别过程中扮演监督员的角色，鉴于其第三方的独立身份，可以更加保证识别的精准性。

（3）利益相关者监督

这里指的为本村村民，一方面是指按照政策应该入选贫困户的村民，另一方面是按照政策不允许但是实际情况确实贫困的村民。一般而言，扶贫的受益者是援助的主体，主观上或多或少会对扶贫组织表示感谢，对扶贫组织的评价将是非常主观的。受益者作为利益的既得者，具有主观权利意识，只要加强利益相关者的监督才会让精准识别的监控工作变得更为成熟和完善，受益人是最有资格评估扶贫组织扶贫活动效率和质量的监督机构，扶贫组织是否达到了目的，只有受益人能够直接、准确地给出答案。要科学、准确地评价扶贫组织的绩效，受益人监督就不能缺失，否则成效将缺乏公正性。

2. 提高监控组织的道德素养和专业能力

在政府部门内部监控中，采取的是上下级的检查，所以参与人员的素质和胜任能力也是非常重要的。专业的检查人员能够发挥自己的专业优势，一方面对于扶贫识别工作有督促作用，有利于提高其效率；另一方面保证了识别的专业性和精准性。人力资源是政府内部检查的重要范畴，人作为内部监控的对象具有双重性，既是内部监控的主体又是客体。上级政府派往下级乡镇进行检查的人员需要素质高、专业性强，并且具有较强的使命感、责任感，这是人力资源在政府部门上下级监控中发挥作用的关键。要提升内部监控人员的专业主要包括以下两个方面的工作：第一，选聘机制。内部监控人员应当具备必要的职业道德和专业胜任能力，积极发现、面对监控对象即识别工作中出现的缺陷和公平公正等问题，一方面能够及时发现，另一方面能够有责任心进行纠正。所以，在选聘人才方面应以组织宗旨为指导，可以考虑吸收有社会责任感和使命感的人才，建立良性的人才选聘机制，并不是一味地调派各单位的在职人员以免影响其本职工作。第二，培训机制。无论最终选择政府机构内部人员还是社会相关人士，都必须对人员进行专业知识培训和责任意识的培养，不断提高成员的业务素质、价值观等。

监控组织有效实施监控在很大程度上取决于监控人员的主观能动性，这一主观举措与监控员的道德素养及其对监控重要性的认识密切相关。由于前期的入户识别工作是最关键的一环，此项工作由驻村队协助村委完成，一方面大部分村干部文化素质不高，有些政策方针把握不明，又或者死搬硬套政策标准而忽略客观事实情况，造成了识别出现客观性非精准的现象，另一方面从道德素养上来看，部分识别者和监控者的政治觉悟欠缺，没有认识到事情的重要性和社会性，其个人行为很多情况下只是为了完成差事，责任意识不强。因此有必要利用各种渠道，向各级监控人员宣传其准确识别工作的重要性，提高他们的关注度，并贯彻马克思主义的权力观念，阐明权力与责任之间的关系，并建立正确的权力观，弘扬奉献精神和敬业精神。通过加强监控人员的道德自律教育，形成内部道德约束机制，即使监控系统缺乏，监控能力不足，也能充分发挥自身的主观能动性。

要制定科学的扶贫人才培养体系，将一线扶贫干部的培训纳入城乡人才培训的总体规划之中。要在当地条件和合理协调安排的基础上，设立专门的人才培养与管理机制，对精准扶贫工作人才加强职业培训和思想教育，其培训内容包括两个方面，一是扶贫业务能力，熟悉精准识别工作流程和操作手段，具备吃的了苦，打的了硬仗的基层工作经验，适合当地精准识别工作的实际需要。二是工作人员也应该具备相应职业道德、为人民服务的意识、相关法律意识、整体综合素养等，只有做到这些才能在精准识别工作中坚持公平公正的原则。保障扶贫人才培养工作的落实还要建立扶贫人才流失预警控制机制，培养出专业高素质的扶贫人才需要大量的工作实践与时间，然而从人才流动的普遍规律来看，除非是对贫困村庄和贫困家庭有着深刻的感受，大部分人才都会倾向于去到有着更多发展空间、物质条件更好的地区岗位谋求发展，所以给扶贫人才提供合适的薪酬待遇以及晋升途径，有利于激励扶贫人才的工作效率，从而保障识别的精准性，巩固扶贫工作成果。

3. 监控机制的立体式网络

单独依靠政府体制内部的管理与监督会影响内部控制的有效实施，按照无影灯效应原理中的全方位要求，只有从多个角度出发，在需要内部控制的所有关键性环节都有监督行为，才能充分反映问题并最大程度发挥多方位监控机制的作用。广泛分布的监管是公益性社会福利监控有效性的重要保证，三维内部控制网络使每个监控器能够相互沟通，充分体现了网络监控系统的优势。通过监督网络资源，监管者可以得到帮助和支持，将所有监督行动联系起来，形成一个巨大的监督力量，增强监管者的信心。扶贫整体流程的监督的基本形式是立体监督，从理论上讲，识别过程将被细化为指标分解、村民群体宣传、农民申请、家庭核查、村庄评估、村委会审查、乡镇审查和宣传、县级审批和宣传、信息收集和卡片设立十个阶段，采取"上下"结合、纵横定位的方法，确保识别出真正的贫困户。"上"是由政府部门组建扶贫工作核查组，以定期不定期巡查的方式，抽查各基层扶贫办的识别情况；"下"是由乡镇政府派驻扶贫干部作为脱贫攻坚战的一线指挥官，负责对村委的扶贫工作加以督促管理。最后从纵向上打通"贫困乡—贫困村—贫困户"行政网络以"一对一"的方式准确判断每个家庭和每个人的情况。经民主审查后将认定过程、申请过程、投票过程、实施程序和最终结果向公众充分披露。

4. 监控平台

监控主体的增加以及监控信息的增加会导致效率的降低，为了满足事件处理的及时性和效率性，需要形成合力作用的平台。根据无影灯原理，灯罩是保证灯泡发挥功效的基础，只是片面地增加光源和加强监管程序，而没有一个平台将无从发挥作用，所以必须有一个内部控制主体相互沟通信息、相互牵制、相互支持的平台，以此来避免监管主体的分散、相关的监控措施不能有效实施的局面。而监控平台的优化正是对前三个要件发挥作用的保障。对于识别监控机制来说，监控平台实际上就是监督共享的机制，是监督控制的运行载体。因为整个监控组织各成员共同参与监控环节，需要各方及时进行沟通与传递信息。良好的信息与沟通机制能够使各个部门要素相互联系，为监控机制有效开展建立沟通的平台。

（1）建立大数据平台

在建立大数据信息管理平台的基础上，不断完善各种配套体系，提高监管质量和效率。建立标准识别系统，整合下级单位收集的贫困人口基本信息数据，嵌入科学认可的识别标准指标数据，进行实时审核认证和动态监督，解决从系统层面识别和识别不良对象的周期性矛盾。

当前平台大数据包括购车、购房、银行存款、工商营业执照、财务性工资收入、公安身份认证等方面，可以考虑接入更多的商业性质的支出，纳入支付宝、微信等网上购物清单，可以将超出消费标准的大额消费用户筛选剔除。脱贫是一个动态过程，建立一个动态监控机制，以确定进入—退出—重新识别进入的整体流程。将所有已经脱贫的贫困人口纳入监控系统，以确保及时监控和发现返贫者，在任何时候，都可以将其纳入扶贫目标，实施准确的援助，有效降低贫困人口的贫困率。根据区域特点，根据贫困人口的实际生产和生活能力，建立明确的出入境标准体系，并定期组织评估和认证。那些已经摆脱贫困的人应该及时纳入退出机制，确保扶贫资源价值的最大化发挥。

（2）建立信息披露机制

信息渠道的扩宽及获取难度的降低有利于解决信息不对称性的问题，信息公示系统需要公布先前的识别标准、识别内容、报告方式、扶贫项目的运行过程以及组织的信息。公开的方式包括新闻媒体的报道披露、扶贫网站的专栏公示、当地政府部门的微信公众号等，这同时也是带动第三方监控的必要条件。只有将信息以合适的方式进行特定的公示才能真正使相关识别工作在阳光下进行，同样也有利于增加政府的公信力。通过外部信息公示避免一些误解，可以帮助管理层不断提高管理水平，在公示当前扶贫信息的同时也使公众了解政府扶贫业务的运作情况，更好地促进社会力量参与扶贫工作。

（3）完善信息化交流平台

建立信息化的内部沟通控制平台可以帮助每个扶贫组织尽可能避免人为错误。在信息通信和传输过程中，可以提高效率，保证信息的真实性和完整性。现有的平台目前对于其业务部门的交流较少,因此,需要打开与社会公众的交流渠道,开发网络窗口,实现平台与社会外部组织的沟通,提高扶贫工作的透明度,满足扶贫工作的社会监督要求。

(三) 内在动力保障机制

规章制度的最终实行还是由人来完成的,再好的监控措施、监控程序都需要监控主体负责任保质保量地完成,所以要想保障机制的最终运行状况,就需要提高监控主体的内在动力。通过明确界定相应的职权划分,进行合理的考核,完善激励措施,有效提高监督主体的内在动力,以保障工作的完成。

1. 建立责任约束与考核机制

监督责任制的建立可以促使相关政府部门支持人、财、物等方面的准确识别和监控工作,确保识别过程准确,提高监控组织和人员的内在行动力,进而确保"监控—评估反馈—干预指导"这一贫困治理监督循环过程能够循序渐进。同时,也可以敦促政府扶贫办建立约束机制,通过制定相关规章制度(包括针对驻地扶贫团队和相关部门负责人的规章制度)约束规范监督人员、上级检查人员,促使识别者与监控者的业务行为能够具有一定的行为规范且有相应的考核方式。其中考核的主体可以是村民,也可以是领导,考核的客体主要为驻村工作队、村委等从事识别工作的人,对于出现问题较多的村镇可以将相关责任人调离现有工作岗位,情节严重者给予批评教育扣发其工资奖金的惩罚。

2. 建立激励机制

完善激励机制与监控机制能够从物质层面和精神层面给予激励和引导,监控机制与激励机制两者具有正向积极联系。[①] 要想保证监控机制的正常运

---

① 徐延利,齐中英,刘丹. 基于监控机制的激励机制框架模型设计与扩展 [J]. 哈尔滨工业大学学报, 2006 (10): 1626-1629.

行，需要在物质层面与精神层面给予基层扶贫人员奖励和鼓励，从而激发其对于扶贫工作的热情。可以开展评比活动，根据扶贫工作成果，将奖励与职称和工资收入的提升挂钩。对现有激励措施进行优化，以交通补贴、餐费补贴等形式对于派遣到距离自己家庭或原工作地较远的干部给予相应补助，对于识别工作完成量较大或较为精准的人员给予一定的奖励。在表彰和奖励优秀工作者和集体的同时，也要对表现不好的监控组织和监控人员施加压力，敦促其认真完成目前的识别和监控工作。只有建立长期有效的激励机制，才能使识别人员更加尽心尽责地完成任务，也使工作到位者真正得到认同，同时实现其精神需求和物质满足。

（四）完善后的识别监控机制

对于监控机制的优化，我们从无影灯效应入手，可以从机制中的信息平台的公开管理、主体人员激励、监控主体的优化、运行制度的优化等方面入手，对整个识别监控机制进行优化，优化后的监控机制图如图4-8所示。

（五）研究小结

当前精准扶贫工作已进入新阶段，识别流程及标准得到了实际运用，精准识别作为整个精准扶贫工作的首位，其识别机制的完善尤为重要。在当前识别标准与识别机制不断完善的同时，依旧有识别不精准的现象发生。任何机制要想正常无误地运行都必须有一个监控流程，当前识别工作的不精准究其原因在于单一式监督主体和缺陷式监督流程，本章在精确扶贫的背景下，阐述了优化监控机制的必要性，探讨了识别监控机制的核心和难点，通过实地调研、理论探讨总结出了当前基层政府精准识别过程中的监控机制现状与问题，提出只有通过加强监控机制的完善才有利于保障其识别结果的公正与准确。结合实地调查研究结果，并引入无影灯效应原理，我们对现有的识别监控机制进行了优化尝试，提出了完善监控主体规模、提高监控组织的素质与动力、构建监控机制立体式网络、创新机制平台等建议。从现实性与理论层面补足了当前监控机制存在的短板，有利于整个精准识别机制的运行。

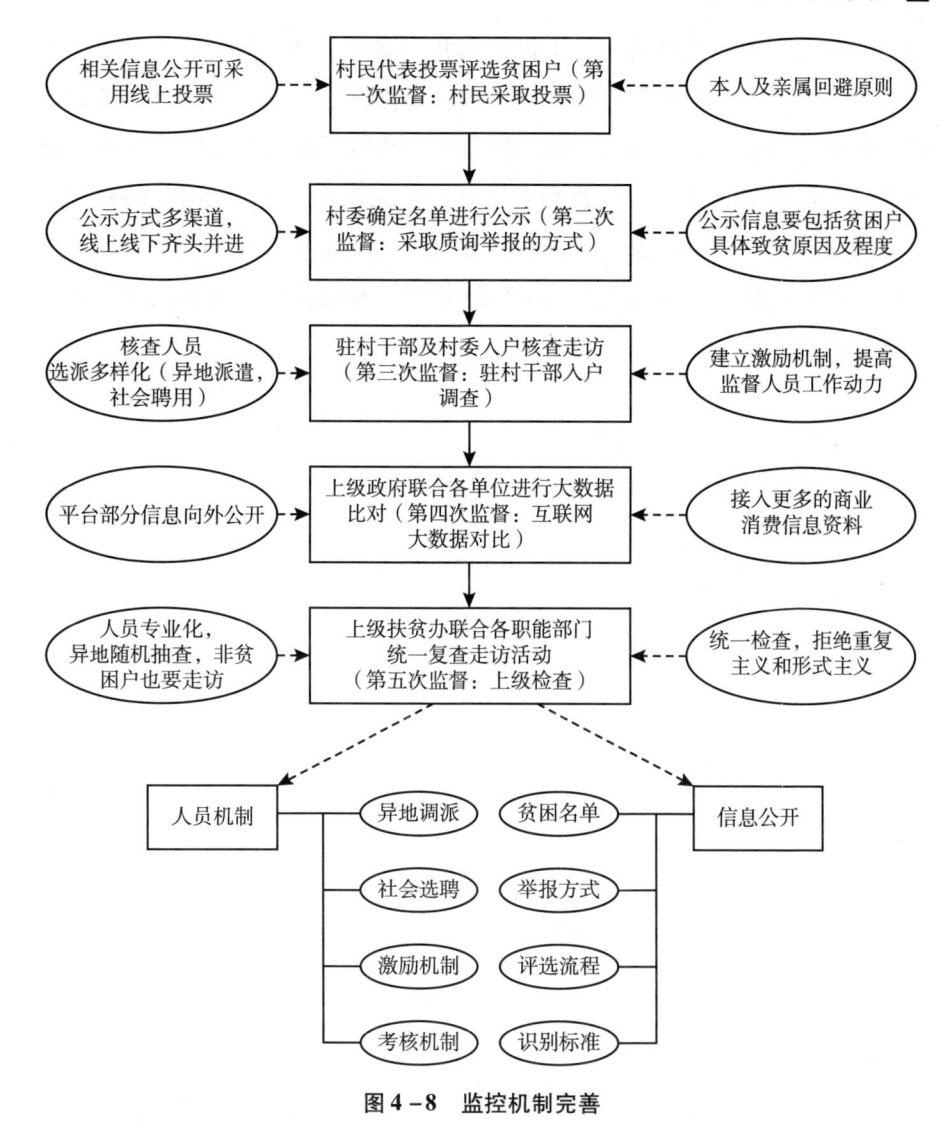

第四章 精准扶贫后时代农村扶贫对象识别监控机制优化

```
[相关信息公开可采用线上投票] --→ [村民代表投票评选贫困户（第一次监督：村民采取投票）] ←-- [本人及亲属回避原则]
                                            ↓
[公示方式多渠道，线上线下齐头并进] --→ [村委确定名单进行公示（第二次监督：采取质询举报的方式）] ←-- [公示信息要包括贫困户具体致贫原因及程度]
                                            ↓
[核查人员选派多样化（异地派遣，社会聘用）] --→ [驻村干部及村委入户核查走访（第三次监督：驻村干部入户调查）] ←-- [建立激励机制，提高监督人员工作动力]
                                            ↓
[平台部分信息向外公开] --→ [上级政府联合各单位进行大数据比对（第四次监督：互联网大数据对比）] ←-- [接入更多的商业消费信息资料]
                                            ↓
[人员专业化，异地随机抽查，非贫困户也要走访] --→ [上级扶贫办联合各职能部门统一复查走访活动（第五次监督：上级检查）] ←-- [统一检查，拒绝重复主义和形式主义]
```

人员机制：异地调派、社会选聘、激励机制、考核机制
贫困名单：举报方式、评选流程、识别标准
信息公开

图 4-8 监控机制完善

我们也必须深刻认识到，精准扶贫工作是当前的阶段性任务，在今后相当长一个时期内我们国家还是一个发展中国家，地区发展程度差异大，因此调整农村产业结构，转变生产方式，改善贫困人口状况，增加贫困人群的造血功能，特别是防止脱贫之后的返贫，是一项长期而艰巨的任务。绝对贫困现阶段正在消除，但是相对贫困仍客观存在，不论是较发达的东部地区农村还是城市中，相对贫困人口都将长期存在，因此如何在下一阶

段打好相对贫困的治理战，使人民走向共同富裕，是中国扶贫工作接下来的重点。因为对于相对贫困的识别工作、识别标准、制度保障都是我们所需要研究的问题，上一阶段的精准扶贫治理机制可以对下一阶段的相对贫困治理提供借鉴意义，所以我们要做好打持久战的思想准备和战略规划，需要确立扶贫工作具体要义，并且随着时间的变化对扶贫工作的内容和性质做出适时的修改，通过先导性的体制机制等制度化建设使其成为政府的一项常态化工作。

| 第五章 |

精准扶贫后时代浙江农村返贫治理政策创新及启示①

2012年,浙江省确立了4600元的省级扶贫标准,比国家标准2300元高出一倍,此后,继续实施"百乡扶贫攻坚计划""欠发达乡镇奔小康工程""低收入群众增收行动计划"等,扶持欠发达地区农民和低收入农户加快增收步伐,缩小区域差距和收入差距。从2013年到2017年,全省范围内开始实施"低收入农户收入倍增计划",进一步扶持低收入农户持续普遍较快增收。同时开始实施"重点欠发达县特别扶持计划"及"山海协作助推发展计划",以此推进欠发达地区加快转型发展,推动发达地区与欠发达地区的联动发展和全面对接,形成区域经济发展一体化格局。2015年,浙江全省26个欠发达县一次性全部"摘帽",到2015年年底,浙江省全面消除了家庭人均年收入低于4600元的贫困现象,成为全国第一个消除绝对贫困现象的省份。2016年上半年,全省完成农民异地搬迁2.6万人,实现有效投资18亿元,全省农家乐旅游村总数达到916个,从业人员13.8万人(其中低收入从业人员3.2万人);全省低收入农户人均可支配收入5879元,同比增长16.5%,超过农民人均可支配收入增幅8.3个百分点。到2016年年底,全省低收入农户人均可支配收入达到10169元,首次突破万元大关。

---

① 本章核心内容发表在2018年《学理论》(12期)。作者:葛深渭,彭梦晨。

因此，研究总结浙江省农村精准脱贫后保持脱贫对象可持续发展实践经验，对全国精准脱贫后返贫治理工作的推进，实现全面小康，具有现实意义。

一、精准脱贫后26个原贫困县农村居民收入增长概况（2015~2019年）

自2015年以来，在各级政府相关政策的扶持下，浙江省26个贫困县农村经济实现了较快发展，农村居民生活条件得到改善。

根据浙江统计局公布的相关数据，首先，从浙江省26个贫困县人均可支配收入的绝对数值来看，2015年，浙江省26个贫困县中农村居民人均可支配收入最低为12973元，最高为19327元；至2019年，26个贫困县中，农村居民人均可支配收入最低为18805元，最高为28220元，说明随着浙江省一系列扶贫政策的实施，浙江省26个贫困县农村居民的生活条件得到了明显改善。

其次，从浙江省26个贫困县人均可支配收入与浙江省整体居民人均可支配收入及浙江省农村居民人均可支配收入的差距来看，2015年，浙江省26个贫困县中农村居民人均可支配收入最低为12973元，与2015年浙江省人均可支配收入35537元与浙江省农村居民人均可支配收入21125元分别相差22564元和8152元；2015年26个贫困县中农村居民人均可支配收入最高为19327元，与浙江省人均可支配收入和浙江省农村居民人均可支配收入分别相差16210元和1798元。至2019年，26个贫困县中，农村居民人均可支配收入最低为18805元，与当年浙江省人均可支配收入49899元和浙江省农村居民人均可支配收入29876元之间的差距分别为31094元和11071元；2019年26个贫困县中农村居民人均可支配收入最高为28220元，与浙江省人均可支配收入和浙江省农村居民人均可支配收入分别相差21679元和1656元。说明虽然浙江省26个贫困县的经济条件得到改善，但其与浙江省整体居民经济发展之间还存在着较大的发展差距，与浙江省整体农村居民间也存在一定的差距。

最后，从 26 个贫困县农村居民人均可支配收入的发展趋势来看，2015～2019 年，浙江省 26 个贫困县农村居民人均可支配收入均呈现出稳步上升态势，如淳安县的农村居民人均可支配收入由 2015 年的 14632 元增至 2019 年的 21074 元，永嘉县由 2015 年的 16938 元增至 2019 年的 24550 元，平阳县由 2015 年的 17372 元增至 2019 年的 24957 元，苍南县由 2015 年的 17023 元增至 2019 年的 24320 元，等等。通过数据可以看出，自 2015 年以来，浙江省 26 个贫困县农村居民的人均可支配收入在稳步增长，呈现出良好的发展态势。

二、浙江省精准扶贫后时代返贫治理主要政策创新梳理

为了保证脱贫对象的可持续发展，浙江省立足浙江贫困治理的客观实际，持续不断地探索适合浙江特色的返贫治理政策。经过近十年的不断创新或修正，形成了由中央政策和地方政策相互补充的比较完备的返贫治理政策体系，构建了科学的政策执行机制，保证了浙江省在精准脱贫后时代扶贫对象的可持续发展，阻断其返贫路径。

（一）扶贫管理类相关政策

从 2013 年 9 月到 2019 年 4 月，浙江省各扶贫相关部门为了加强对全省扶贫工作的指导、管理和规范，共出台发布各类政策文件 16 项，见表 5-1，内容涉及农民异地搬迁项目和资金管理办法、财政扶贫资金管理、低收入农户产业发展项目管理、扶贫小额信贷管理、来料加工项目管理、财政专项扶贫资金管理、扶贫资金项目公告公示制度、低收入残疾人扶持、中央财政扶贫资金预算指标确定、扶贫实绩考核和农户增收致富短板工作考核制度等多个方面，这些管理制度的出台保证了扶贫工作的有序推进。

表 5-1 扶贫管理类政策汇总

序号	发布时间	名称	主要内容
1	2013年9月	《浙江省财政厅、浙江省扶贫办公室、浙江省国土资源厅关于印发浙江省农民异地搬迁项目和资金管理办法的通知》	明确搬迁对象、搬迁规模、搬迁类型、搬迁时间、搬迁方式和安置地点、安置方式等;规定了异地搬迁资金的扶持范围与对象;明确了监督管理路径和责任等
2	2013年10月	《关于加强财政扶贫资金管理的通知》	切实加强财政专项扶贫资金的自查自纠,高度重视自查自纠中暴露出的问题,在认真核实的基础上,切实加以整改;深化扶贫资金阳光监管,在政府门户网站开辟"阳光工程"专栏,公示公告扶贫项目、项目进展和资金使用情况,公开举报监督电话
3	2014年7月	《关于印发浙江省低收入农户产业发展项目管理办法的通知》	明确规定扶持对象和范围为26个欠发达县(市、区)和黄岩区、婺城区、兰溪市有关乡镇范围内符合以下条件的从事特色种养业及加工流通业的农户和组织;规定扶持的具体项目和扶持内容;规定了项目管理和监督检查的流程与方法等
4	2014年10月	《关于印发浙江省扶贫小额信贷管理办法的通知》	规定了扶贫小额贷款的对象、载体、原则和适用范围;明确规定省扶贫办、省财政厅、人民银行杭州市支行、省农信联社为扶贫小额贷款工作的指导责任,各县(市、区)相应部门的职责分工;明确规定贷款的实施和管理流程;明确规范丰收爱心卡的业务管理和省补助资金的适用管理等
5	2014年11月	《浙江省来料加工项目管理办法的通知》	明确规定来料加工项目属扶贫项目,项目省补助资金由市县在省按因素法分配下达的专项扶贫资金中统筹安排;规定了省补助资金扶持范围、对象和用途;规定了项目管理和监督检查的方法等
6	2015年3月	《浙江省财政专项扶贫资金管理办法》	规定了财政专项扶贫资金的内涵;明确适用原则为科学规范、集中财力办大事、注重绩效、公开透明、强化精准扶贫;规定了扶持范围、方向和支持方式;明确了监督检查和绩效评价方式方法等
7	2015年3月	《关于印发浙江省扶贫资金项目公告公示制实施办法的通知》	规定省扶贫资金项目公告、公示实行分级负责制;规定公告、公示的内容和范围;规定公告、公示的形式,期限不少于7天等
8	2015年7月	《关于加大对低收入残疾人扶持力度的意见》	明确帮扶举措为加大产业扶贫力度、加大就业服务扶贫力度、加大扶贫异地搬迁力度、加大小额信贷扶贫力度、加大基础设施扶持力度、加大结对帮扶扶贫力度;强化组织领导、部门联动和工作保障达成政策的落实
9	2015年10月	《浙江省提前下达2016年中央财政扶贫资金预算指标的通知》	规定资金采用因素分配法;资金使用按《财政专项扶贫资金管理办法》规定执行;集中资金扶持重点项目,单个项目的补助资金不少于10万元等

续表

序号	发布时间	名称	主要内容
10	2016年9月	《关于2015年度淳安等26县发展实绩考核结果的通知》	仙居、天台等13县（市、区）考核结果为一类县；淳安、磐安等13个县（市、区）考核结果为二类县；要求排名靠后的县（市、区）查差距、补短板，迎头赶上
11	2016年11月	《关于印发〈补齐低收入农户增收致富短板工作考核评分细则〉的通知》	详细规定了考核内容；规定了低收入农户增收情况、产业促进项目、异地搬迁工作、健康促进工作、教育促进工作低保兜底工作的考核内容和评分方法等
12	2017年8月	《浙江省农业和农村工作办公室、浙江省财政厅、浙江省民政厅、浙江省扶贫办公室关于浙江省低收入农户认定、复核及动态管理有关事项的通知》	规定了低收入农户的定义、认定标准、认定工作机制、收入财产及其他事项认定；明确了低收入农户的动态管理办法；强调各地要高度重视低收入农户认定、复核和动态管理工作
13	2017年8月	《关于印发〈浙江省低收入农户认定操作细则（试行）〉的通知》	明确了低收入农户认定的基本原则、农村低收入人群的控制比例；规定了开展低收入农户认定工作的相关要求、组织机构、部署培训；提出了低收入农户的认定工作机制；明确了家庭收入的认定标准
14	2018年3月	《浙江省扶贫开发领导小组关于开展扶贫领域作风问题专项治理的实施方案》	明确了开展扶贫领域作风问题专项治理的总体目标、基本原则、治理内容、时间安排、工作措施及组织领导工作
15	2018年12月	《关于提前下达2019年中央财政专项扶贫资金预算的通知》	此项资金作一般性转移支付，纳入2019年度省与市县财政年终结算
16	2019年4月	《关于下达2019年第二批省财政专项扶贫资金的通知》	规定资金实行因素法分配；明确此次下达的资金与浙财农〔2018〕78号文件提前下达的2019年省财政专项扶贫资金统筹安排使用

（二）扶贫计划类相关政策

为了保障扶贫工作的有序推进，浙江省相关部门从2013年7月开始陆续制定和发布了15项贫困治理相关计划，见表5-2。这些计划涉及中央补助欠发达地区发展资金分配、欠发达地区异地搬迁项目、国有贫困林场扶贫资金项目实施、低收入农户收入倍增、省贫困地区和革命老区实施第二轮重点欠发达县特别扶持、异地搬迁项目实施、"光伏小康工程"和欠发达县特别扶持项目实施等多项扶贫计划。

表 5–2 扶贫计划类政策汇总

序号	发布时间	名称	主要内容
1	2013 年 7 月	《关于下达中央补助欠发达地区发展资金项目计划的通知》	规定地方相关部门加强对项目实施的检查和监督、考核验收；做好项目的公告公示、群众监督、资金管理等；省下达的项目计划不得擅自变更等
2	2013 年 8 月	《浙江省关于下达 2013 年度欠发达县特别扶持项目实施计划的通知》	明确公布 2013 年度欠发达县特别扶持项目实施计划；要求精心制定方案、积极落实项目资金、加强监督检查等
3	2013 年 9 月	《浙江省关于下达 2013 年欠发达地区异地搬迁项目计划的通知》	明确公布 2013 年欠发达地区异地搬迁项目计划；明确公布 2013 年度欠发达地区地质灾害点避让搬迁项目计划等
4	2014 年 1 月	《浙江省关于下达 2013 年国有贫困林场扶贫资金项目实施计划的通知》	明确公布 2013 年国有贫困林场扶贫资金项目实施计划；项目内容不得擅自变更，资金不得转用，专款专用等
5	2014 年 2 月	《浙江省人民政府办公厅关于印发低收入农户收入倍增计划（2013～2017 年）的通知》	明确了"低收入农户收入倍增计划（2013～2017 年）"的指导思想，实施时间为 2013～2017 年，实施范围为全省农村人口在 2 万人以上的县（市、区），实施对象为 2010 年家庭人均收入低于 4600 元（相当于 2012 年 5500 元）的低收入农户和低收入农户比重较高或数量较多的扶贫重点村；主要目标为到 2017 年，29 县低收入农户人均纯收入比 2012 年翻一番、达到 10000 元以上（现价），70% 以上低收入农户（"低保"户除外）家庭人均纯收入超过 8000 元，低收入农户人均纯收入与全省农村居民人均纯收入相对差距呈缩小趋势；所有县（市、区）农村"低保"标准达到 5000 元以上等；主要任务为实施"产业开发帮扶工程"、实施"就业创业促进工程"、实施"农民异地搬迁工程"、实施"社会救助保障工程"、实施"公共服务提升工程"；提出了包括实施"金融服务支持行动"等五大主要举措；规定了相应的保障措施
6	2014 年 3 月	《关于同意调整缙云县 2013 年中央补助欠发达地区发展资金（绩效考评资金）项目计划的批复》	同意对缙云县新建镇联新村笋竹两用林机耕路建设等进行补充立项
7	2014 年 3 月	《省贫困地区和革命老区建设领导小组关于实施第二轮重点欠发达县特别扶持计划的通知》	三年规划（2014～2016 年）中，用于扶贫开发类项目的特别扶持资金原则上不少于 30%；扶持重点为扶贫开发、特色产业、公共服务等

续表

序号	发布时间	名称	主要内容
8	2016年4月	《关于下达2016年异地搬迁项目计划的通知》	公布了2016年度计划搬迁人数为46521人,其中地质灾害人口764人,设计淳安县等31县(市、区)
9	2016年6月	《关于印发〈浙江省"光伏小康工程"实施方案〉的通知》	支持淳安等29个县建设光伏电站或分布式光伏发电系统。对4600元以下低收入农户和省级结对帮扶重点村的建设投资,省财政给予补助。各地农户和村镇既可以在荒地荒坡、沿海滩涂架设太阳能电池板,又可以利用村级公共建筑、异地搬迁小区屋顶搭建光伏发电系统。光伏小康工程采用财政补助折股、农户自筹购股、企业入股等方式。各级财政的补助款,折算为低收入农户和扶贫重点村的股份,实行分户收益。光伏小康工程总投资为108亿元,将带动120万千瓦光伏建设规模,受益农户年均增加毛收入4000元,村集体每年将增加毛收入6万元
10	2016年10月	《关于确定2017年"光伏小康工程"实施县(区)的通知》	确定泰顺县、柯城区、衢江区、开化县、缙云县为2017年"光伏小康工程"实施县(区)
11	2017年8月	《关于下达2017年扶贫开发项目和异地搬迁计划任务的通知》	明确了重点建设项目;低收入农户直接增收的项目资金补助要求占扶贫产业资金(除省级异地搬迁和"光伏小康工程"补助资金)的50%以上;做好异地搬迁工作;加快"光伏小康工程"实施;进一步加强扶贫小额信贷工作;加强项目管理、报备和录入工作
12	2017年12月	《关于印发浙江省健康扶贫工程实施方案的通知》	要提高农村低收入人口医疗保障水平,切实减轻农村低收入人口医疗费用负担;实施对农村低收入人口分类帮扶;提升基层医疗卫生服务能力水平;强化低收入人口公共卫生保障
13	2018年5月	《人力资源和社会保障部办公厅 中国残联办公厅关于开展农村贫困残疾人就业帮扶活动的通知》	此次活动的主要内容包括组织一次政策宣传活动、举办一次专场招聘活动、开展一次入户送岗活动、组织一次就业需求登记活动及推动建立帮扶贫困残疾人就业长效机制
14	2018年8月	《关于进一步做好闲置扶贫资金专项清理和整改工作的通知》	明确了清查资金范围、清查整改内容以及整改工作要求
15	2019年12月	《关于印发浙江省低收入农户医疗补充政策性保险工作实施方案的通知》	参保对象为列入全国扶贫开发信息系统的浙江省建档立卡低收入农户;医疗补充政策性保险参保对象患大病的住院医疗费用在剔除基本医疗保险、大病保险报销和医疗救助后的个人承担部分纳入赔付范围。按照"以收定支、收支平衡"的原则,合理确定赔付比例

（三）返贫治理资金相关类政策

扶贫资金来源和管理是贫困治理的关键，为此从 2012 年 11 月开始，浙江省各相关部门持续发布了 18 项相关政策，见表 5-3，是所有贫困治理政策中最多的部分，其政策内容集中围绕资金的运用和控制，在资金的分配使用上提出和规定了详细的细则与严格的禁止性规定，以确保扶贫资金专款专用，不被挪用。

表 5-3　　　　　　　返贫治理资金相关类政策汇总

序号	发布时间	名称	主要内容
1	2012年11月	《浙江省扶贫办关于提请安排2013年欠发达地区发展项目中央补助资金的通知》	提前用于淳安县等11县（市、区）2013年"2130505生产发展"，总额700万元
2	2012年11月	《浙江省扶贫办关于提请安排2013年革命老区发展中央补助资金的通知》	提前用于桐庐县等9县（市、区）2013年革命老区发展补助，总额500万元
3	2012年11月	《浙江省关于提请安排2013年少数民族发展中央补助资金的通知》	用于富阳等8县（市、区）"2130506社会发展支出"，按项目进度核拨资金，严格进行报账和公示制度，总额420万元
4	2013年7月	《浙江省关于下达2013年欠发达县特别扶持资金的通知》	用于泰顺、文成等12县（市、区）农林水事务、教育、文体与传媒、社会保障和就业、医疗卫生、交通运输等预算支出；其中泰顺、文成等6县每县2亿元，磐安等6县每县8000万元，总额16.8亿元
5	2013年7月	《浙江省财政厅、浙江省扶贫办公室关于拨付2013年低收入农户发展资金的通知》	资金实行因素分配法，用于扶持低收入农户集中村产业发展、来料加工以奖代补、扶贫小额贷款贴息、村级资金互助组织建设，总额10970万元
6	2013年8月	《浙江省扶贫办关于拨付2013年国家扶贫贷款贴息资金的通知》	主要用于淳安、平阳、文成、婺城、磐安、黄岩、天台等7县（市、区）的2013年"2130507扶贫贷款奖补和贴息"支出，总额400万元
7	2013年8月	《浙江省财政厅关于拨付低收入农户发展项目省补助资金的通知》	拨付给景宁县低收入集中村低收入农户发展项目补助，总额115万元

续表

序号	发布时间	名称	主要内容
8	2013年9月	《浙江省财政厅关于拨付2013年少数民族发展重点项目补助资金的通知》	用于2013年少数民族发展重点项目补助，总额1712万元，其中省补助500万元，中央补助1212万元
9	2013年9月	《浙江省关于拨付2013年异地搬迁省补助资金的通知》	主要用于异地搬迁基础设施建设，总额40320万元
10	2013年9月	《浙江省关于拨付2013年国有贫困林场中央财政专项扶贫资金的通知》	主要用于生产用房、林区护林房建设、林区道路建设、供电设施建设等，总额1200万元
11	2013年9月	《浙江省关于拨付2013年残疾人康复扶贫贷款中央财政贴息资金的通知》	总额117万元，要求用于到户补助的达到50%以上
12	2013年10月	《浙江省拨付2013年财政扶贫项目管理费的通知》	主要用于"2130502一般行政管理事务"支出，用于扶贫课题调研、规划编制等，总额1190万元，其中中央补助24万元，省补助1166万元
13	2015年10月	《浙江省扶贫办拨付2015年第三批专项扶贫资金》	瑞安县3326万元；泰顺县5500万元；龙泉市3000万元；此项资金用于农户的异地搬迁
14	2015年10月	《浙江省提前下达2016年中央财政扶贫资金预算指标的通知》	中央财政一般性转移资金，用于淳安县等35个县（市、区）扶贫支出，分为消除4600元发展资金和革命老区发展资金，总额3264万元
15	2016年3月	《关于下达2016年第二批省财政专项扶贫资金的通知》	此资金实行因素法分配，主要用于扶持农户异地搬迁、产业发展等支出，总额5118万元
16	2018年8月	《关于进一步做好闲置扶贫资金专项清理和整改工作的通知》	要求对扶贫资金和项目的管理情况再次进行全面清查，从作风建设、管理制度、工作流程等方面查找并解决导致资金闲置的"肠梗阻"问题
17	2019年4月	《关于下达2019年第二批省财政专项扶贫资金的通知》	此项资金实行因素法分配；此次下达的资金与浙财农〔2018〕78号文件提前下达的2019年省财政专项扶贫资金统筹安排使用
18	2019年6月	《浙江省财政厅 浙江省农业农村厅 浙江省扶贫办公室关于下达2019年中央财政专项扶贫资金的通知》	此项资金作一般性转移支付，纳入2019年度省与市县财政年终结算；此项资金实行因素法分配

(四) 其他类相关贫困治理政策

除上述政策外,2015年3月浙江省扶贫办还专门发布了《关于认真做好基本消除农村家庭人均纯收入低于4600元以下贫困现象的通知》,提出要进一步核实数据,准确掌握4600元以下低收入农户的总体规模和具体对象;分类施策精准扶贫,完善扶贫结对帮扶机制,落实"一户一策一干部"制度,引导帮扶资金向消除4600元以下低收入农户倾斜,及时完成统计录入等工作,特别是要根据4600元以下低收入农户的确认情况,填好《扶贫开发帮扶项目到户表》,彻底准确摸清全省低收入情况,以便精准施策,完成使命,见表5-4。

表5-4　　　　　　　其他类相关返贫治理政策汇总

序号	发布时间	名称	主要内容
1	2015年3月	《关于认真做好基本消除农村家庭人均纯收入低于4600元以下贫困现象的通知》	进一步核实数据,准确掌握4600元以下低收入农户的总体规模和具体对象;分类施策精准扶贫,完善扶贫结对帮扶机制,落实"一户一策一干部"制度,引导帮扶资金向消除4600元以下低收入农户倾斜,及时完成统计录入等工作,特别是要根据4600元以下低收入农户的确认情况,填好《扶贫开发帮扶项目到户表》
2	2017年1月	《浙江省人民政府办公厅关于进一步健全特困人员救助供养制度的实施意见》	界定了特困人员的范围,明确了救助供养的内容和标准,要求做好制度衔接、强化规范管理、提升服务质量、加强组织保障
3	2019年3月	《浙江省扶贫办公室关于开展2018年度低收入农户动态调整有关工作的通知》	要求按照2018年底确定的本县(市、区)低收入农户认定标准,调出已不符合低收入农户认定标准的农户,调进新出现的低收入农户,并按要求完善低收入农户有关信息

三、返贫治理三大重点工程及其实施成就

（一）三大重点工程的核心内容

1. 低收入农户收入倍增计划核心内容

一是界定扶贫对象。按照新扶贫标准4600元（按2010年物价核定的家庭人均收入低于4600元为低收入基准线），开展低收入农户界定工作。二是加强低收入农户素质技能培训。加强对低收入农户素质和技能培训，提高低收入农户参与创业就业的能力。三是扶持低收入农户发展特色农业。鼓励和支持农业龙头企业、农民专业合作社带动低收入农户发展特色农业基地，支持农民专业合作社吸纳更多低收入农户入社。四是扶持低收入农户开展创业就业。围绕中心镇、中心村、异地搬迁小区建设，打造一批有利于农民和低收入农户创业就业的平台，支持农民和有能力的低收入农户参与家庭工业、来料加工业、休闲旅游业、社区服务业等领域创业就业。五是支持低收入农户增加财产性收入。实施"农民持股计划"，引导有创业愿望的低收入农户入股农民专业合作社、农业龙头企业等经济主体，增加创业性收入；推行村经济合作社股份合作制改革，支持发展集体物业经济，让更多的低收入农户拥有股份、增加财产性收入。六是加快推进异地搬迁。以县城、中心镇、中心村为主要迁入地，分层次推进农民异地搬迁，并同步推进宅基地整理复垦，完善宅基地整理复垦后用地指标、增值收益的使用与分配机制，开展农民搬迁后配套改革。七是提高低收入农户社会保障水平。扩大养老保险人群覆盖，提高合作医疗筹资标准。完善社会救济制度，建立城乡"低保"标准缩小机制，逐步提高教育救助、医疗、住房、灾害救助水平。

2. 重点欠发达县特别扶持计划核心内容

一是大力发展生态经济。充分发挥山区资源优势和生态优势，支持发展高效生态农业、高效低碳工业、休闲旅游产业。二是加快推进异地搬迁。深入实施"小县大城"战略，完善城乡规划体系，推进绿色城镇和美丽乡村建设，加快高山远山地区、重点水库库区、地质灾害隐患区域农民异地搬迁。三是不断完善基础设施。完善交通网、供电网、通信网、供水网等建设规划，加大基础设施建设的扶持力度，加快改善生产生活条件。四是着力提升民生水平。加大对社会事业和社会保障发展的支持力度，不断提升基本公共服务均等化水平。五是加快建设生态屏障。健全生态补偿机制，加大生态建设投入，加强流域源头地区、生态公益林等生态保护，加强污染治理和生态修复。六是广泛开展区域协作。建设一批省际边界产业集聚区，引导和吸引浙商投资创业；鼓励农业走出去，发展以优质人力资源为依托的农业总部经济。七是积极推进改革试验。设立扶贫开发体制创新试验区，开展以人口集聚为主线的城乡体制配套改革。

3. 山海协作助推发展计划核心内容

一是推进山海协作共建园区建设。鼓励合作双方对园区产生的 GDP、税收等按照商定比例进行分成，把共建园区作为增强欠发达山区内生发展动力、推进陆海联动的重要载体。二是扩大劳动力转移。结合海洋产业集聚区和沿海新城建设，加强对农民的职业技能实训，推动欠发达山区有一定技能的劳动力在沿海新城就业安家。三是拓展合作范围。在推进欠发达山区与省内沿海发达地区全方位互动合作的基础上，推动欠发达山区与长三角、海西等区域合作；搭建"省外浙商故乡行"等合作平台，引导省外浙商到欠发达地区投资创业。四是完善工作机制。建立沿海市县与欠发达山区市县的结对合作关系，明确两地合作任务和工作责任。强化服务体系建设，健全重点项目跟踪、金融服务、人才服务、科技服务、信息服务等机制。

（二）典型案例

案例一：股权质押，村民便捷贷款助创业

2014 年，按照建立"归属清晰、权责明确、保护严格、流转顺畅"的现代农村产权制度改革的要求，云和县逐步将原村经济合作社改组为股份经济合作社，并将村集体资产以户为单位折股量化到人，分别发放社员证和股权证。

安溪乡下武村的村民首先尝到了政策的甜头。该村以村里所能获得的茶山电站股权收益为基础，下武村股份经济合作社成功创建国内首个股权质押基金，从云和联合村镇银行拿到了 700 万元的授信额度。目前，该村已获得股权质押基金担保贷款 400 万元。村民蓝 X 平，就从当地村镇银行获得了 80 万元的担保贷款。拿着这笔贷款，他购入了自动喂料机、自动清粪机、自动饮水机等一整套自动化养鸡设备。蓝 X 平说，他是凭借一本《股权证》获得贷款的，"有了这些设备，原来给鸡喂食、供水、清理鸡粪等由人工操作的工作，现在只要 5 分钟就能完成。"

原本"沉睡"的农村集体资产通过现代农村产权制度改革转变成"活钱"，全面拓宽了农民的创业融资途径。随着村级股份合作社股权质押贷款的持续推进，预计将为该县 3 万多名村级合作社成员盘活 6 亿元沉睡资本。

案例二：产业对接结硕果

2015 年年初，庆元县通过摸底核查，共有家庭人均年收入 4600 元以下低收入农户 6916 户、15107 人，其中，有一定劳动力、明显不符合低保条件的有 3076 户、7554 人。为了让这一低收入群体富起来，庆元县推出"一类一政策""一户一办法"的"菜单式"帮扶政策，由乡镇（街道）根据低收入农户的产业发展需求，因村因户确定扶持内容、扶持标准，建议每户补助不少于 800 元，最高补助可达到 2000 元，确保所有低收入农户得到实在又"对口"的帮扶。

根据相关政策，在 11 类扶持产业中，农户可自主选择传统种植业、农家乐经营、家庭加工等项目进行申报，乡镇（街道）根据申报意愿出台具体的补助标准。2015 年，庆元县安排 667 万元资金，其中特扶资金 470 万元、省级专项扶贫资金 197 万元，对家庭人均年收入 4600 元以下低收入农户产业发展项目进行补助，大力扶持低收入农户发展"菌、竹、果、蔬、茶"等特色种养业。

截至 2016 年年底，庆元共发放保障资金 1327.5 万元，安排扶贫切块资金 667 万元，累计发放小额扶贫信贷贷款 1765 万元，消除家庭人均年收入

4600元以下低收入农户6916户、15107人，全面完成了"消除家庭人均年收入4600元以下低收入农户"任务。

案例三：农村电商唱大戏

龙游与阿里巴巴集团开展战略合作始于2013年，成立了"淘宝网特色中国龙游馆"。2015年，双方又联合打造"村淘"项目，在全省率先出台《龙游县电商扶贫实施意见》，县财政每年安排不少于2000万元资金，以141个低收入农户集中村为重点区域，通过创业激励、基地培育、平台建设、能人帮带、物流覆盖、人才培训和股份合作等方式，全方位开展电商扶贫，助力"消除家庭人均年收入4600元以下低收入农户"。

到2015年年底，"村淘"县级运营中心和首批37个村级服务站正式开业，淘宝"龙游馆"共有上线产品300多个，入驻网店135家，开馆至今线上销售总额1.3亿元，带动了1万多人就业，直接增加了贫困群众的收入。

融入电商产业链，龙游实施电商能人带贫计划，引导电商能人结对低收入农户，在用工、培训、代购、代销等方面给予帮扶。2015年，淘宝"龙游馆"结对龙洲街道渡贤头村40多户低收入农户，开创订单农业模式，由农户种植迷你小甘薯，已网售1.4万多千克，亩均增收4000多元。通过云计算和大数据分析，龙游馆计划2016年将种植面积扩大到1000亩。

在龙游，困难群众开设网店，可享受免费培训、扶贫贴息、小额信贷、网店装修、物流保障等各方面的政策优惠。截至2015年年底，全县已有328名低收入农户通过培训开设网店。

以"三权"确权登记等农村改革为契机，龙游进一步探索建立电商能人带动下的股份经济合作机制，以县扶贫资金入股、低收入农户"现金入股"的形式与"村淘合伙人"等电商能人开展电商合作。

据了解，龙游全县141个扶贫重点村基本实现来料加工全覆盖，从业人员31136人，2015年上半年发放加工费16614万元。詹家镇芝溪家园7个移民村"抱团发展"，共同出资100万元，争取各类资金900多万元，建设来料加工创业园、电子商务创业园发展物业经济，村集体和村民收入迅速增加。

(三) 主要成就

1."低收入农户收入倍增计划"提前完成

该计划以全省农村人口2万人以上的县（市、区）为范围，以2010年家庭人均纯收入低于4600元（相当于2012年5500元）的低收入农户（134万户、318万人）和低收入农户比重较高或数量较多的扶贫重点村为对象，实施"低收入农户收入倍增计划"。截至2016年上半年，全省完成农民异地搬迁2.6万人，实现有效投资18亿元，全省农家乐旅游村总数达到916个，从业人员13.8万人（其中低收入从业人员3.2万人）；全省低收入农户人均可支配收入5879元，同比增长16.5%，超过农民人均可支配收入增幅8.3个百分点。2015年年底，全省全面消除家庭人均年收入低于4600元的绝对贫困现象。2016年年底，全省低收入农户人均可支配收入达到10169元，首次突破万元大关，浙江省自2013年启动实施的低收入农户收入倍增计划提前一年完成任务目标。

2. 重点欠发达县特别扶持计划成效显著

重点欠发达县是指浙江省经济发展最落后、生态保护最繁重、地理位置最偏远的泰顺、文成、开化、松阳、庆元、景宁、磐安、衢江、常山、龙泉、云和、遂昌12个县（市、区）。为支持这些欠发达地区发展，浙江省实施了为期3年的特别扶持政策。其中前6县（市、区）每年每县（市、区）安排2亿元扶持资金，后6县（市、区）每年每县（市、区）安排8000万元扶持资金，扶持重点欠发达县（市、区）增加农民收入、提升民生水平、增强内生功能。从2014年起对12个县（市、区）特别扶持项目开展绩效评价，实施第二轮重点欠发达县特别扶持计划。截至2015年年初，包括重点欠发达县（市、区）在内的淳安等26个欠发达县（市、区）一次性"摘帽"，告别了GDP总量考核，扶贫工作重点转向生态保护、居民增收等议题。

3. 山海协作持续深化

"山海协作"工程始于2002年,意在发挥市场机制的作用,把浙东沿海地区的资金、技术、人才与浙西南的资源、劳动力、生态等优势结合起来,此举既促进欠发达地区快速发展,又促进发达地区转型升级,实现了互动双赢。截至2014年9月底,全省累计实施山海协作产业合作项目8803个,到位资金2940亿元;培训劳动力实现就业72万人次;新农村建设、社会事业项目共计2174个,到位资金7.86亿元;累计帮扶低收入群众增收30亿元。

山海合作工程为浙江经济的区域均衡发展做出了巨大贡献。为了进一步推进山海合作向深度发展,2015年浙江省人民政府办公厅发布了《关于进一步深化山海协作工程的实施意见》,明确提出"十三五"期间山海协作工程要实现"合作内涵拓展,绩效提升;合作平台完善,支撑有效;合作机制健全,保障到位"的目标,详细提出了八大合作领域;把"推动以生态经济为主的现代产业体系建设,实施产业项目1200个以上,到位资金2300亿元以上,其中信息经济、环保、健康、旅游、时尚、金融、高端装备制造等七大产业的项目数和到位资金均占65%以上。推动社会公共服务能力建设,实施教育、医疗、文化等社会事业和群众增收项目300个以上。推动劳动力素质提升和人才结构优化,完成劳务培训和转移就业人数26万人次以上"的要求放在了首位。截至2016年年底,新时期的山海协作产业项目实施了250个以上,到位资金达400亿元以上。

四、浙江返贫治理启示:创新、包容与共享并举

纵观浙江省相关返贫治理政策和通过实施三大返贫治理工程取得的扶贫成果,我们发现有三条主线贯穿在近7年来颁布的所有扶贫政策措施中——创新、包容和共享,它们共同构成了精准扶贫后时代浙江返贫治理的核心经验。

（一）创新：拓宽了精准扶贫后时代返贫治理的广阔视野

众所周知，创新是一个组织能够持续运行的关键。中国式扶贫具有强烈的政府推动性，因此扶贫组织者的行为对扶贫行动具有决定性的影响，精准扶贫后时代浙江省的新一轮扶贫行动的创新性特征证明了浙江能在全国率先高标准完成扶贫任务并能阻止脱贫农户返贫的原因。浙江省反贫困的创新表现在两大方面，即理念创新与由此发生的制度创新。

1. 理念创新

长期以来，贫困都被理解为"温饱不济"，因此扶贫也就被定义为解决温饱问题、生存问题，进而形成了"求温饱、图生存"的理念体系。随着中国经济的发展和扶贫开发工作的深入开展，低保制度建立健全起来，绝对贫困现象基本消除，扶贫的重点应转向相对贫困的持续减少，这种状况在浙江尤其明显。进入21世纪，浙江经济快速发展，农民收入持续增加（连续29年居全国首位），国家层面的扶贫问题在浙江实际上已经解决。因此，浙江的反贫困理念必须转变，2012年底提出的"2013～2017年低收入农户收入倍增计划"正是新扶贫理念的集中反映，这就是以"求公平、图发展"为核心的新的扶贫理念。这一新理念体现在扶贫目的上就是从"解决温饱问题、保障基本生活"转变为"缩小收入差距、防止两极分化"；体现在扶贫时限上就是从"扶贫是欠发达时期的阶段性任务"转变为"扶贫是伴随现代化全过程的长期任务"；体现在扶贫范围上就是从"扶贫是欠发达地区和农村区域的特有工作"转变为"越是经济发达的地方，越要重视扶贫工作"；体现在扶贫标准上就是从"由基本生活需求决定、随价格水平变化"转变为"由居民收入水平决定、随收入增长变化"；体现在扶贫目标上就是从"逐步减少扶贫对象数量"转变为"加快增加扶贫对象收入"；体现在扶贫举措上就是从"给钱物、保生活"转变为"强能力、建条件、优体制、促发展"。

2. 制度创新

扶贫理念的创新，必然带来扶贫制度的创新。浙江精准脱贫后扶贫的政策制度设计无不体现这种创新的特点。首先，在脱贫标准的设计上直接定义为4600元，是国家标准的两倍；其次，在市场化助贫方面首创了"浙商回归工程"和金融扶贫创新——盘活集体资产，推出"丰收爱心卡"；最后，在异地搬迁方面开创了"化农民为市民"的搬迁政策和措施；在完善社会扶贫机制方面，构建了专项扶贫、行业扶贫、社会扶贫"三位一体"的大扶贫工作格局。另外还有从分散救济到组织化帮扶、从经济扶贫到制度扶贫、互联网+扶贫、参股送红扶贫等多种扶贫制度创新。

（二）包容：为精准脱贫后低收入农户融入城市创造了条件

浙江省的低收入农户主要集中在山区（26个县大部分集中在浙江的中西南部山区），低收入农户之所以与其他农户拉开了收入差距，除了区域条件等的原因以外，还有个人因素是关键。因此，扶贫政策和路径的设计必须能够适应这些农户的真实需求，具有完全的包容性。近年来浙江省实施的三大扶贫工程完全体现了这种包容性。

2013~2017年低收入农户收入倍增计划所规划的"产业开发帮扶工程""就业创业促进工程""农民异地搬迁工程""社会救助保障工程""公共服务提升工程"体现了对低收入农户的充分包容。倍增计划支持的劳动密集型小商品生产成为农民就业、创业的首选领域；来料加工业带动扶贫开发；以小企业为主的组织形式，为资本稀缺的农民投资创业提供有利选择；政府主导兴办的专业批发市场，为小企业提供公共营销平台；以发展县城和小城镇为主的"网络式"城市化路子，为农民创业就业、集聚落户提供更优场所；股份合作制促进有限资本的联合，适应现代化农业的发展需求；农村金融体制改革政策——创办的资金互助组织，支持了大批农民创业发展。

2013~2017年低收入农户收入倍增计划所规划的"区域特别扶持行动""社会帮扶关爱行动""山海协作助推行动"和农民异地搬迁制度，则体现了区域之间和不同阶层之间的相互包容，有利于低收入农民实现收入的可持续增加。

（三）共享：用政策制度为贫困治理"兜底"

对于部分确实无法通过自己的努力实现收入持续增加的低收入农户，浙江省精准脱贫后返贫治理政策制度设计中体现了共享性的特征——让这部分农户共享经济发展的成果。这种共享性首先体现在基本公共服务均等化方面。首先，浙江省以公共财政为依托，以社会保障、社会事业和公共设施为内容，让城乡之间的全体居民平等参与，公平分享。建立与经济社会发展水平相适应的财政专项扶贫资金增长机制，制定"二类六档"财政专项转移支付政策，加大对淳安等26个县基本运转、民生事业、基础设施建设等方面的转移支付，以财政兜底的方式阻断"贫困的城市化"。其次，不断健全社会救助体系，对于缺乏劳动力和老弱病残的贫困户，主要通过低保、长保的方式来兜底。最后，通过建立城乡基础教育均衡发展体系，基本形成城乡基础教育和中等职业教育均衡发展格局；实施"农民健康工程"，为参加合作医疗的农民提供每两年1次的免费健康体检，并建立农民健康档案，建立城乡一体医疗卫生服务体系；同时，大力推进公共设施体系建设，实现公路、自来水、邮站、电话、宽带等"村村通"措施，阻断贫困的代际传递。

第六章

农村主导产业转型推进脱贫对象可持续发展茜溪案例研究

从一般意义上看,农村是一个社会在一定的社会经济条件下发展而形成的以农业为主要产业存在的区域。在中国城镇化、工业化、信息化和现代化快速发展的今天,实践已经证明,农村依靠传统农业经营,只能解决农村居民的温饱问题,很难完成共同富裕的目标。因此,通过农村主导产业转型来防止返贫现象的发生,解决脱贫对象的可持续发展,实现共同富裕,成为乡村振兴的一条重要路径。

一、农村主导产业转型的理论探索

产业转型可以从两个角度理解,一是宏观视角的解释,一般遵循"农业—工业—服务业"的发展规律,指一个区域(或国家)在某个时期内,依据国内外经济、科技等发展态势,运用政策措施,对现存产业及产业结构进行直接或间接的引导和调整。二是中观层面的理解,指一个行业内,资源存量在产业间的重新配置,培育新兴产业的过程。农村主导产业的转型,主要是指宏观层面的转型,同时兼顾农村产业发展要素的挖掘、开发和外部引入。当前,关于中国农村主导产业转型的研究并不是很丰富,一般都与农村转型发展相结合，独立的研究并不多见。

黄好（2019）从分析中国农村经济结构的主要特征入手，论证了通过产业转型可以促进中国农村经济结构调整，实现农民经济收益的提升，分享城镇化建设带来的成果的目的。黄好认为，中国农村经济结构存在第一产业实际收益低、第二产业规模持续缩小、第三产业外部资本依赖度高和农村经济的结构性问题严重等问题，因此，需要通过"六次产业"变革来改革农村产业结构，大力推广应用新技术来提升工业占比，通过科学吸引资本下乡来促进服务业发展，通过机制创新进一步调整完善农村内部产业经济结构。

周念群等（2020）认为中国农村产业发展中存在定位不准、规模不大、经济效益不高、三产融合度不够等问题，其主要原因在于特殊的地理位置和地形地貌的制约、盲目引进项目、脱离村情和村民实际需求、品牌打造不力等问题。因此，农村要发展必须寻找科学合理的农村产业转型升级之路，具体包括探索适合各地地域特点的产业模式，通过延长农业产业链、打造品牌来增加农产品附加值，以效益为导向开发农村存量资源，打造互联网+农业模式带动乡村产业升级，探索农村三产融合新模式，培养新农民等。

魏有广等（2015）从产业转型视角，通过对农村休闲旅游产业发展优势和面临的发展困境的分析，论证了农村休闲旅游产业优化发展必须加强农村旅游基础设施建设，树立农村休闲旅游文化品牌，做好旅游产品开发，完善旅游产品的结构，提高宣传力度，培育核心竞争力。

林晨（2019）认为农业产业转型的实现，需要在加大基础设施建设和投资力度、农产品加工园区建设、培育区域农产品品牌和新型农民建设等方面，优化升级地方政府的作用。熊德斌等（2020）认为乡村主导产业转型升级既需要政府有为又需要市场有效。

汪中华等（2011）认为农村贫困地区产业转型模式有三种选择，即产业链延伸模式、产业特色化模式和产业生态化模式。农业产业链延伸主要有四种形式，即"公司+基地+农户"组成形式、"合作经济组织+农户"组成形式、"市场+基地+农户"组成形式和"市场+服务体系"组成形式。产业特色化模式主要有两种：一种是利用本地资源培育一种或者几种有市场前景的产业，另一种是导入新的经济要素与本地资源相结合，开展特色产业组合创新。产业生态化模式主要有三种形式可供选择，即生态农业、生态工业和生态旅游。

上述关于农村产业转型的理论探索成果,为我们研究茜溪案例区域的脱贫农户可持续发展路径,提供了理论指导。

二、茜溪主导产业转型与脱贫对象的可持续发展历程

茜溪,俗称朱宅溪、朱宅源,位于浙江省浦江县西北部的虞宅乡境内,东邻钱塘江支流壶源江,西为浦江、建德、桐庐的一县二市交界地,南连杭坪镇,靠近 X811 县道,北枕龙门山支脉木荷湾尖,与大畈乡接壤,距离浦江县 18 千米,处于浙西黄金旅游线与浙中南旅游交汇点,处于闽、浙、赣、皖四省交界处的环状旅游城市群结构中心,交通便利,拥有明显的区位优势。茜溪发源于虞宅乡的木荷湾尖东北麓,经卢家、石大门至桥头汇马岭美女峰之水,过枫树下、朱宅、下湾、海豹岭脚、牛头山脚汇入壶源江,干流长约 13 千米,宽在 6～20 米之间,如其名字一般,灵秀动人,蜿蜒曲折,孕育出独特的乡村文化。茜溪两岸传统古村落星罗棋布,点缀其间,浑然天成的自然风光与悠久厚重的历史文化交汇在此处,成就了美丽迷人的茜溪悠谷。

目前,茜溪流域涉前明、新光、智丰、马岭 4 个行政村,总占地面积 6.83 平方千米,人口 5367 人,拥有田地面积 3330 亩,山林面积 55888 亩,典型的山多田少的农业资源地区。农民主要收入来源于农业种植、农副产品加工以及乡村旅游业,人均年纯收入约 15000 元。茜溪沿线自然风光旖旎,人文景观丰富。以美女峰、红岩顶为代表的地貌景观,以茜溪、海豹泉为代表的水域风光,以灵园古庄园、马岭古道为代表的人文景观,以浦江乱弹、浦江板凳龙为代表的民俗文化,以江南才子朱守公为代表的人物传说,共同造就了茜溪悠谷的独特魅力。茜溪沿线的古村落各具特色,新光村于 2012 年荣膺第四批浙江省历史文化名村、"首批中国传统村落"等;马脚岭村于 2014 年被评为浙江省级秀美村,马岭古道被评为"浙江省最美森林古道"。新光村、马岭脚村等三个村为县级卫生村,利民村为省级卫生村。茜溪悠谷

景区为国家 AAAA 景区。2020 年 1 月，茜溪为所在的虞宅乡入选浙江省 2020 年度美丽城镇建设样板创建名单作出了关键贡献。

1949 年新中国成立以来，虞宅乡茜溪流域的农村主导产业发展与结构变迁可划分为三个阶段：第一阶段是 1949~1985 年，这个阶段的主导产业结构特征是以农林业为主体；第二阶段是 1986~2013 年，这个阶段的特征是以水晶加工制造业等第二产业为核心主体；第三阶段是 2014 年至今，这个阶段的特征是以休闲旅游业为核心产业代表的第三产业兴起。

（一）以农业为主导产业实现脱贫（1949~1985 年）

新中国成立初期，茜溪地区由于属于山区，村民靠山吃山。由于没有主导产业的支持，再加上耕地稀少，农民收入甚微，只能在温饱线上挣扎。以农业为主体，沿线各村村民绝大多数从事农业生产，种植水稻、香榧、油菜籽和茶叶等，饲养毛猪和牛羊，生产力极其低下，生产方式和设备的落后，使得靠天吃饭的乡民常年饱受水灾侵害之苦，加之朱宅地处偏僻，群山环绕，一定程度上阻碍了当地经济的发展。1953 年合作化时期，上级号召浦江全县各村修建水库，集朱宅众人之力，费时两年四个月修建出一座 22 万立方的东风水库。此后，乡民又陆续修建了前吴水库、卢家水库、桐浦公路，等等。随着水库的兴建和公路的开通，茜溪沿线村民的生产生活和交通不再受限，特别是改革开放后，因为家庭联产承包责任制的实行，当地的经济发展也迎来了新的曙光，村民终于解决了贫困问题，进入了温饱阶段。

（二）以水晶加工制造业为主导产业实现小康（1986~2013 年）

20 世纪 80 年代中期，作为走出贫困乡的虞宅乡开始谋求自己的脱贫之后防止返贫、保证持续致富之路——实施乡村主导产业的第一次转型。自 1985 年虞宅乡政府牵头从上海引进技术和人才、创办浦江装饰品厂获利之后，虞宅一带的村民发现从事水晶玻璃加工业是一条不错的致富门路，纷纷投身这一行业。到 1986 年年底，虞宅就已有玻璃饰品厂（作坊）22 家，从业人员 106 人，固定资产 15 万元，当年年产值 64 万元，实现利税 9 万元。

到 2012 年，茜溪沿线家庭作坊式水晶加工点已达 2300 余家，从业人员达 8000 余人，成为茜溪流域的支柱产业，其中，茜溪沿线的新光村更是变成了水晶业的集聚地，全村曾有 316 家家庭作坊式的水晶加工户。同时，水晶产业从虞宅、大畈发展到浦江县城及全县各地，从灯饰品发展到工艺品，最终也成为浦江的一大支柱产业，年产值大到三、四十亿元，让浦江拥有"水晶之都"的美誉，茜溪虞宅也成为浦江水晶产业的发源地。

然而产业繁荣的背后，是对生态环境的肆意破坏，水晶加工点没有规范的污水处理设施，水晶废渣废水随意丢弃排放，绕村茜溪逐渐沦为"牛奶河"，2009~2010 年浦江县先后两次被省环保厅确定为全省的治污重点。

作为劳动密集型的水晶玻璃产业必须经历"阵痛"，才能走向转型。2013 年，浦江县积极响应浙江省委、省政府的"五水共治"政策，以治水重整河山、以治水倒逼产业转型，掀起了城乡环境综合整治的大幕。茜溪流域作为水晶产业污染的重要发生地，整顿处理水晶加工户共 2247 家，清理污染严重的河流共 68 条，将符合生产指标和生产条件的水晶加工企业集中转移到虞宅乡水晶产业园。同时，虞宅乡抓住了美丽乡村建设的契机，在整治环境的同时，开发乡村文化资源，将美丽的自然风光与浓厚的历史文化遗产相结合，打造乡村旅游景点，将绿水青山变成金山银山，茜溪也焕发出往日的神采。

（三）"轻"旅游业为主导产业阻断返贫路径（2014 年至今）

2013 年开始的大规模污水整治工作致使虞宅乡的大量水晶作坊关停，茜溪沿线村民一度丧失了主要经济来源，开始谋求新的发展出路，为乡村主导产业的再一次转型提供了外生动力。另外，茜溪沿线交通便利，通过环境整治，优美的山水环境重新焕发生机，同时借助其厚重的历史文化资源优势，当地政府积极开展以开发自然景观和挖掘历史文化内涵为一体的美丽乡村建设，积极打造茜溪美丽乡村精品线工程。自茜溪流域开发以来，政府累计投资达 6000 余万元，沿着 210 省道将茜溪流域的村庄如珍珠般串连起来，最大限度地保留了茜溪沿线原有的水文、植被生态和优美环境，打造乡村最宜居的生活体验区域，发展特色乡村观光旅游。这一切努力的结果为再一次主导产业转型提供了基础条件。

目前，茜溪地区特色乡村观光已取得初步成效，区域内各村庄也因旅游业不断发展。特别是新光村通过打造青年旅游创客基地、廿玖间里、双井房文创基地以及新光自驾游基地，发展观光、体验、休闲度假等旅游项目，实现了美丽经济转型升级。

三、第二次主导产业转型的内生条件

相对于第一次主导产业转型来说，第二次主导产业转型的风险和挑战性更为严峻。因此，如何找寻转型的内生条件，成为地方政府和当地村民必须解决的首要问题。经过多方考察、求证，发动村民和各界人士的智慧，最终达成共识——为了村民的福祉，首先必须因地制宜，从自身条件出发，发现、挖掘自有资源，先筑巢，然后才能真正引凤。

自古以来，茜溪流域自然资源丰富，风景秀丽，形成自己独特的山水景观。经过千百年来农耕文明的发展和沉淀，流传至今的乡村文化历经岁月的凝练与淘洗，形成农村独具魅力的乡村文化。茜溪流域围绕茜溪积累了丰富的自然资源、文化资源和工业资源。

（一）自然资产

茜溪流域自然资源丰富。从茜溪流域的开发范围来看，自然资源主要集中于地貌景观、水域风光和生物景观三大类，见表6-1。区内地貌景观主要有浙中丹霞奇石美女峰、千米高山台地红岩顶、海豹山、望夫崖等形态各异的山峰，崖险峰奇，风光旖旎。水域风光主要以茜溪为代表，如同玉带般环绕山村，沿线还有东风溪、太极水涧、马岭瀑布、海豹泉等自然景观交相辉映。生物景观则较多分布于较为平坦的地区，主要包含以玫瑰花为主题的五百亩花谷田园、红岩顶森林公园、千年古樟和榧树，等等。

表6-1　　　　　　　　　　茜溪流域的自然资源资产

类别	自然资源资产
地貌景观	美女峰、红岩顶、海豹山、牛头山、马头山、笔架山、鲤鱼山、元宝山、驼峰山、瞿岩山、千丈山、宝轮洞、栖云洞、狮子岭、望夫崖、大象崖、冲天崖、双乳崖、迎松崖、猿人崖、狮子崖、好汉崖、脊梁崖
水域风光	茜溪、东风溪、太极水涧、马岭瀑布、马岭溪、壶源江、海豹泉、阴山脚瀑布、龙门坑瀑布
生物景观	花谷田园、红岩顶森林公园、红岩黄山杉、南方红豆杉、下湾村千年古樟、守口千年榧树

自然资源相较于其他资源具有直观性，是直接作用于旅游者视听感知的各类要素，是乡村旅游资源的重要组成部分。茜溪流域具有独特的自然资源禀赋和优越的地理位置，通过茜溪这条主线串联沿线各村生态资源，实现资源共享共治，共同开发，集中发展，不断激发生态红利。

(二) 文化资产

茜溪流域历史文化深厚。茜溪沿线的乡村文化内涵层次丰富，无论是以物质形态呈现的乡村山水风貌、乡村聚落、乡村建筑、民间民俗工艺品，还是以非物质形态呈现的歌舞说唱、乡规民约、家风家训、民风民俗、传统工艺、戏曲庙会、宗教文化等，都是茜溪流域宝贵的文化资产，见表6-2和表6-3。

表6-2　　　　　　　　　　茜溪流域的乡村物质文化

类别	乡村物质文化
乡村聚落	马岭脚、卢家石大门、桥头古村落、程宅畈枫树下、下湾岭牛头山、海豹脚岭、西山前山畈、荷花塘、高坞口、高山村
历代遗迹	灵岩古庄园、诒穀堂、朱氏罗汉像记、朱氏宗祠、桂芳轩、瞿岩岭古道、席场桥、镇东桥、瞿岩岭古道、马岭古道
宗教寺庙	石井寺、仙音庙、胡公庙、关公庙、瞿爷殿、圣恩堂

表 6 - 3　　　　　　　　　　茜溪流域的乡村非物质文化

类别	乡村非物质文化
民风民俗	朱宅源的皇帝文化与戏曲文化、朱宅六月六、赛水龙、浦江乱弹、浦江板凳龙、浦江迎会、灵岩灯会、谢年开门福、请新娘和新女婿的婚俗
传说故事	朱宅天打岗、寺狗讨火种、陈老相公、杭灵岩的故事、"圆桥"故事、宝轮寺楼和尚、柴禾的故事、"乌籽树"的生死恋之谜
传统技艺	茜溪头糕、嗦粉面、火糕、夹馃、观音豆腐、米粉麦衣、五样点心汤、牛轭的制作工艺、马脚岭的拳术、浦江剪纸、郑义门营造技艺
茜溪人物	朱守公、朱守绶、柳贯、烈女薛氏、朱耀枢、戏班才子朱小毛、朱宅民间书画人

1. 物质文化资产

乡村物质文化凝聚着一方乡土的物质文化追求。以乡村聚落为例，围绕茜溪的新光村、马岭脚等古村落，都具有自己独特的乡村文化资源优势。如位于茜溪源头的马岭脚村，背靠马岭山脉，有马岭古道、美女峰等自然风光，海拔高，空气清新，气温低，是避暑胜地，同时村内有一片千年古树群，既可防风又可乘凉，古朴典雅，不失底蕴；新光村的明清古建筑群灵岩古庄园集清代民间建筑与儒家、道家文化于一体，尽显古代农耕文明孕育出来的深厚的中华文化文明，历经了三百余年风雨侵蚀，仍旧保持着原始的淳朴，有"江南的乔家大院"之美誉，无论在人文景观、文化内涵还是自然环境等方面都独具特色、蕴含丰富，被列入"中国首批传统村落"名录；前明村靠近浦江县城方向，210省道沿村而过，交通便捷，是茜溪与壶源江、高坞源的交汇处，山清水秀，人杰地灵。此外，宗教寺庙建筑是茜溪地区宗教思想发展、宗教文化传承的直接见证，在历史变迁过程中，石井寺、关公庙和圣恩堂等寺庙建筑被保存下来，充分体现出茜溪地区佛教文化的传承和发展，寄托着村民们渴望平安、吉祥的朴素愿望以及对美好生活的向往。

目前，创建完成的廿玖间里青年创客基地、招商引进的野马岭高端民俗、新光自驾游基地、新光房车花园、下湾太极水涧·中国书画村等又以新的形式融入茜溪地区物质文化资源当中。

2. 非物质文化资产

茜溪流域遗留下来的非物质文化颇为丰富，茜溪流域的新光村因灵岩公在此建立朱宅，并凭借自家雄厚的经济实力对当地的教育文化产生的重要影响，形成了具有茜溪特色的非物质文化遗产。"浦江乱弹"和"浦江板凳龙"、"浦江剪纸"等被列为国家级非物质文化遗产，"浦江剪纸"更是在2010年列入人类非物质文化遗产名录，浦江丰富多样的民俗文化在全国范围内产生了较大的影响。"浦江乱弹"是一个古老的戏曲剧种，在浦江本地菜篮曲、踏歌的基础上逐步发展而来，表演形式多样，曾遍及金华、衢州及江西一带且经久不衰，而茜溪流域受灵岩公对文化教育等各方面义务投入的影响，出现了几位有较大影响的戏曲人物，如朱学森、朱宗馍、朱小毛等，为浦江乱弹戏曲的传承和发展作出了重要贡献。"浦江板凳龙"，俗称长灯，而浦江廿五都朱宅的板凳龙又称灵岩板凳龙、义房板凳龙，皆因在当地具有重大影响力的灵岩公属义房，在清乾隆年代，灵岩公拨出大量田地，拿出大量资金兴办灯会，灵岩板凳龙深植于当地村民生活，融合当地民俗，主要为庆发财、庆丰收，祝来年风调雨顺、国泰民安，通常在每年正月十二至正月十六举办灯会，另外会在当地村民举行接送瞿爷爷、胡爷爷、观音菩萨等活动时轧制板凳龙为其增添节庆氛围。

茜溪的民间故事同样精彩绝伦。"传说故事""人物故事"是茜溪村民对历史的记忆方式，以口耳相传的形式流传，汇聚了茜溪先辈们的智慧，具有很强的生命力。如朱宅天打岗、寺狗讨火种、山皇老爷爷为仙、地藏王、宝轮寺楼和尚、"乌籽树"的生死恋之谜，等等。从朱守公、孝子朱守缓、朱耀枢和戏班才子朱小毛等人物传记中，得以一窥先辈们的智慧远见、仁德义举及其教育风化、恩泽子孙后代的良苦用心，从中获得启示和鼓舞。这些乡村精神文化取决于当地乡村居民性格、价值观念，它隐藏在物质文化里，润物细无声，只有通过长期的体验才能领悟和感受。

此外，茜溪地区更是浦江特色美食的发源地。茜溪的头糕、米粉麦衣、火糕、夹馃、嗦粉面、观音豆腐等，都是从过去一直流传至今的美食，反映出了茜溪地区人民的传统手艺与勤劳智慧。

（三）农业资产存量

茜溪悠谷所在的虞宅乡位于浦江西部山区，具有较为丰富的农业资产存量，占地面积共58.87平方千米，其中耕地面积5876亩，山林面积66680亩。虞宅乡目前仍以农业为主，且农业发展繁荣，大户承包农场、专业合作社、农业公司经营规模的面积约占总面积的35%，现发展有粮油、有机茶、花卉苗木、水产养殖、畜禽养殖、水果、高山蔬菜七条农业产业链。应国家号召，虞宅乡大力实施绿色通道工程和生态绿地工程，实施道路、河道景观绿化美化，努力提高森林资源总量和林木覆盖率，规划面积达5000亩的十里花木绿色长廊已完成一期工程2000余亩。茜溪悠谷位于虞宅乡壶源江流域美丽山水之间，茜溪沿线农业规模约占整个乡的50%左右，田地面积为3330亩，山林面积为55888亩。2018年行政村规模调整，茜溪流经的十个行政村调整为四个行政村，分别为前民（包括调整前的前明、高山、利民行政村）、新光（包括调整前的下湾、新光行政村）、智丰和马岭（包括调整前的程丰、桥头、马岭脚、卢家行政村）等行政村，行政村规模调整是通过对人口规模、资源集聚优势、行政管理与组织等方面的考虑进行的，四个行政村各有优势，各具特色，发展规划各有侧重，农业资本存量也各有不同，见表6-4。

表6-4　　　　茜溪沿线农业资本存量与特色农业产业

村名	人口（人）	田地面积（亩）	山林面积（亩）	特色农业产业
前明村	1804	1086	11500	茶叶种植
新光村	993	714	12510	有机茶、蔬菜种植
智丰村	1184	604	10753	蜜梨等水果种植
马岭脚村	1386	890	21125	花卉、香榧种植

前明村位于虞宅乡境内、靠近浦江县城方向，距县城10千米，210省道穿村而过，靠近虞宅乡政府，是茜溪流入壶源江的入口处，有田地面积1086亩，山林面积11500亩，人口1804人，有六个自然村，农业经营优势

为茶叶种植，具有一定规模的茶叶种植基地。

新光村位于虞宅乡境内、茜溪中部地段，距县城14千米，有朱宅新屋，即灵岩公朱可宾建立灵岩古庄园之处，茜溪绕村而过，三面环绕，南面紧邻210省道。新光村有田地面积714亩，山林面积12510亩，人口993人，新光行政村包括下湾村、岭脚村、新光村等自然村。是浦江县第一个有机茶生产基地（马良牌乌龙翠峰）。

智丰村也位于虞宅乡境内、茜溪中部地段，距县城16千米，紧随新光村之后，是朱宅旧屋，即灵岩公朱可宾建立朱宅新屋之前朱氏族人居住村落，在朱宅新屋的西部，与朱宅新屋隔溪而望，背靠群山，南临茜溪，210省道沿村而过。智丰村有田地面积604亩，山林面积10753亩，人口1184人。智丰村包含智丰等自然村。该村农业主要以水果为主，拥有蜜梨等水果基地、数家水果专业合作社。

马岭脚村位于虞宅乡北部，距县城20千米，与建德交界，是茜溪源头。茜溪发源于虞宅乡的木荷湾尖北麓，经卢家、石大门至桥头汇马岭美女峰之水，因此，马岭脚行政村位于茜溪的源头，茜溪和210省道穿村而过，背靠马岭美女峰，西临马岭古道，地势较高。马岭脚村有田地面积890亩，山林面积21125亩，人口1386人。马岭脚村包括马岭脚村、桥头村、朱村畈、程宅畈等自然村。马岭脚村山林众多，农业产业以种植玫瑰等花卉和香榧等为主，有规模化的香榧种植基地3600亩。

茜溪长约13千米，沿线有四个行政村，农业资产存量大体相当，然而各村根据自身的优势和长期以来小农经济发展所积累的农业资本和生产资料发展自己的特色农业产业，各村之间既有合作又有竞争，不断促进现代化农业产业的形成。

（四）工业资产存量

虞宅乡政府在20世纪80年代引进水晶工艺制造技术，开始发展水晶产业，因为投资少、效益高，在很大程度上提高了当地农民的收入，水晶产业迅速在整个虞宅乡兴起，并最终在整个浦江县兴起，成为虞宅乡乃至整个浦江的支柱产业，位于虞宅乡的茜溪流域更是成为水晶产业的摇篮。茜溪不仅用自己的灵秀婉约孕育出了底蕴深厚的灵岩古庄园、如灵岩公朱可宾一般的传奇人物和丰富多彩的乡村文化，更见证了这里的村民通过自己勤劳、智慧和过人的胆识引进和积累了大量的工业资产，涌现了一批具有较大规模的水晶加工厂。

水晶产业经过30多年的发展，极大地提高了当地村民和当地政府的收入，积累了大量的工业资本，在浙江省大力推进"五水共治"政策实施的过程中，浦江县政府、虞宅乡政府和小规模水晶加工企业共同筹建虞宅乡水晶产业园，引进先进的加工设备和废弃物处理设备，将有一定规模的水晶加工厂集中到水晶产业园，对废渣污水进行集中处理，既保全了小规模水晶加工制造业，又解决了环境污染问题。目前虞宅乡水晶产业园区有工厂56家，约有员工1300人，多为当地村民。目前茜溪流域的工业资本存量都已经转移到虞宅乡水晶产业园，主要工业产业也为水晶产业。

（五）私有资产存量

茜溪流域村民私有资产的积累主要通过水晶产业的发展取得。20世纪80年代水晶产业的成功引进，极大地提高了茜溪流域村民的收入水平，水晶加工作坊资金成本少、技术门槛低、经济收益大，几乎每家每户都能开起水晶加工作坊，从事水晶加工制造。随着水晶产业的不断发展，家家户户的水晶加工作坊与小规模水晶加工厂构成了水晶产业集群，吸引了大批外来务工人员在此从事水晶加工，而当地人凭借前期的资本积累和自身"本地人"的优势，逐渐从水晶加工环节抽身，主要从事水晶灯饰品和工艺品的销售等附加值更高的环节，同时本地人通过向外来务工人员出租房屋、提供日用品和生活必需品销售等服务，积累了大量的私有资本。

当地人收入提高后，家家户户都建起了新房，搬迁至生产生活环境更加方便的地区。如旧西山村，原来该村房屋建造在西山山坡上，风景优美，但交通运输很不方便。2007~2009年间，整村搬迁到西山新村，在茜溪与壶源江的交汇处，与前山畈村比邻，交通条件和基础设施得到了很大改善。西山新村的建成又促进了前山畈村的旧村改造，于2011年启动旧村改造工程，村内民房焕然一新，基础设施也得到很大改善。在这一旧村搬迁、旧房改造的过程中，村民的私有资产都以房产和村内基础设施的形式保存，提高了茜溪沿线村庄的整体形象。特别是在2013年以后，在美丽乡村建设等政策的引导下，茜溪沿线村庄的房屋改造和新建更是在政府和景观设计等专业人士的指导下进行，与当地自然景观和人文景观交相辉映的房屋资产成为后来村民获得收入的重要基础。相信这也是浙江省大多数乡村村民私有资产积累的过程。藏富于民，浙江省经济发展成果最大程度地转移到普通百姓手中，成就了今天浙江省城乡一体化发展、富裕繁荣、百姓生活宁静祥和的局面。

四、内生条件（资产）的初步开发利用

虞宅乡茜溪流域在改革开放40多年来的发展是浙江省乡村民营企业兴起和转型的缩影，蜿蜒灵秀的茜溪和连绵不绝的群山，造就了美丽的自然风光，孕育了深厚的文化底蕴，哺育了朴实勤劳的村民。茜溪流域经过千百年来的积累，形成了丰富多样的物质文化资产，经过茜溪流域祖辈的不断开拓，攒下了不小的田地山林等农业资产，通过上一辈人敢于冒险的尝试，留下了一定规模的工业资产，家家户户积累下了丰厚的私有资产。然而对祖辈们积累下的资产进行良好的保护和有效的开发，既要继承和珍惜祖辈们留下的资产，又要促进茜溪经济文化持续向前发展，这是世世代代茜溪人民共同的责任担当和历史使命。生活在这里的茜溪人民用自己的勤劳和智慧为自己的子孙创下了新的财富。

自2013年以来，浙江省"五水共治"政策推进，环境治理力度加强，自然环境得到极大改善，美丽的茜溪恢复往日的灵秀，乡村面貌焕然一新。茜溪流域的资产开发践行"绿水青山就是金山银山"的理念，恢复自然生态环境的同时，当地政府不断挖掘古建筑、古文化、农业耕作等的文化价值，将自然生态环境与人文景观、农耕文明相结合，既有效促进农业产业现代化发展，又推动一二三产业深度融合，实现了乡村产业的转型升级。

（一）内生资产开发情况

1. 农业产业现代化

茜溪沿线四个行政村，约 20 个自然村，经过 2018 年的行政村调整，对农业生产资料进行了有效整合，各行政村村委根据农业资产积累，分别有序推进农业产业规模化，推动农村合作社等组织形成，引进商业资本，促进农业产业经营向现代化转型。前民村与新光村引进有机茶叶种植、加工和销售，两村合作，推进有机茶叶产业链形成，有效提高当地村民收入。智丰村主要种植蜜梨等水果和蔬菜，该村水果种植多为个体经营，种植规模不大，多为 20~50 亩，但该村成立了多家水果合作社，在水果种植技术、规模以及销售等方面提供农业产业服务。马岭脚村因背靠马岭美女峰，山多林多，且村内有千年古树群，种有百年香榧等古树，拥有一定的口碑，因此马岭脚行政村下的桥头村等自然村多种植香榧，其中规模化经营企业浙江留家坪林业开发有限公司种植面积达 3600 亩，为当地村民成立，成为省级林业龙头企业，极大地带动了周边村落香榧种植产业的发展。马岭脚程丰村于 2017年引进花谷田园综合体项目，以程丰村与智丰村之间的区域为主，共计面积500 亩，种植玫瑰花等花卉，连接生产、销售于一体，并配套民宿、餐饮、花艺园艺等产业，充分发挥农业产业观赏价值，促进农业与第三产业融合。

2. 工业产业集聚化

自浙江省推进"五水共治"政策实施，原有的家庭式水晶加工小作坊被全部关停，小规模水晶加工企业在乡政府的引导下集中到水晶产业园。工业园区的产业集聚效应极大地减少了工业成本投资，极大地提高了经济收益。首先，水晶产业园区基础设施建设完善，交通便利，各企业与乡政府共同出资极大地减少了单个企业对基础设施和交通建设的投资。其次，园区水晶产业集聚便于工业废弃物的集中处理，园区各企业合资引进废弃物处理设施和污水处理设施，减小了环境治理压力和政府部门的监管压力。最后，水晶产业园区的产业集聚效应提高了企业间的竞争与合作，有效促进了产品差异生产。目前,水晶产业园区有56家企业,员工数量约为1300人,人均工资大概在每月4000~5000元。工业产业集聚化生产,保证了茜溪良好的生态环境,同时保存了乡村工业资产,虽然不再像过去一样成为茜溪流域的主导产业,但依然保证了乡村工业的发展,解决了一部分人的就业问题。

3. 生态文化资源经济化

茜溪流域优美的自然风光在2013年经过环境整治之后突显出其经济价值,虞宅乡以打造"两山理论实践地、乡村振兴排头兵、全域旅游示范区"为引领,执生态之笔,以绿色为墨,从生态觉醒、生态自强阔步迈向生态发展,用绿水青山换来金山银山。依托丰厚的山水资源、人文底蕴,虞宅成功引进"不舍·野马岭"、"太极水涧"等生态产业项目。同时,虞宅乡不断挖掘乡村文化资产,充分发挥明清建筑群——灵岩古庄园观赏价值,投资建立"茜溪体育馆"、"昆虫博物馆"等现代文体项目,结合农业种植产业,突出农业产业的观赏价值,引进"花间里·枫树下"等大型田园综合体项目,通过举办具有茜溪乡村特色的文化活动吸引游客来村旅游。虞宅乡政府带领茜溪人民将灵秀美丽的自然生态资源和厚重独特的文化资源转化为经济来源,大力发展乡村休闲旅游产业,2018年,虞宅共接待游客89万人次,旅游收入突破5000万元,充分实现了茜溪流域生态文化资源的经济价值。

4. 私有资产经营化

水晶产业的兴起,为茜溪流域人民带来了许多就业和创业的机会,提高了当地人民的收入,使当地人民在满足基本生活需求的同时,能够有一定的财富积累。如同大多数浙江农村一样,茜溪人民将手中积累的私有资产用于建造新房或者进行旧房改造,并将房屋精心装修。除新光村明清建筑群中的住户之外,几乎每户都会在政府划归的宅基地上自建三到四层别墅式住房,建筑面积在300到400平方米左右,在2013年政府统一规划后,房屋建设遵循乡村家庭宅院的风格,各家各户的房屋建筑面积依旧较大,对于普通的一家三口,最多五口之家来说,真正用于自家人居住的不超过一半,多余住房用于民宿或农家乐经营。2013年以后,虞宅乡政府大力引进乡村旅游项目,发展乡村旅游业,对于普通农户来说,新兴产业为他们带来了新的机会。

新光村的明清建筑——灵岩古庄园因保留相对完整，政府向农户征收，并出资进行古建筑修护和改造，然后对外招商引进青年创客基地项目。如今的廿玖间里，住户已经不再是白发苍苍的老人，而是一群青年创客。在他们的创客空间里，书画创作、小酒吧、青创咖啡，以及智能交通、旅游农产品体验馆、地质科普馆、篆刻、剪纸、旗袍等呈现在这片老宅子里。目前驻扎在廿玖间里的青年创客有50多位，共有30多个项目，"一木一叶"的树皮画、"石扁担"的手工糖果糕点、"简曦花艺"的娇妍鲜花、"二鱼子堂"的传承雕刻，这里还不定期举办"演说家同学会"等演说、读书、创业沙龙，等等。正如青创基地的发起人陈青松所说，有很多有意思的商品，有很多有格调的小文艺，更能汇聚一群有情怀、有故事、有共同怀抱和梦想的有趣的人们。

马岭脚村背靠马岭美女峰，周围有红岩顶森林公园、马岭古道等自然生态区，海拔较高，温度适宜，村庄远离城市喧嚣，古树葱郁，林立道路两侧，2015年浙江外婆家餐饮有限公司投资开发"野马岭·中国村"高端民宿，将整个村子租了下来，打造出一片山间民宿，为当地民宿的发展带来了发展契机。"野马岭·中国村"高端民宿是由坐落在大山深处的原马岭脚村改造而成的，当地居民借高端民宿发展的契机，在位于山脚下靠近210省道的地方自建住房，建成西山民宿集中村，为往来游客提供住房服务。目前，民宿集中村有37家村民自营的民宿，供游客体验居住。

在新光村等旅游项目较多的地方，当地村民利用自家宽敞明亮的住房，开起了农家乐，为游客提供具有当地特色的农家菜，或者在自家门前做着当地的茜溪头糕、嗦粉面、火糕等特色小吃，每家每户都用自己的勤劳和智慧经营着自家的小店，守护着这份宁静悠闲的乡村生活。目前，茜溪流域有农家乐27家，特色小吃店铺20家左右，多集中在新光村、马岭脚等村。

（二）内生资源的开发模式

茜溪流域自然文化资源十分丰富，农业资源独具特色，工业基础比较深厚，在虞宅乡政府以及各级领导的带领下，该区域各项资源开发较为彻底，开发模式多种多样。

1. 产品直供模式

茜溪沿线乡村生产的水晶灯饰和工艺制品，产品价格比较低、生产流程比较清晰，并且通过多年的发展，形成了完整的产业链，借助义乌小商品市场、互联网市场等将水晶产品直接供给市场；下湾村、智丰村等村庄种植原生态蔬菜水果、香榧等农产品，通过当地龙头企业和农业合作社打开农产品直供市场，向直接市场提供农产品。根据产品特征开发的产品直供模式促进了当地农业产业现代化和工业集聚化的发展。

2. 农业观光旅游模式

茜溪沿线程丰村在2017年下半年启动花谷田园综合体项目，集玫瑰种植、观光销售和玫瑰加工于一体，包括欣赏田园风光、观看农业生产活动、品尝和购置绿色食品、学习农业技术知识等旅游活动，满足了解和体验农业的目的，吸引了大批游客来欣赏美景并参与玫瑰的采摘等乡村活动，极大提高了该地对游客的吸引力，实现了农业观光旅游的发展。

3. 乡村度假旅游模式

茜溪马岭脚村野马岭名胜景区集奇秀幽险于一体，美女峰、穿针石、孝子峰、将军岗、雄狮吼天、神龟问天等景点特色鲜明，形象逼真，海拔600米左右，温度适宜，浙江外婆家餐饮有限公司对此处进行投资，经该公司专业团队的精心改造，将此处打造成了隐居灵秀山水间的高端民宿，吸引了不少游客前来体验居住，是乡村度假旅游模式的典范。

4. 科普教育旅游模式

茜溪利民村在虞宅乡政府的领导下建造了昆虫博物馆；同时，虞宅乡有乌龙山有机茶园、万田畈清虾养殖场等一批科普示范基地。通过农业观光园、农业科技生态园、农业产品展览馆等开展农业观光、农业文化展示、参与体验、务农体验游，为游客提供了解农业历史、学习农业技术、增长农业知识的旅游活动，让游客接触实际的农业生产、农耕文化和特殊的乡土气息，践行农业科普教育和旅游的深度融合。

5. 创新创业孵化模式

茜溪新光村廿玖间里引进浦江县青年创业联盟，打造青年创客基地和文创园，并相继开设青年旅舍、小酒吧、手工 DIY、花艺、书画、地质科普、农产品体验、树皮画等具有文艺特色和乡村特色的小店，为创客提供了一个与文艺小众创业相适宜的创业环境，同时，将互联网体验模式和新型创新发展理念融入这个充满文艺气息的古村落，使这个流传了几百年的古村落焕发出了与这个时代相称的新光彩。

（三）成就与不足

从低端加工制造业向乡村旅游产业的转型，茜溪悠谷在当地政府的领导下已经经历了 6 年探索，取得了不小的成就。

首先，茜溪流域生态环境得到了极大改善。水晶加工业在茜溪的兴起，使得家家户户都开起了家庭小作坊式加工企业，生产设备的落后使得生产废弃物的排放增多，散落在各家各户的家庭小作坊也不利于污染物的集中处理，全都排放到附近河流，水晶加工业对环境的破坏十分严重，过去灵秀清澈的茜溪变成"牛奶河"。灵岩古庄园的房屋被当地人租给外来民工居住和用来生产加工水晶，外来务工人员对于租赁的房屋的爱护程度远不如对待自己的房屋，古建筑内的用电等消防安全存在很大隐患，对古建筑的保护和修护工作也疏于管理，对茜溪沿线的文化遗产造成了很大破坏。经过浙江省"五水共治"政策的实施，政府投入约 20 万元对河道进行清理和修复，生态环境得到较大改善。而秀美生态环境的保持和乡村的可持续发展需要清洁环保产业的引进。乡村休闲旅游产业的发展为环境改善提供持久动力，同时，为生态环境的保持提供了便捷的渠道。

其次，茜溪的生态文化资源发挥了其应有的经济价值。我们国家几千年农耕文明积淀下来的文化是中华文化的重要组成部分，在改革开放以来快速城镇化和工业化的过程中，乡村文化和乡村生态功能被人们忽视，大量的生态文化资源闲置，甚至对生态环境和传统文化造成了严重的破坏。

经过产业转型升级，茜溪流域的优美环境和传统文化通过观光旅游、休闲旅游等形式发挥了其经济价值，为当地村民带来了绿色可持续的经济收入。

最后，茜溪流域村民的生产力和生活水平得到了新的提高。在乡村工业产业引进时期，乡村工业的发展吸收了大量农村剩余劳动力，生产力提高巨大。然而低端加工制造业仍然是劳动密集型产业，落后的生产设备和落后的生产技术无不显示着水晶加工制造业生产力的落后。乡村产业由低端制造业转型为乡村旅游业，促使茜溪人民生产力再一次提高。虽然乡村旅游业的发展为当地村民带来的收入可能不如以前从事加工制造业的收入高，但这些都表现为显性收入。与之前高强度长时间的水晶加工工作相比，如今的茜溪人民多从事民宿、农家乐、特色小吃商店等的经营活动，劳动强度相对较低，劳动时间自由，有更多的业余时间。如今为吸引游客的民俗文化活动更多的是丰富了当地人的业余生活，自然环境转好为当地人带来经济收益的同时为当地人带来了生态收益，他们的居住环境变美，生态有机食品的获取比城市居民更加快捷便宜，能够用较少的支出获得比城市居民不差的生活水平，这些隐性收入的增加足以弥补现金收入的减少。

乡村产业转型升级为生态环境和当地居民带来了巨大改变，取得重要成就的同时也存在一些不足。一是生态文化资源的开发对传统村落空间秩序和空间结构产生一定程度的破坏，传统村落熟人社会和人情社会结构在面对大量外来游客时难以维持，村民原子化程度提高，各家各户各为自己，自我观念强于集体观念，对乡村治理提出了巨大挑战。二是乡村文化资源的开发以政府和外来企业的意志为主，村民被边缘化，只有当地村民对自己祖祖辈辈留下的物质文化和精神文化有着最清晰的理解，然而他们没有将其开发成商业经济的能力，更没有话语权，因此按照政府与外来企业的意志为主的开发难免会偏离本土文化，造成乡村旅游的同质化现象。三是开发项目多样化，一些重大项目通过招商引资承包给不同的企业，在旅游项目的营销宣传方面各自为政，不能集中力量扩大茜溪悠谷旅游项目的整体影响力，目前主要由政府做茜溪流域旅游项目的营销宣传，虽然产生了一定的影响，但相较于专业的营销团队来说，他们的影响力比较微弱。

五、研究小结

茜溪悠谷乡村产业的成功转型是浙江省众多山区乡村转型的一个缩影，是践行"两山理论"的重要例证。在这个过程中，政府、村民和乡贤扮演着各自的角色、发挥着各自的作用，为乡村产业转型升级的成功贡献了自己的力量。政府有效引导促进新型绿色产业的引进，提供良好的基础设施环境和亲和的营商环境，为企业的投资提供了良好的条件，当地村民勤劳和敢于尝试的勇气使其在这一过程中不落后于经济发展的脚步，而从茜溪这个美丽灵秀的山区走出去的各行各业的成功人士在为自己的家乡谋发展、谋生计的过程中建言献策，他们共同构成了促进乡村产业转型升级的三螺旋模型，见图 6-1。

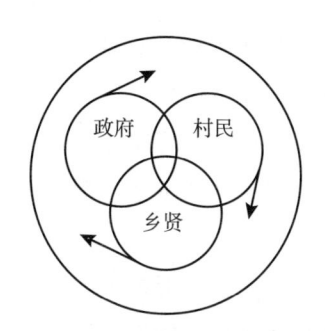

图 6-1　乡村产业转型升级的三螺旋模型

三螺旋模型最早是关于创新模式的概念模型，1995 年亨利·埃茨科瓦茨、勒特·雷德斯道夫提出大学、产业、政府在实现创新的过程中既表现出另两者的能力，又保留着自己原有的作用和独立的身份。在茜溪悠谷产业转型升级的过程中，地方政府、村民和乡贤之间的相互促进耦合形成了推动乡村产业转型的合力，最终实现乡村产业的成功转型和乡村振兴的总体目标。

在三螺旋模型中每条螺旋都能够自运动并产生交互作用，最主要是因为三者追求的利益各不相同。地方政府追求地方经济发展和执政业绩。上级推行的"五水共治"的政策,地方政府必须执行,需要整顿关停不合规家庭小作坊,并为弥补过去为发展水晶产业而对环境造成的破坏,还需要投入大量的资金进行环境修复。水晶产业整顿关停使得地方经济发展骤然失去方向,必须引进新的产业,推动地方经济持续发展,不会出现骤然下降的情况,同时要兼顾生态环境问题。当地村民要维持家庭经济来源,提高家庭收入,水晶加工产业虽然没有被彻底清除,但仍然会使大部分人面临失业的风险,他们要谋求新的生计,面对恢复一新的家乡环境,村民同样不愿意再次破坏秀美家园。走出家乡的企业家等乡贤受地方政府邀请为家乡发展建言献策,一方面是受文化传统和情感力量的牵引,另一方面也为追求自身利益最大化,因为对家乡的熟悉和对当前市场环境的熟悉,企业家们能够挖掘出家乡发展的新商机,符合自身利益最大化的追求。三者追求各自的利益,保持相对独立。

另外,三螺旋中的三者作为理性主体,都具有自身的社会功能和主体意愿,他们有相同的最终目标。面对低端制造业的强制废除,地方政府既要推进地方经济持续发展,又要履行保护生态环境的职责,需要促进乡村产业转型升级,保证经济发展和自身执政业绩;地方村民同样渴求经济成功转型,以求在新的发展阶段找到新的谋生途径,提高家庭经济来源;有见识有能力的乡贤能看到家乡发展的新商机,希望家乡产业能够成功转型,不管是只提供一些信息还是提供资金、引进社会资本,都能使自己得到情感或经济上的满足。

政府、村民、乡贤三者之间利益诉求不同,但三者最终目标都是推动乡村经济持续发展,促进乡村产业成功转型升级。在各自利益的驱动下,三者根据乡村存量资产资源优势引进发展乡村旅游产业。政府投入大量资金用于修复古建筑和基础设施建设,召开乡村人才座谈会,促进社会商业资本的引进,是乡村产业转型升级的组织者。村民在当前经济发展新形势的引导下,一方面配合政府做好房屋和土地征用工作,另一方面搭乘乡村旅游产业发展的便车,投入到民宿、农家乐等特色经营活动中,成为乡村旅游产业发展的一分子,是乡村产业转型升级的参与者。乡贤通过地方政府和亲戚朋友了解到家乡当前的发展状况,凭借自身丰富的经验见识和广泛的人脉关系,深入挖掘家乡发展的新商机,帮助引进社会资本或自己返乡投资创业,是乡村产业转型升级的主要践行者。

政府、村民和乡贤因各自不同的利益追求，对乡村发展有相对独立的决策空间，同时，三者最终目标一致，在各自利益驱动下对乡村经济发展的推动力最终形成促进乡村产业转型升级的合力，推动茜溪流域乡村产业的成功转型升级，最终达到乡村产业兴旺、生态宜居、乡风文明、治理有效、生活富裕的目标要求，实现茜溪流域的乡村可持续发展，见图6-2。

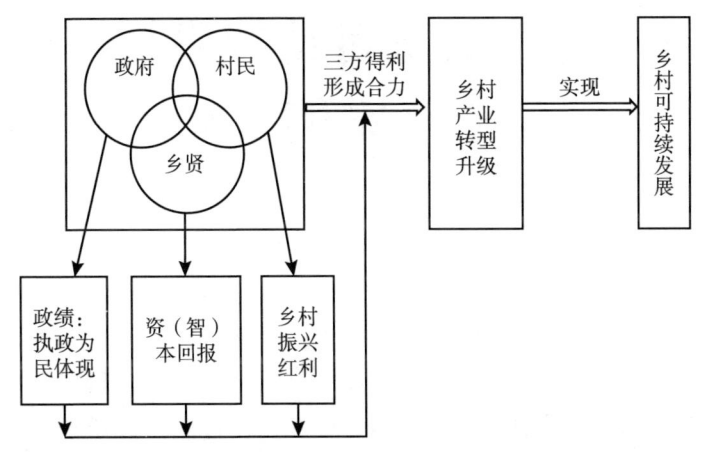

图6-2 乡村产业转型升级助推乡村可持续发展路径

从低端制造业向清洁绿色产业的转型是实现乡村经济可持续发展的"惊险一跳"。浙江省改革开放以来宽松的地方政策推动了乡村私营工业的蓬勃发展，也带来了严重的环境污染问题，在新的历史阶段新的发展理念的指导下，恢复生态环境，推动乡村产业转型，将绿水青山变成金山银山是实现当前发展阶段必须面对和要妥善解决的问题，转型成功，生产力进一步提高，产业发展更加绿色友好，转型失败，乡村逐渐走向衰落和凋零。以茜溪悠谷为代表的浙江山区乡村在地方政府、村民和乡贤的合力推动下，平稳度过"惊险一跳"，促进乡村走向新的繁荣。

第七章

农村三产融合模式促进脱贫对象可持续发展何斯路案例研究[①]

何斯路村位于浙江省义乌城西街道的山沟里。2008年以前，因为地处山区，资源匮乏，何斯路村属于义乌的贫困村，当年村民的人均年收入仅有4570元，村集体资产亏损14.6万元，村民生活长期停留在温饱线上。2008年以后，经过全村干部和群众10多年的努力，不仅解决了贫困问题，还进一步找到了脱贫后的可持续发展之路，村民收入呈现爆发式增长，2019年村民年均纯收入达到了4.98万元，比2008年暴增10倍多，村集体资产越过了亿元大关，成为闻名的特色生态文化村、旅游观光村、"国家AAA级景区"村，昔日的穷山沟成为如今的"金银山"。因此，研究和探讨何斯路村脱贫后的可持续发展之路，对全国精准脱贫后时代促进脱贫对象可持续发展的政策制定和路径选择具有现实的借鉴意义。

[①] 本章内容根据陈扬帆硕士论文《传统农业型村落的产业融合发展路径研究——以义乌何斯路村为例》（2017）改编。论文指导老师：葛深渭。

一、相关理论研究梳理

(一) 核心概念

1. 农业型村落

根据经济结构,王景新(2005)等学者将浙江省的村落分成现代农业型村落、现代工业型村落、专业市场型村落三类。农业型村落即农林牧渔产值比重超过30%、农业收入是农户收入重要来源的村落;工业型村落即非农产值比重超过70%,其中工业产值超过50%,农户收入主要来源非农产业的村落;专业市场型村落即以专业市场带动村落发展的村落。由此可见,农业型村落是相对于工业型和市场型等村落而言的,是指以第一产业为主的村落。卢福营、刘成斌(2005)等认为"以农业为主,农民以农业为生的村庄",我们可称之为农业型村庄。根据以上概念界定,本书认为农业型村落就是指农业收入为农民收入主要部分的村落。

2. 产业融合

在整个产业演进过程中,产业融合现象早在工业化时代就已经出现。但是,国外产业融合思想最早起源于美国学者罗森伯格(Rosenberg, 1963)。随后,产业融合的思想和概念被西方学者们相继提出,他们分别从市场、技术和产品角度提出了产业融合的类型,对产业融合的驱动力也达成了一些共识,即管制的放松、技术创新与扩散、市场需求、商业模式创新等,并且对产业融合产生的产业绩效、产业创新、产业升级效应进行了深入分析。但是,由于受研究视角的影响,国外已有研究大都集中在对产业融合基础理论的分析上,借助的现实案例也都集中于信息与通信技术领域。因此国外学者们研究的大多是二三产业的融合发展问题,或者是第二或第三产业内部的融合，涉及农业的融合发展研究几乎没有。

虽然关于"产业融合"的讨论已经持续了几十年，但是由于角度不同，学术界对此论述也各不相同，至今为止都没有形成一个统一的定义。从不同的角度分析产业融合问题，对其理解也会存在差异。

产业融合最早是针对计算机、通信和广播电视业的融合，被定义为为适应产业增长而发生的产业边界的收缩或者消失。产业融合的含义可以分别从狭义和广义两个角度来理解。从狭义角度看，产业融合就是技术进步、放松管制与管理创新所导致的产业边界的收缩或消失，主要局限于信息技术基础上的原本分立的产业之间的整合。从广义角度看，产业融合就是不同产业或同一产业的不同行业通过相互渗透、相互交叉，最终融为一体，逐步形成新产业的动态发展过程。美国学者尤菲（Yoffie，1997）将产业融合定义为"采用数字技术后原本各自独立的产品的整合"。林德（Lind，2004）提出了一个具有操作性的融合定义："以前各自分离的市场的合并以及跨产业进入壁垒的消除。"何立胜、李世新（2005）在《产业融合与农业发展》一文中也从广义的角度给产业融合下了定义，并指出产业融合是信息化进程中的产物。

3. 村落的产业融合

关于村落的产业融合的相关概念，国内现有的提法主要有两种。一种是农业产业融合化，另一种是农村一二三产融合。王昕坤（2007）从广义的角度把农业产业融合界定为发生在具有紧密联系的产业或同一农业产业内部不同行业之间，原本各自独立的产品或服务在同一标准元件束或集合下，通过重组完全结为一体的整合过程，即包括产业间融合和产业内融合。何立胜、李世新（2005）指出农业产业横向一体化经营是农业产业融合的前提，农业产业融合就是要让农业技术与其他产业技术、农业产品、服务与其他产业的产品和服务，农业市场与其他产业市场相融合，让农业中的一部分生产要素从农业中脱离出来，发挥另一种职能，创造另一种形式的价值体。梁伟军、易法海（2009）依据产业融合的基本原理，将现代农业产业融合发展定义为，由于技术进步和市场开放，农业与工业、服务业以及高新技术产业通过技术、业务或产品、市场的相互渗透影响，从纵向与横向两个维度拓展农业发展空间,实现农业产业创新,构建现代农业产业体系的过程。席晓丽(2007)和李俊岭(2009)都基于产业融合的视角分析了中国多功能农业发展,认为农业产业融合化发展能促进农业综合效益的提升和农业多功能性的发挥。

马晓河(2015)根据国内外的发展实践经验,认为农村一二三产业融合发展指的就是以农业为基本依托,通过产业联动、产业集聚、技术渗透、体制创新等方式,将资本、技术以及资源要素进行跨界集约化配置,使农业生产、农产品加工和销售、餐饮、休闲以及其他服务业有机地整合在一起,使得农村一二三产业之间紧密相连、协同发展,最终实现农业产业链延伸、产业范围扩展和农民增加收入。赵海(2015)认为农村一二三产业融合,就是各类农业产业组织通过延伸产业链条、完善利益机制,打破农产品生产、加工、销售相互割裂的状态,形成各环节融会贯通、各主体和谐共生的良好产业生态。李国祥(2016)指出农村一二三产融合发展,就是要着力构建农业与二三产业交叉融合的现代产业体系,核心是使农业与农产品加工业和农村第三产业形成一体。孟春,高雪姮(2015)指出三产融合就是充分利用中国制造业的比较优势和服务业的发展动力,拓宽农业的内涵和外延。

日本曾在国内农业发展面临困境的时候,提出了"第六产业"这个概念,通过发展"第六产业"来提升农产品的附加值,以促进本国农业的发展。"第六产业"实际上就是一种现代农业的经营方式,是由日本东京大学名誉教授今村奈良臣在1996年时提出的。除了初级农产品的生产过程外,"第六产业"还包括食品加工、肥料生产过程以及流通、销售、信息服务等过程,从而形成了集生产、加工、销售、服务一体化的链条。孔祥智(2015)认为"第六产业"实质上就是基于第一、第二、第三产业相融合的发展模式,这种发展方式在增强中国农村经济活力、提升农业效益、增加农民收入等方面都有重大的意义。

(二)乡村产业融合发展相关模式

1. 乡村三产融合发展模式

张义博(2015)提出了四种一二三产业融合互动的模式:(1)垂直一

体化企业模式；（2）合同制联合模式；（3）电商平台模式；（4）日韩农协组织模式。何立胜、李世新（2005）列举了四种农业与其他产业融合化发展的方式与途径：（1）标准化农业与农产品加工业；（2）观光农业；（3）生态农业；（4）数字化农业。马晓河（2015）认为目前为止，中国农业与二三产业融合发展主要有以下四种形式：（1）农业内部产业整合型融合；（2）农业产业链延伸型融合；（3）农业与其他产业交叉型融合；（4）先进要素技术对农业的渗透型融合。赵海（2015）根据不同的主导主体提出了四种农村三产融合模式：（1）农户主导型；（2）农民合作社主导型；（3）龙头企业主导型；（4）"互联网+X"型。李国祥（2016）认为除了"一体化"和"产业化"融合发展农村一二三产业的两种基本模式外，在大数据、云计算和"互联网+"等新技术影响和作用下，农村电子商务、社区支农、食品短链、农产品会员配送和个性化定制等新型经营模式不断涌现，催生了新的业态，这些模式都要在实践基础上加以总结和完善，并形成明显的政策引导和激励。张丽娜（2015）总结了黑龙江省农村一二三产业融合发展的几种基本类型，分别为"1+1"模式、"1+2"模式、"1+3"模式、"1+2+3"模式。陈文（2015）等学者将农民合作社作为"三产"融合的重要载体，因此在合作社的"三产"融合上进行了深入的探索，共总结了自我积累融合、联合发展融合、园区建设融合、对接企业融合、对外合作融合这五种融合模式。梁伟军（2011）总结了四种融合方式：（1）渗透型融合；（2）整合型融合；（3）交叉型融合；（4）综合型融合。

促进"地产地消"是日本发展"第六产业"战略的核心内容，目的就是将本地农产品加工、销售环节所产生的附加值保留在本地。"地产地消"主要有引入替代型和输出替代型这两种类型。引入替代型就是用本地农产品代替从外地引入的农产品加工原料和食品；输出替代型就是以加工产品输出来代替原料产品输出，通过农产品附加值的提高来实现本地农民的增收。产地加工型、产地直销型、旅游消费型分别是其三大产业形态。

李凤荣（2012）在分析了日本农产品"地产地消"流通模式的基础上，认为中国在解决"三农"问题上，可以参考借鉴其发展模式，但不可照搬照抄。姜长云（2015）将中国推进农村产业融合发展的条件与日本的进行比较后，认为中国可以借鉴其农产品"地产地消"模式，但不能将这种模式放在战略核心位置，因为在推进农产品"地产地消"的条件等方面，中国总体上不如日本优越。

2. 农业+旅游产业融合发展模式

农业+旅游是目前农村产业融合发展相对成熟的一种模式，相关研究也较多，但是从产业融合的角度来对此进行分析的学者相对较少。其中，周昌芹（2012）从产业融合的角度分析了浙江省农业旅游的融合动力、融合过程、融合效果。牛若玲（2014）对江西省新余市的创意农业与旅游产业融合基础、驱动机制、互动机制做了研究。陈琳（2007）基于产业融合的角度研究了农业旅游这一新模式，并详细分析了农业与旅游业的具体融合过程。伍婷（2014）基于融合模型分析了桂林市休闲农业旅游发展模式，并对这一发展模式中存在的问题提出了相应的对策建议。王琪延、张家乐（2013）根据对国内外旅游业和农业融合发展的研究，总结了其对中国旅游业与农业融合发展有借鉴作用的一些启示。刘孝蓉、胡明扬（2013）在分析了传统农业与乡村旅游融合互动的基础、动力、效益的基础上，针对农业+旅游这一产业融合模式细分出了农业文化旅游创意产业园模式、农业文化遗产园分时度假模式等5种具体模式。

（三）乡村产业融合发展问题

学者们通过案例研究探讨了村落在产业融合发展中存在的问题，包括针对中西部地区的农业大省（区）的宏观研究和针对一些具体的县市进行的微观研究，发现主要有以下几方面问题：

1. 产业融合发展不深、理念滞后

张丽娜（2015）发现三次产业发展融合不深是当前黑龙江省农村三产融合发展中存在的主要问题。游玉婷（2016）等在探讨了湖北省农村三产融合的发展现状后提出其主要问题是农业与二三产业融合程度较低。王道荣（2015）也发现宿州市三产融合发展面临的主要问题是其三产融合发展的理念滞后。

2. 新型农业经营主体发育迟缓

张丽娜（2015）、游玉婷（2016）、董荣奎（2015）、王道荣（2015）等都认为在农村三产融合发展中存在的另一大问题就是新型农业经营主体发育迟缓、融合主体引领作用不强。

3. 利益协调机制不畅

游玉婷（2016）认为利益协调机制不畅也是农村三产融合发展中的重要问题。董荣奎（2015）在分析了内蒙古三产融合发展现状后认为其企业和农牧民利益联结机制不完善是一大重要问题。

4. 财税金融政策支持不够

游玉婷（2016）认为湖北省农村三产融合发展中另一大问题就是财税金融政策支持不够。董荣奎（2015）也发现企业融资难是内蒙古农村三产融合发展中的一大难题。

此外，学者们还发现先进技术要素扩散渗透力不强、涉农公共服务供给不足、农产品市场体系发展不均、品牌建设落后等制约农村三产融合发展的问题。孟晓哲（2014）认为制约现代农业产业融合创新的问题主要是土地流转制度不健全、现代农业技术创新不足、产业结构严重割裂、配套发展相对落后。

（四）乡村产业融合发展对策

张义博（2015）认为实现农业全产业链的增值以及解决农民在整个农业产业价值链中遭遇的分配不公等问题是三产融合的核心，因此农村既可以当作三产融合发展的集聚地，又可以成为三产融合中某一个关键环节的发生地。马晓河（2015）指出目前中国农村三产融合还处于比较初级的阶段，并在此前提下提出了加快构建农村一二三产业融合发展的产业政策框架、建立农村产业融合发展基金等建议。孟春、高雪姮（2015）认为土地是三产融合中的核心问题并且提出只要符合国家法律和政策，符合改革方向，不管土地流转、土地入股、还是土地托管都可以探索。张丽娜（2015）、游玉婷（2016）、董荣奎（2015）、王道荣（2015）、袁德桔（2015）等都通过案例分析了农村一二三产融合现状，并针对各个问题提出了如继续深化农业农村改革、加快培育新型农业经营主体、建立和完善利益协调机制、完善和落实相关财税金融政策等相应建议。孟晓哲（2014）认为完善土地流转机制、提高现代农业科技水平、创新农村金融服务、加强现代农业配套改革等举措都将十分有利于现代农业产业融合创新。韩一军（2015）总结出了农村三产融合的五大战略意义并且认为应从横向、纵向、一体化三个角度分析推动农村三产融合发展的思路，最后提出了加快体制机制改革与创新、加快农产品和食品加工产业的发展、加快现代休闲农业的发展等五大建议。"农产品加工业及农村一二三产业融合发展保障措施研究"课题组（2015）归纳了阻碍中国一二三产业融合发展的四大体制因素：一是长期的计划经济体制；二是城乡分割的二元体制；三是生产经营体制；四是条块分割的农业管理体制。同时，课题组在此基础上提出构建支持农村三产融合发展的政策体系、强化支持一产优先发展的政策、调整和完善支持发展农产品加工业的政策、统筹支持发展服务业的政策、依法保障农村一二三产业的融合发展等政策保障措施。何菁菁（2010）、张峰（2015）都着重在金融支持方面做了相关研究。

二、乡村产业融合发展——何斯路村的可持续发展路径选择

何斯路村坐落于义乌市城西街道西北角的长堰水库上游，是一个典型的山区村。村口东黄线向南与义乌市区相连，向北与浦江市相接，与杭金衢高速公路上溪入口相距 5 千米。通过高速公路南距金华 34 千米，北距杭州 110 千米，距上海 305 千米，东距宁波 200 千米，西距千岛湖 120 千米。由此可见，何斯路村的交通十分便利，拥有良好的交通优势。村庄总面积 3.7 平方千米，耕地面积 375 亩，林地 273.96 公顷。现全村共有 442 户，户籍人口 983 人。

何斯路村处在亚热带季风气候区,其湿润的气候特别适合花卉、草木的生长。因此何斯路村的林木资源特别丰富,其坡上种植桃树等经济林木,坡下种植以水稻、蔬菜为主的农作物,形成特有的丘陵地带农业旅游资源。燕子坳古村落、何家祠堂、农家餐饮、明代古宅、何家大院(中国汽车制造第一人何乃民故居)、卧牛山岗以及志成湖这七处景观构成了何斯路村北斗七星状的村庄布局。

2008年之前的何斯路被列为义乌市贫困村,因其土地资源十分有限,村民又主要依靠土地生产生活(粮食生产仅仅能自给自足),导致村民的收入来源单一,村庄的发展速度十分缓慢。何斯路村村民大多以外出打工为主,劳动力的大量外流导致农业粗放式经营以及村庄的空心化。

2008年以后,新一届何斯路村两委在新农村建设的号召下,把发展壮大村级集体经济,提高村民收入作为村两委服务村民的主要目标,努力拓展何斯路村发展空间和经营领域。通过发展薰衣草特色产业以及延伸其产业链,积极推进何斯路村产业融合发展。何斯路村产业融合发展较好地解决了村级集体经济发展所面临的困境,基本实现了农业可持续发展、农民致富增收和农村繁荣富强等目标。2008年全村人均收入仅为4587元,而到了2019年,全村人均收入达到了49800元。通过这些年坚持不懈的努力,何斯路村先后获得"国家AAA级旅游景区""中国乡村旅游模范村""国家级生态文化村""浙江最美乡村"等荣誉称号。

(一)何斯路村产业融合发展的历程

1. 产业融合初期阶段(2008~2012年)

2008年之前,何斯路还是一个以农业生产为主的传统农业型村落,村民主要依靠土地生产生活,村民收入以农业收入为主,村庄经济发展十分缓慢。2008年之后,在新一届村两委的带领下,何斯路积极响应国家倡导发展生态农业的号召,大力发展乡村休闲旅游产业。在明确要将农业与旅游业融合发展之后,接下来的主要任务就是要确定一个具有核心竞争力和独特性卖点的特色产业。时任村委会主任的何允辉从浙江大学的朋友那里了解到薰衣草产业在中国是一个朝阳产业，薰衣草不仅具有独特的观赏价值，同时又可以带来相当可观的经济效益。因此，在了解市场行情以及对何斯路做了实地综合分析后，最终决定引种薰衣草，发展薰衣草特色产业，通过建设薰衣草现代农业基地，发展休闲观光农业旅游产业。

与此同时，何斯路在2008年对村口的主题广场、村民公园、志成湖、村庄道路、古民居、墙绘等进行改造，完成了村居整治和基础设施建设。同年，一部分村民去浙江省农科院学习薰衣草种植技术。由于耕地资源短缺阻碍了何斯路的发展，村委会于2009年组织村民按照自愿原则对土地进行流转，总共流转了365亩耕地，100亩自留地。同年创办了薰衣草种植基地，于上半年从美国引进了1万株薰衣草花种，但由于气候、土壤等原因，这1万株花种均未成活。此后，于下半年又从新疆伊犁引进薰衣草试种，经过不断的摸索，最终于2011年将薰衣草的死亡率降低到60%以下并且将薰衣草的种植规模扩大到114亩。2013年，为了进一步扩大薰衣草种植规模，何斯路与新疆西域集团合作，在新疆种植了4000多亩薰衣草。

薰衣草种植规模的扩大为薰衣草庄园的落成与薰衣草产业链一体化发展奠定了基础。2012年3月，村集体自筹资金以外包的方式建设龙溪香谷薰衣草园（薰衣草庄园一期），主建木栈道、围墙、风车、售票处等景观，于5月28日竣工，庄园面积达2300平方米，建设资金270万元。同年开园，以义乌市政府来何斯路举办旅游节作为开始，何斯路村薰衣草庄园逐渐产生效益，政府也逐渐加大对其投入。2013年5月，何斯路村通过义乌市财政补贴、城西街道补助、村集体自筹部分资金的方式，对外承包薰衣草庄园二期工程，主要是改造梅溪、玻璃房。2014年继续改造梅溪、建设喷泉等，总面积达17000平方米，工程合计455万元。同时，为解决薰衣草花期短的问题，何斯路还引进了马鞭草、四季玫瑰、月季、虞美人、鼠尾草、大红袍等20多种与爱情有关且易成活的花种，使薰衣草庄园全年都有鲜花盛开，供游客观赏。

何斯路在发展薰衣草种植业的同时，还积极投资、开发农业产业链。为了延伸农业产业链条，提升薰衣草附加值，满足市场的多样化需求，何斯路着手开发薰衣草系列产品。在2012年，何斯路引进了法国的精油提炼机器，采用法国普罗旺斯地区稀有的古法水蒸气蒸馏，进行薰衣草精油的提炼。此外，何斯路还委托上海、江西、新疆、广东等地具有良好资质的加工企业对薰衣草进行深加工，生产出包括精油、香包、护肤品、枕头等70多种产品。与此同时，何斯路还与台商独资企业上海丰贵食品有限公司进行合作，开发薰衣草系列糕点产品。在销售方面，除了在薰衣草庄园园区内进行薰衣草系列产品销售外，何斯路还采取委托销售代理的方式对薰衣草系列产品进行销售，每年销售额大约七八百万元，何斯路与加工、销售企业共享利润。

为促进何斯路村各产业更好地融合发展，2011年5月，何斯路成立了义乌草根休闲农业专业合作社[①]，希望借助合作社这一经营载体，发展壮大何斯路村集体经济。合作社以何斯路生态山水自然资源为基础，挖掘富有乡村特色的旅游开发项目，打造乡村生态休闲旅游度假区，提供会务、餐饮、观光等多种乡村生态休闲服务。

合作社在建社之初，就请专家对何斯路的生态资源（山林、池塘、树木、花草等）进行评估，算作生态股份，生态股份归全体村民即村集体所有。整体村庄生态资源股份占总股份的25%，每年根据实际收益通过年终分红的形式分配给村民，每一个何斯路村的村民都会受益，真正达到利用生态资源实现农民创富增收的目的。剩余的75%按照资本换股本的原则，允许在外发展的何斯路人和社会人员进行招商引资。其中75%的资本股由两部分组成：81.18%由何斯路村村民持有，11.82%是社会招商引资的结果，属于何斯路的外来资金。合作社初始资金大都来自全村村民，合作社的股东95%都为何斯路村民，这就为村庄未来发展限制外来资本控制、保障村民共享发展利益创造了有利条件。

义乌草根休闲农业专业合作社依托股份制结构使分散的农户经营团结起来，实现利润共享，抵御市场风险，带动了何斯路村经济的发展。

2. 产业融合中期阶段（2012~2014年）

薰衣草产业的顺利发展，为村庄的发展带来了充足的资金积累，何斯路

[①] 合作社注册资金433.1万元，农民成员为179人，法人代表何允辉。到2015年为止，合作社共有288名成员。合作社总资产约1亿元，其中薰衣草庄园占30%（基础设施投入1000万元左右），斯路何庄占50%（基础设施投入3800万元左右），另外还有山地车集训中心，剩余股份份额每年都会有所变化。合作社资产所有权归集体所有，但红利归村民所有，其中5%的利润用于村集体。

在2012年推进乡村美食街建设，依托村庄原有的志成湖，打造志成湖农家乐餐饮基地，基地内有"乡野吧""舌尖上的生态烤鱼"等农家乐，售卖特色薰衣草糕点、薰衣草麻糍、农家土馄饨、肉饼、凉茶、麦角等美食。同年，斯路何庄的建造也逐步开始推进，并于2013年建成完工，于2014年投入使用。斯路何庄是集住宿、餐饮、商务等多重功能于一体的酒店，其一期主楼高六层，不仅拥有各类中式全景观客房，而且还拥有独立的豪华别墅，二期建筑面积逾一万平方米，拥有90多间客房以及6个大小不同的会议室。斯路何庄除了主营浙菜以及金华本地菜外，还积极将川湘等美食引入庄园内，满足各地游客不同的口味需求。庄园除了300余人餐位外，还有10余间装修典雅的豪华包厢，更有可同时容纳200余人的多功能宴会厅。除斯路何庄外，何斯路还推进了民宿项目的建设，为农民增收拓展新渠道。现主要有"村花客栈""随园""乡野吧""志成湖农庄""青青客栈"等为代表的二十家民宿、四五家农家乐。房屋出租和农家乐民宿的收入大约是每年二百万元。斯路何庄对民宿进行统一的标准化管理，例如为民宿提供由薰衣草加工制成的生活用品，这不仅为前来观光的游客提供了标准的优质服务，同时也宣传了具有村庄特色的薰衣草产品。

此外，何斯路还积极做强做大其传统曲酒产业，其家酿黄酒由于品牌的效应，每年吸引大量游客购买。自何斯路村成立以来，村里家家户户每年都有酿造黄酒的传统，但当时由于村庄落后，阻碍了曲酒产业的发展，村民酿出来的曲酒大多都是自己喝或者送亲戚。何斯路曲酒产业真正达到顶峰是在薰衣草特色产业发展得如火如荼的时候，家酿黄酒借助薰衣草产业的东风，通过每年12月18日举办的第四届何氏家酿曲酒节，成功将何氏家酿品牌打出市场。何氏家酿曲酒节邀请了相关专家对各家各户的曲酒进行评比（黄酒比赛）并且颁发证书，按等级出售。同时还在当天举办戏曲表演、宴请游客等活动。在薰衣草特色产业的知名度和美誉度不断扩大的背景下，"何氏家酿"曲酒产业也因为品牌效应蓬勃发展，现在何斯路的黄酒加工散户每年每户平均收入达到了六七万元。

何斯路村还建立了专门的何氏酒文化陈列馆，向游客展示何氏家酿曲酒的选料、制曲、蒸饭等全套工艺流程的模型，使游客们充分了解其家酿曲酒的制作全过程。此外，还通过每年一届的何氏家酿曲酒文化节，向参观者充分展现何氏家酿曲酒的文化和历史传承。通过以上举措,不仅进一步发展壮大了何氏家酿曲酒产业,提高了其特色曲酒产业的知名度和美誉度,而且还实实在在地提高了何斯路村民的收入。

与此同时,伴随着移动互联网时代的到来,何斯路村主动搭上"互联网+"的快车,与时俱进,继续拓宽经营范围,促进产业深度融合,以更好地实现农民增收。本书所指的"互联网+",是指一个产业或行业与互联网相结合,充分利用互联网的创新成果,提高产业或行业发展效率,推动产业或行业快速发展。何斯路在各产业逐步发展稳定后,顺应时代潮流,主动拥抱互联网,积极参与到互联网之中。何斯路通过采用"互联网+薰衣草"的方式,创新对外推广传播的途径。通过建立官方网站、微信公众号、贴吧等方式,快速传播何斯路薰衣草特色产业相关信息,吸引广大游客来何斯路观光旅游,大大提高了其美誉度和知名度。人们可以在官方网站上浏览薰衣草简介、预订门票、查询路线等;可以在微信公众号上了解薰衣草庄园活动、特色美食以及何斯路最新民俗活动动态;可以在贴吧上浏览游客评价以及照片。此外,在斯路何庄建成并投入使用后,何斯路积极与各大在线旅行商合作,于 2014 年 6 月 4 日分别与携程、去哪儿网、艺龙网、驴妈妈等签订合作协议,游客们可以提前在这些网站上预订酒店,同时还可以了解景物照片以及游客评价。

3. 产业融合后期阶段(2014 年至今)

何斯路村薰衣草产业融合前期与中期的顺利发展,使得何斯路村薰衣草产业的知名度与美誉度越来越大。何斯路逐渐将目标瞄准到会展、商业等产业上来,发展新型旅游方式——会展旅游、会议旅游等商务旅游。何斯路村借助各种传播途径,不断对外推广与传播薰衣草特色休闲观光旅游产业,吸引全国各地乃至全世界的各级团队来何斯路开展会议、会展等商务旅游。

据老年大学何校长的纸质记录、口述等不完全统计,从 2014 年至 2016 年,何斯路村累计接待团队 500 余个,30000 余人。2014 年共接待团队 40 个左右,总人数约 2220 人,团队大多来自金华各县(市、区)、义乌乡镇,少部分来自非洲,我国台湾地区、河北省等地,团队人员大多为金华市下辖县(市、区)领导、村两委干部、党员代表、村民代表等,他们来何斯路大多以参观、学习为主。2015 年共接待团队 200 多个，分别来自马来西亚、尼泊尔等 66 余个国家及国内 22 个省，总人数达到 10000 人，国内团队大多数来自东南沿海及中部省份、金华各县（市、区），团队人员大多为政府部门各级领导，他们大多来何斯路参观学习、开展会议。2016 年共接待团队约 300 个，人数达到 18000 人左右，团队来自全国各地乃至全世界各地，团队人员除政府各级领导外，还有来自银行业、保险业等各行各业的人才，他们在此除参观学习外，还开展各种培训、会议、会展等活动。2019 年，何斯路村接待游客总量达到 33.8 万人次，接待来自世界各地的学习团 625 批，见表 7-1。

表 7-1　　　　2014~2019 年何斯路村接待团队统计表（部分）

年份	人数（人）	团队数（个）	团队来源
2014	2220	40	金华各县（市、区）、义乌乡镇为主；非洲，我国台湾地区、河北省等
2015	10000	200	东南沿海及中部省份、金华各县（市、区）为主；马来西亚、尼泊尔等
2016	18000	300	全国各地、世界各地
2019	338000	625	全国、世界各地

资料来源：何斯路村委会。

除了发展乡村旅游，何斯路村还积极拓展相关产业。目前，何斯路村已经形成了融旅游、文创、影视、学习型经济等多种经济业态为一体的综合型经济形式。至此，何斯路产业融合后期发展目标初显成效，何斯路村也基本实现了各产业融合发展。

（二）何斯路村产业融合发展的现状

如今，何斯路村各产业融合发展状况良好。薰衣草种植加工销售一体化，不仅能够满足游客从观光到购买产品的需求，也使得薰衣草的价值链得以被充分挖掘。薰衣草庄园、志成湖农家乐餐饮基地、民宿、斯路何庄等为村民们提供了许多就业岗位，使得村民们可以充分参与到村落的产业融合发展建设中来，并且在家就可以就业创收。尤其是制作成本低的何氏家酿曲酒，曲酒销售目前已成为村民收入的重要组成部分。

何斯路村未来规划在尊重村庄历史文化的基础上，对一些古建筑进行规划开发，以推进村落生态休闲旅游产业的进一步发展。譬如，何斯路十分注重传统文化的建设，因此将建设一所传统国学学校，吸引立志于研究国学的爱好者前来学习；同时何斯路还将筹划建立乡村博物馆，主要呈现一些农村特有的东西，如农具、农民的收藏等。因何斯路村具有很强的文化融合能力，村民有部分人信仰基督教，为满足村民宗教信仰自由的权利，村庄规划在未来建设基督教堂。何斯路未来的村庄产业设计始终坚持创新、协调、绿色、开放、共享的发展理念，建立具有何斯路特色的休闲观光农业产业。

三、何斯路村产业融合发展环境的 PEST 分析（2008~2016 年）

PEST 分析法是利用政治、经济、社会、技术四个影响因素分析一个企业或者组织或者行业发展所处的宏观环境优劣、面临的机遇与挑战的分析方法。何斯路村产业融合发展的宏观环境，我们认为政治因素主要是政府对何斯路村产业发展的各项支持政策包括资金、项目方面的支持；经济因素主要是经济增长导致的城乡居民农业消费需求的变化，义乌乃至浙江省浓厚的创业、创新氛围的熏陶；技术因素主要是何斯路薰衣草种植技术的突破与互联网技术的进步。为了研究的需要，本章选取何斯路村产业融合发展的关键时期作为分析依据，展开较为详尽的阐述。

（一）政治环境

政府对"三农"发展政策、资金、项目上的支持为何斯路村产业融合发展提供了良好的政治环境。从各方面来看，义乌市政府对何斯路的"三农"投入力度只增不减，特别是在交通、通信等基础设施建设方面为何斯路村产业融合发展提供了良好的硬件环境。政府对"三农"的极大重视，不仅有利于调动起农民对发展农业、农村经济的热情，而且有利于吸引一些来自工业、服务业、高新技术等产业的投资者进军农业，促进农业与相关产业融合发展。

在2009年的时候，义乌市开始加强加快坡地改造、土地流转、中低产田改造的步伐，鼓励农业产业化，鼓励创办农民专业合作社。于是，村委会开始鼓励村民以自愿原则进行土地流转，当年合计流转365亩耕地、100亩自留地。只要村民土地流转超过80%的，即可享受失地农民的政府补贴政策，即一次性交纳8000元养老保险金，60岁后就可享受385元/月（逐年上涨）的社保。村委会将土地连接成片，解决了村庄发展耕地资源紧张的问题，流转后的土地分别由薰衣草庄园承租110亩和五家种植大户各承租50亩左右。

正所谓"先修路，后致富"。在基础设施方面，何斯路村将改善基础设施建设作为村庄发展的先决条件。何斯路村将基础设施和村落风貌先于产业发展，为之后的产业融合发展奠定了良好的基础。2006～2011年间，在"浙江省农房改造建设示范村"900万元项目资金的支持下，何斯路村完成了对房屋、主要景点、村落整体建筑的美化；对垃圾、污水以及公厕与池塘的洁化；对池塘、山体等的绿化。在2010年开始的"空心村改造"项目中，何斯路村的危房和违章建筑均被拆除，一些有价值的古建筑也均得以修缮。此外，还特别规划加强了包括村内道路、电力电信设施、防灾减灾设施等的村落基础设施建设。以上举措不仅为何斯路村营造了良好的村落风貌，同时也为何斯路村产业融合发展奠定了基础。

在薰衣草庄园建设方面，2011年薰衣草的成功试种为薰衣草庄园建设奠定了基础。2012年3月，村集体自筹资金以外包的方式建设龙溪香谷薰衣草园（薰衣草庄园一期），庄园面积达2300平方米，建设资金270万元。之后，义乌市农办、街道配套合计补助基础设施建设经费的80%，此外，义乌市农办为减少其薰衣草种植负担，对种植薰衣草的田地每年每亩给予800元的补贴。2013年5月，何斯路村通过义乌市财政补贴、城西街道补助、村集体自筹部分资金的方式，对外承包薰衣草庄园二期工程，总面积达

17000平方米，工程合计455万元。

在村落旅游项目建设方面，义乌市财政给予何斯路142万元的补助，帮助其于2012年5月建成全长10千米的山地自行车赛道。此自行车集训中心不仅用于举办赛事，更是用于吸引更多的游客。此外，义乌市农办还给予何斯路200万元的资金补助，帮助其规划建设了"美食街""志成湖景区""乡村美食街北进口停车场"等设施，用以充分挖掘村庄内部的整体旅游资源。

（二）经济环境

消费是经济增长的基础性动力，农业消费是其重要组成部分。农业消费主要指城乡居民对农业原产品（动植物产品）、加工品和涉农服务性产品的消费。依据消费的用途不同，可分为农业物质产品消费和农业精神产品消费。

伴随着经济的不断发展，人们的收入水平逐渐提升，现代城乡居民的农业消费已从被动消费转变为主动消费，要求的不仅仅是物质产品的消费，更需要精神层面的丰富。这为何斯路村农业与相关产业融合（农村产业融合）提供了十分有利的市场条件。通过农业产业融合，何斯路村改变传统农业发展模式，利用相关产业的技术成果、经营理念等，不仅对外提供优质、健康的薰衣草系列产品，更提供了蕴含在薰衣草产业中的丰富精神产品。

近年来在长三角地区，尤其是江浙沪地区，伴随着人们的闲暇时间越来越多、可自由支配的收入不断增加、汽车家庭化越来越普及，出城休闲度假方式更为人们所接受。人们的旅游方式越来越多元化，出城郊型短线商务、休闲度假旅游备受人们青睐，特别是在一些大城市地区，这种新型度假旅游方式逐渐成为一种社会时尚。

表7-2是2010~2015年浙江省、义乌市人均GDP、城镇居民可支配收入及生活消费支出情况。可以看出，2010~2015年期间，浙江省的人均GDP、城镇居民人均可支配收入以及生活消费支出都在逐年上升，义乌市的这些指标也都在逐年上升，并且远远高于浙江省平均水平，体现了浙江省尤其是义乌市城镇居民强大的消费力，何斯路村周围的消费市场潜力巨大。

表7-2 浙江省、义乌市人均 GDP、城镇居民人均可支配收入及
生活消费支出情况（2010~2015年） 单位：元

年份	浙江省			义乌市		
	人均 GDP	城镇居民人均可支配收入	城镇居民生活消费支出	人均 GDP	城镇居民人均可支配收入	城镇居民生活消费支出
2010	51711	27359	17858	84225	35220	24202
2011	59249	30971	20437	98052	40078	26080
2012	63374	34550	21545	107484	44509	29525
2013	68804	37851	23257	117013	48962	30914
2014	73002	40393	27242	127280	51899	31586
2015	77644	43714	28661	136002	56586	34184

资料来源：浙江省统计年鉴、金华市统计年鉴、义乌市统计年鉴。

表7-3是2009~2016年浙江省旅游市场情况变化表，表7-4是2009~2015年金华市旅游市场情况变化表。从表7-3和表7-4可以看出，浙江省和金华市年接待境内外游客量与旅游收入均呈现稳定快速增长的态势，这也说明何斯路村不仅在吸引国内游客，在吸引国外游客方面都具有不可估量的市场前景。

表7-3 2009~2016年浙江省旅游市场情况变化表

年份	接待境内游客（亿人次）	同比增长（%）	接待境外游客（万人次）	同比增长（%）	旅游总收入（亿元）	同比增长（%）
2009	2.44	16.8	570.6	5.7	2643.7	17.5
2010	2.95	20.9	684.7	20	3312.6	25.3
2011	3.43	16.25	773.69	13	4080.33	23.18
2012	3.9	14.1	865.9	11.9	4801.2	17.7
2013	4.34	11	866.3	0.00	5536.2	15.3
2014	4.79	10.21	931.03	7.47	6300.6	13.81
2015	5.25	9.73	1012.04	8.78	7139.14	13.04
2016	5.73	9.13	1120.3	10.7	8093.23	13.36

资料来源：浙江省旅游局。

表7-4　　　　　　2009~2015年金华市旅游市场情况变化表

年份	接待境内游客（万人次）	同比增长（%）	接待境外游客（万人次）	同比增长（%）	旅游总收入（亿元）	同比增长（%）
2009	2356.04	16.2	53.2	8.7	223.68	17
2010	2882.71	22.4	62.7	18	283.61	26.8
2011	3531.36	22.50	72.73	13.6	344.26	21.4
2012	4105.14	16.3	77.70	6.8	399.59	16.1
2013	4834.36	17.8	79.9	2.6	490.31	22.7
2014	5897.88	22	84.13	5.6	620	26
2015	6989.67	18.51	97.9	16.32	756.62	22.03

资料来源：2009~2015年金华市国民经济和社会发展统计公报。

由此可见，随着人们收入水平的逐步提高，人们的消费水平也随之提高，人们越来越注重精神消费，何斯路村发展农业休闲旅游产业市场前景广阔。节假日深入农村品尝农家菜，体验民宿，参与农事活动，呼吸农村新鲜的空气，享受农村清新、幽美的环境已成为大多数城市居民的首选。同时，由于何斯路位于全球最大的小商品集散中心、全国优秀旅游城市义乌，拥有便捷的公路、铁路、航空等交通条件与绝佳的区位优势。这些都给何斯路产业融合发展带来了广阔的市场前景与蓬勃发展的动力。

（三）社会环境

何斯路村处于义乌市乃至浙江省这样一个富有创新、创业精神的区域内，村民们深受这种氛围的熏陶，早年间在村庄特别落后的时候村里的年轻人纷纷出去闯荡、打拼。凭借不屈不挠的精神，何允辉等一群人物闯出了一片天下。当他们功成名就之时，他们回过头来用这样一种创新、创业的思维来发展落后的家乡。凭借着这样一种创新、创业的激情，以何允辉为带头人的乡村精英与乡贤能人群体通过利用早年积累的村内外社会网络与物质资源来促进何斯路村产业融合发展。

除创新、创业这样一种良好的社会氛围促使了何斯路产业融合发展外，以何允辉为首的乡村精英、乡贤能人群体所提供的强大的村内外社会网络与物质资源也在何斯路村产业融合的过程中起到了不可或缺的作用。何允辉作为村支书和村主任，从对内社会网络角度看，在统筹谋划村庄的发展之初就将在外经商、志同道合的乡村精英、乡贤能人团结起来，积极发挥其作用，解决了村庄发展的初始资金问题。同时，由于何斯路村内大部分村民受教育程度不高，其产业融合理念相对滞后，通过积极笼络在村内有较高威望、决定着何氏家族大小事务的宗族精英，帮助其顺利开展产业融合发展工作事半功倍。从对外社会网络角度看，何允辉、何忠南、何文奇等人起到了重要作用。作为义乌市人大常委的何允辉，对于上层政策具有很高的政治敏感度，在薰衣草产业发展过程中争取到了极大的政策扶持；何忠南是何斯路村的党建负责人，对外联系义乌市各级党政机关，因其早年在义乌工商学院就读，因此凭借其强大而密集的学缘关系促进了上级政策的落地生根；村会计何文奇凭借9年的会计事务处理经验以及与街道政府的密切联系，为何斯路村获取了众多旅游资源与项目扶持。

（四）技术环境

技术创新及渗透扩散引发的技术融合，是产业融合的前提条件，技术融合是产业融合的基础和重要内容。何斯路村村民创造的薰衣草种植技术以及互联网技术的快速发展应用都为何斯路村产业融合发展提供了重要的技术支撑条件。

薰衣草作为一种香料经济植物，花色优美、高贵迷人，同时具备良好的药用、保健、化工等价值，是集彩化、香化、绿化、休闲于一体的、具有独特观赏价值的植物。薰衣草在阳光充足、气候凉爽的条件下以及沙质土壤里较易存活，而何斯路村处在亚热带季风气候区，降水丰沛的水热条件以及粘性、酸性的红壤土质都不利于薰衣草的存活。2008年何斯路村在引种薰衣草之前，组织村民去浙江省农科院学习薰衣草的培育、种植等技术，第二年便从美国引进1万株薰衣草花种，由于对薰衣草生长条件预判不够深入加之土质和气候的差异性，这1万株花种全部凋谢死亡。初期的失败使得技术人员和村民更执着、更坚定地探索适合本地区的种植方式。一位村民在偶然的机会中发现根部韧性较强的植株在冬季也能存活，根部韧性较差的植株即使移栽室内也不能存活。由此受到启发，根部的韧性可能是影响薰衣草存活的关键。之后，村民在何兰的带领下，积极查询资料，请教经验丰富的专家、花农，并去新疆、内蒙古、山东等地考察探索。在这三年的不断摸索中，村民将理论与其他地区的种植经验与何斯路的实际情况结合起来，创造了"三次发根法"，极大地提高了薰衣草的生存适应能力，使得薰衣草的死亡率从100%降低到20%以下。随着探索的一步步深入，何斯路村薰衣草种植规模也逐渐扩大。2009年下半年从新疆伊犁引进了15亩薰衣草，2010年又扩大到30亩，2011年达到114亩的规模。

可以说，何斯路村村民自主探索的薰衣草种植技术为薰衣草产业与其他产业融合提供了重要的技术保障。此外，互联网技术的快速发展也为何斯路村的产业融合发展创造了不可或缺的技术条件。利用互联网技术不仅可以将何斯路的各个产业内容通过网络平台展示给游客，游客们还可以根据自身的需要，进行网络咨询、何斯路旅程规划、预订酒店（农家乐）、服务接待等操作。与传统的推广营销模式相比，互联网技术的发展不仅使何斯路村创新了推广营销模式，而且也为全国各地的游客们提供了便利，游客们可以利用大数据找出最符合自己需求的产品。由于互联网技术的普及，信息不对称的现象也逐渐减少，极大地拓宽了何斯路村发展的市场。总而言之，互联网技术的发展为何斯路村各产业的进一步融合创造了可能性。

四、何斯路村产业融合发展的路径与绩效分析

（一）何斯路村产业融合发展的路径分析

路径是个地理学概念，它原本是指存在于多种计算机图形设计软件中的以贝塞尔曲线为理论基础的区域绘制方式。这一解释由"图论"中"路径"一词的解释演变而来。现在多指途径，即从起点通往终点的通路。根据以上解析，本书将村落的产业融合路径定义为能够实现村落各产业融合发展的途径与方式。

本书认为何斯路村产业融合发展方式主要有以下四种：农业产业链延伸型融合、农业与其他产业交叉型融合、先进要素技术对农业的渗透型融合、农业与其他产业关联型融合。农业产业链延伸型融合，即以农业为中心向前后链条延伸。将种子、农药、肥料供应与农业生产连接起来或将农产品加工、销售与农产品生产连接起来，或者组建农业产、供、销一条龙。农业与其他产业交叉型融合，主要指农业与服务业之间的交叉融合。先进要素技术对农业的渗透型融合，比如互联网技术的快速推广应用，既模糊了农业与二三产业间的边界，也大大缩短了供求双方之间的距离，这就使得网络营销、在线租赁托管等成为可能。农业与其他产业关联型融合主要指农业与会展、商业等产业的融合。每个发展阶段都有着不同的融合方式，每种融合方式也对应着不同的融合性质。在整个村落产业融合发展的过程中，随着产业间的边界逐步被打破，各个产业利用自己的资源优势、技术优势、创新优势、市场优势等加深对另外产业的渗透与合作，产业之间不断地耦合。同时产业在融合加深过程中，每个融合方式相互推进、相互作用，直至两个产业甚至多个产业完全融为一体，具体融合过程可以分成三个阶段，见表7-5。

表7-5　　　　　　　　何斯路村产业融合路径研究

发展阶段	融合对象	融合方式	融合性质	融合结果
初期阶段（2008~2012年）	农业（种植业）+休闲观光	农业产业链延伸型融合	功能融合	薰衣草庄园
	加工制造业			薰衣草系列产品
	批发零售业			
中期阶段（2012~2014年）	餐饮业	农业与其他产业交叉型融合	产品融合	志成湖农家乐餐饮基地
	住宿业			民宿、斯路何庄
	批发零售业			曲酒
	互联网技术	先进要素技术对农业的渗透型融合	技术融合	官方网站、微信公众号、贴吧、在线旅行商：去哪儿、携程、艺龙、驴妈妈等
后期阶段（2014年至今）	会展、会议、商业	农业与其他产业关联型融合	市场融合	会展旅游、会议旅游、商务旅游

1. 初期阶段：农业产业链延伸型融合

初期阶段的产业融合路径主要是农业产业链延伸型融合。农业产业链延伸型融合具体表现为薰衣草产业链延伸式的融合，即薰衣草产业与休闲观光业以及加工制造业、批发零售业的融合，融合结果表现为薰衣草庄园的出现以及薰衣草系列产品的推出与销售。

从创办薰衣草种植基地到掌握种植技术，何斯路村一直致力于稳步扩大种植规模从而逐级提升产业价值链。首先是薰衣草种植业与休闲观光业的融合。单纯的薰衣草种植业远远不够发挥薰衣草本身的美化观光价值，同时也不能充分创造应有的经济价值。何斯路村就地取材，通过村集体自筹资金以外包的方式建设龙溪香谷薰衣草园（薰衣草庄园一期）来美化薰衣草田周边环境，木栈道、围墙、风车、售票亭等景观在一期工程中逐步建造完成。在义乌市政府举办旅游节的契机下，正式开放庄园。后来在各级财政支持下，不断完善薰衣草庄园基础设施与景观设施，并逐步引进不同品种的薰衣草与多个与爱情有关的花种，来弥补薰衣草花期短的缺憾。此时的薰衣草种植业已经与休闲观光业进行了充分融合，发挥了休闲、观光等多种初级功能，薰衣草由传统的种植业向现代休闲观光农业转型。

其次是与薰衣草产品加工制造业的融合。薰衣草种植业与休闲观光业进行融合后，门票的收入为何斯路村带来了可观的经济收益。而薰衣草系列产品的研发、制造、加工，可以更深层次提升薰衣草的附加值，满足市场的多样化需求。2012年，何斯路村分3步研发制造薰衣草系列产品：（1）引进精油提炼设备，采用古法水蒸气蒸馏进行薰衣草精油的提炼，研发出纯露、香皂、香包等20多种薰衣草产品，并进行专利申请；（2）委托异地加工企业对薰衣草进行深加工，生产出精油、护肤品、枕头等70多种产品；（3）与食品加工企业进行合作，开发薰衣草系列糕点产品。研发加工制造三步走让薰衣草系列产品孕育而生，何斯路村于2013年成功注册了以薰衣草系列产品为主的"龙溪香谷"品牌①，此时的薰衣草产业不仅能"看"，而且能

---

① "龙溪香谷"品牌核定使用商品包括肥皂、洗洁精、薰衣草油、香草油、化妆品、薰衣草水、香水、口气清新片、空气芳香剂、果酒、开胃酒，等等。

"闻"、能"吃"、能"用",加工制造业与休闲观光业为何斯路村的薰衣草产业插上了腾飞的翅膀。

最后是与薰衣草系列产品的批发零售业的融合。薰衣草系列产品的研发制造丰富了薰衣草全产业链,批发零售业的融入促进了薰衣草产业的传播与推广。何斯路村的大部分薰衣草系列产品采取委托销售的形式承包给销售商销售,一部分置于薰衣草庄园内供游客购买,一部分薰衣草系列洗护用品供给住在斯路何庄和民宿的游客使用体验。批发零售业的融入大大提高了薰衣草产业的经济效益,至此,薰衣草产业从单纯的一产扩展到二、三产业,围绕薰衣草的种植与加工进行"观光"—"研发制造"—"批发零售"各个环节的融合,初期的产业融合已经大致完成并实现了预期的目标。

2. 中期阶段

中期阶段的产业融合路径有两条:一是农业与其他产业交叉型融合,二是先进要素技术对农业的渗透型融合。

(1) 农业与其他产业交叉型融合

农业与其他产业交叉型融合表现为薰衣草产业与乡村的餐饮业、住宿业、批发零售业之间的交叉融合,融合结果表现为志成湖农家乐餐饮基地、民宿、斯路何庄的出现以及曲酒的销售。

随着薰衣草庄园的不断壮大及薰衣草产业的蓬勃发展,何斯路村的知名度也越来越高。何斯路村开始致力于融合更多的产业,创造更多的附加值。初期阶段休闲观光、加工销售的产业链虽发展态势良好,但仍有较大的发展空间。正是在这种情况下,在初期的各产业发展良好的基础上,何斯路致力于延伸更长的产业链。首先是融入餐饮业,2012 年,何斯路村对以志成湖为中心的美食街进行改造,依托村庄原有的志成湖,打造志成湖农家乐餐饮基地。志成湖农家乐餐饮基地的建成满足了游客们对美食的不同需求。"乡野吧""舌尖上的生态烤鱼"等农家乐售卖的特色薰衣草糕点、薰衣草麻糍、农家土馄饨、肉饼、凉茶、麦角等美食不仅满足了游客们舌尖上的享受,更为何斯路特色美食打出了响亮的招牌。

其次是融入住宿业。住宿业的融入可以满足游客们想在何斯路村多呆一些时日、深入了解何斯路村、感受何斯路村等心愿。何斯路村通过斯路何庄的建设以及民宿的开发实现住宿业的融入。斯路何庄是集住宿、餐饮、商务等多重功能于一体的酒店，可以满足游客们的多重需求。此外，村民们也将自家住房打造装修成不同特色的民宿，为游客们提供休息场所，满足一些想要体验农家住宿的游客的需求。何斯路村现有民宿二十家左右，民宿的建设不仅为游客们提供了具有"乡土气息"的住宿环境，更为村民们带来了可观的收入。斯路何庄对民宿进行统一的标准化管理，例如为民宿提供由薰衣草加工制成的生活用品，这不仅为前来观光的游客提供了标准的优质服务，同时也宣传了具有村庄特色的薰衣草产品。

最后是融入曲酒产业。通过曲酒产业的融入，丰富何斯路村已有的产业，在宣传何斯路曲酒文化的同时创造更多经济价值。酒曲酿酒作为中国酿酒的精华所在，在何斯路村，从明代开始，何氏先祖以特制红曲配天然罗井山泉酿造出何氏家酿红曲酒。游客来何斯路村，品何氏家酿，赏魅力薰衣草，不失为一种中西方交融的独特体验。何氏家酿曲酒也是馈赠亲友的上好佳品，游客们在结束何斯路之行时都会购买一些回去赠送亲友或者自行珍藏。

（2）先进要素技术对农业的渗透型融合

中期阶段的另一条产业融合路径是先进要素技术对农业的渗透型融合，即进行技术上的融合，利用当今的互联网技术，拓展更大的市场和多元化的营销渠道，具体融合结果表现为官方网站、微信公众号、贴吧等的建立以及与去哪儿、携程、艺龙、驴妈妈等在线旅行商签署了合作协议。

互联网技术的融入使得何斯路村不仅创新了对外推广传播的途径，而且简化了交易方式，降低了交易成本。相对于何斯路之前传统的线下旅游营销模式，例如旅游博览会、旅游交易会、推介会等，受时间、空间、财力、物力等成本的影响很大，而互联网技术融入之后，何斯路村的官方网站、微信公众号、贴吧以及各大在线旅行商给潜在的游客们提供了精彩生动的图片、精彩直观的视频、真实客观的评价等有效信息。同时，也可以通过互联网技术及时灵活地调整何斯路景区营销宣传的内容和方式。

可以说，互联网技术的普及应用给何斯路村各产业融合发展带来了全新的机遇。何斯路村主动把握住新机遇，将已有的大产业与互联网技术相融合，通过何斯路官方网站、微信公众号、贴吧以及去哪儿、携程、艺龙、驴妈妈等在线旅行商，向世人们展示何斯路村的薰衣草特色产业、特色民宿、曲酒文化等各大产业以及现有产业融合发展的结果。

在薰衣草产业与其他各产业融合到一定阶段后，初期单纯的内部产业链延伸型融合与中期各产业的交叉型融合以及先进要素技术对农业的渗透型融合已经完成，各产业也从初步的磨合开始相互推进、共生共荣。

3. 后期阶段：农业与其他产业关联型融合

产业融合后期阶段也可以说是产业融合市场拓展阶段，因为在这一阶段的主要任务就是进行市场拓展。市场拓展，就是不断开拓、扩展服务市场和产品市场。这一阶段何斯路村产业融合的任务更加艰巨，因为要在原有的基础上扩大市场。这一阶段的产业融合路径主要是农业与其他产业关联型融合，具体表现为薰衣草产业与会展、商业等产业的关联型融合，融合结果表现为会展旅游、会议旅游、商务旅游等新型产业的出现。义乌是全国乃至亚洲最大的小商品城，向来以频繁、发达的商务活动著称，每年由政府部门举办的招商会、投资洽谈会、商品交易会等不计其数，对商务活动的场所有很大的需求。同时，由于各种会议档次的不断提高，参会者需求的不断转变，人们越来越希望离开喧嚣的城市，在安静、自然的环境中，以轻松、愉悦的心态商谈合作事项。何斯路村正是看到了此类市场前景，开始致力于开拓更大的市场，积极发展会展旅游、会议旅游、商务旅游等多种新型旅游方式，以促进何斯路各产业发展。

何斯路看到了政府公务人员的商务旅游这一巨大的市场，因为中国拥有世界上最多的公务员，达七百多万人。每年公务人员的各种会议、视察、调研活动数不胜数，其活动所形成的商务旅游便是一个巨大的市场。因此，何斯路积极通过各种途径将自己宣传出去，吸引全国各地乃至全世界各地的团队前来开展商务旅游。迄今为止，何斯路村每年接待来自全国各地的政府部门参观学习团队大约有三四百个，此外，还有一些来自马来西亚、尼泊尔等国家的外国团队、我国台湾等地区的参观学习团队。这些团队大多以来何斯路村参观、学习其发展经验为主，开展会议为辅。

此外，每年还有许多来自银行业、保险业等各行各业的团队来参观了解何斯路村并在此开展培训学习。同时，何斯路村还承接各种会展，至今已开展过书画会展、石头展览会等多种会展旅游。

会展旅游、会议旅游、商务旅游等新型旅游方式是一个朝阳产业，何斯路将在已有的所有产业的发展基础之上，不遗余力地开拓新型产业，努力做到各产业齐头并进，相互交融，促进何斯路村各产业深度融合发展。

（二）绩效分析

1. 改善村落产业结构

何斯路村薰衣草产业从无到有，逐渐落地生根，再到与休闲观光业、加工业、零售业、餐饮业、住宿业等各产业融合发展，改变了村落产业结构单一、发展空间不足的状况，调整了村落各产业比例关系。原先何斯路村的产业状况主要以种植业为主，村里坡上只种植经济林木，坡下种植水稻兼蔬菜等，后来开始种植薰衣草等观赏性植物，并且在此基础上不断延伸产业链，使得村落的产业从单纯的种植业发展到休闲观光业、加工与零售业、餐饮业、住宿业等其他多种产业共同发展的局面，村落整体产业结构从一产为主转变为一二三产融合，多层次产业齐头并进。

2. 提升产业竞争力

何斯路村各产业融合后形成了以薰衣草为主的、多产业共生共荣的产业价值链。与融合前相比较，融合后的大产业不仅创造了新的经济动力引擎，拓展了利润空间，而且大大提升了产品的附加值与农业产业竞争力。

以薰衣草产业链延伸式融合中的环节为例，若初期的薰衣草休闲观光业没有与加工零售业融合，那么休闲观光业带来的收入仅仅只是门票收入。从2012年开始，虽然门票收入逐年递增，但只维持在九十万元左右。在薰衣草休闲观光业与加工业、零售业融合之后，仅薰衣草系列产品每年的销售额就达到了近一千万元（包括村庄内部每年两百万元的销售额与委托销售代理的每年七八百万元的销售额）。同时，民宿与农家乐作为产业融合中产生的新型经济增长点，从当初的零基础到现在民宿20多家，农家乐4家，创造的年收入高达200万元，取得的惊人的发展成绩正是产业融合的结果。

随着何斯路村农业产业竞争力的提升、市场的不断扩大，各种资源也不断涌入何斯路村，主动融入何斯路村产业发展当中，促进何斯路各产业共同蓬勃发展。产业竞争力的提升吸引外部资源的融入，而外在的资源又可以为产业融合注入新的动力，两者相辅相成，相得益彰，为未来何斯路村打造一个集休闲观光农业、生态旅游、文化生活于一体的高品质产业集群添砖加瓦，增添动力。

3. 推动村集体经济增长

薰衣草产业与其他各产业的逐步融合，不仅增强了何斯路产业整体的竞争力，另外最显而易见的就是壮大了集体经济，使得何斯路村在众多经济名村中脱颖而出。2008年的何斯路村是义乌市贫困村，人均收入不到4587元，村集体负债16.8万元。村庄劳动力大量外流、农业粗放经营、村庄环境脏乱差是当时何斯路村的写照。截至2019年，在各级政府、村两委、村书记、村民以及社会多方支持下，产业融合后的何斯路村村民人均收入达到了49800元，村集体资产超过1亿元，成为以薰衣草产业为主的特色乡村旅游示范村。

何斯路村产业融合效应吸引了大量游客，推动了村级集体经济的增长。村集体经济的增长主要来自以下几方面：薰衣草庄园门票、薰衣草系列产品的销售、斯路何庄等。薰衣草庄园自2012年开园以来其门票收入逐年提高，均在90万元左右，景区的日均参观人数由100多人增长到200多人，最多的一天人数达到10000人，景区知名度由义乌辐射至全国；园区内部设有薰衣草加工产品的直销点，面向游客出售，部分薰衣草产品还在农家乐、民宿、斯路何庄销售，产品获得游客们的一致好评，仅村庄内部薰衣草产品的销售额每年约200万元，此外，还有委托销售代理的每年七八百万元的销售额；斯路何庄作为何斯路村的标志性建筑，集住宿、餐饮、商务、会议等多功能于一体，每年大概创收200万余元。

4. 增加村民收入

2008年的何斯路村还是贫困村，村民收入单一，以外出打工和种粮为主。薰衣草产业与各产业的融合发展，给何斯路村村民带来脱贫致富、开放发展的机遇。薰衣草庄园与斯路何庄的管理维护、服务接待为本村村民提供了大量的就业岗位；薰衣草庄园植株的种养、修剪等工作，为原先土地流转后

"失地"的农民提供了工作岗位；农家乐、民宿的逐步兴起，使得村民们足不出户就可以在家创业致富；何斯路村曲酒家酿等特产的销售又给村民带来创收新渠道，现在村庄黄酒加工散户每年每户平均收入达到了六七万元。

以上就业岗位和渠道都为何斯路村村民带来了收入的增长，何斯路村村民人均收入从2008年的4587元增长到2012年的22420元，再到2015年32800元，2018年达到43580元，2019年更达到49800元。收入水平和生活水平发生质的飞跃，得益于产业融合发展给各产业在融合过程中带来增值空间。现在村民的主要收入来源包括固定资产收入（房屋出租）、经营性收入（黄酒销售、农家乐、民宿、美食）和村庄内部工资性收入。图7-1为何斯路村村民2008~2019年人均收入变化情况。

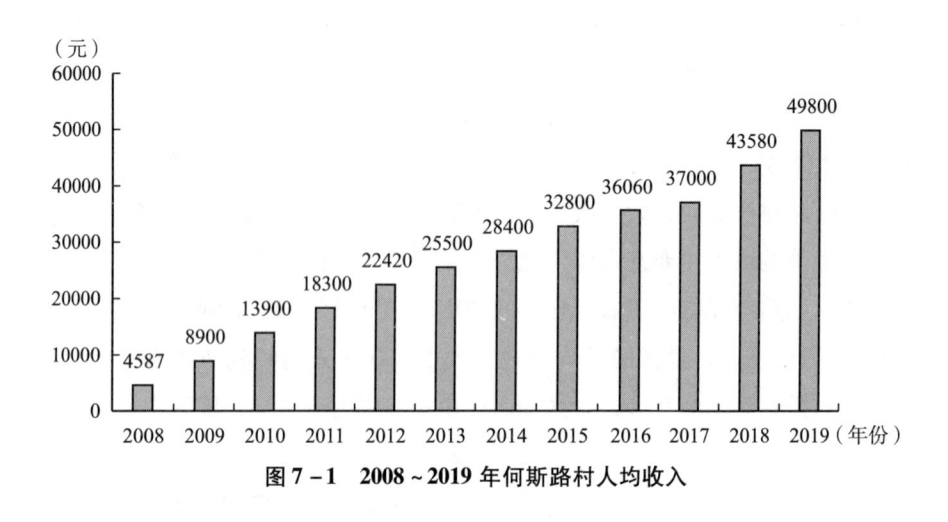

图7-1 2008~2019年何斯路村人均收入

五、何斯路村产业融合发展研究结论与启示

（一）何斯路村产业融合发展过程中存在的主要问题

1. 农民的产业融合发展理念相对滞后

长期以来，何斯路村村民都沿袭着传统农业发展模式的思想，思想的固

本化导致了何斯路村村民产业融合发展理念上的滞后。他们只管守着自己的一亩三分地，而不去想怎么样才能在一块地上创造出更多的价值，更别提产业融合的理念了。

在产业融合初期，多数村民对村书记何允辉的做法表示不能理解，甚至拒绝配合。何书记深知要突然改变村民的思想是不可能的，他只能通过实际行动把自己的想法付诸实践，慢慢地让村民们看到产业融合带来的好处，然后潜移默化地改变他们的想法，使产业融合这一理念深入人心，促进何斯路村产业融合大发展。

2. 缺乏新型职业农民与专业人才

何斯路村在产业融合发展中一直面临的问题之一就是缺乏新型职业农民与专业人才。笔者分析原因如下：第一，虽然产业融合为村民创造了众多岗位，但经济条件较好的村民因为村庄远离市区、交通不便、居住环境较差、空间小、机会少等问题，同时为了让下一代得到更好的教育，在城里稳定就业后便搬离村庄，不愿意再做农民，导致村庄剩下的多数为妇女、儿童和老人；第二，村民普遍缺乏发展现代农业、农业产业融合思维，"小农经济"的观念贯穿人心，制约了何斯路村产业融合的顺利发展；第三，2008年以前的何斯路村是一个十分落后、交通闭塞的小山村，粮食仅仅能自给自足，更别提一些专业培训、学习机会了。何斯路村村民根本没有机会去学习、接触新的农业知识，提升自己的职业技能。同时，何斯路村集体的落后也使其无暇顾及专业人才的引进。

3. 村庄资源利用效率有进一步提升空间

一个村庄产业的发展离不开围绕村庄的内外资源的整合，何斯路村产业融合发展虽已步入后期阶段，但村庄内部仍存在明显的资源利用效率不高的情况。村内现有人力资源利用效率低下，存在任人唯亲的现象，对于人才未进行合理有序分类，发挥其能力；土地资源未得到充分开发利用，存在部分荒置现象；燕子坞古村落、何氏祠堂、明代古宅、何家大院等特色的建筑资源未完全开发利用；民宿和农家乐经济也未在农户中全面推开，等等。何斯路产业融合发展还存在很大的发展潜力，尤其是在现在乡村旅游的同质化现象严重，民宿、农家乐等旅游热点基本村村都有的形势下，如何在不破坏村庄原有自然资源前提下最大限度地挖掘、利用村庄内外部资源，并且将村庄独有的一些传统文化资源融入产业的各个环节中，形成特色的村庄产业优势成为产业融合可持续发展的一大难题。

（二）何斯路村产业融合发展进一步完善的着力点

1. 加强农民发展意识教育，培养产业融合发展理念

加强农民发展意识教育，培养产业融合发展理念必须通过各种形式让农民意识到产业融合发展的重要性。首先，可以通过别的村产业融合发展的成功案例让其知道产业融合的优越性和必然性。带农民去案例村考察，让他们真真切切感受到产业融合发展给一个村庄以及农民们带来的好处（农民实实在在增收了、日子过得越来越宽裕了、车子房子票子越来越多了）。其次，可以通过广播、定期举办讲座等形式宣传产业融合的概念、发展的重要性以及如何实现等相关知识。要在潜移默化中不断培养农民的产业融合发展意识，组织农民们学习相关知识，使产业融合发展理念深入人心。

总之，就是要通过各种"柔性的教育"改变农民观念，帮助农民们克服小农经济、自给自足、小富即安的小农意识，使其树立大胆尝试、开拓创新、勇于竞争的精神，争取能让每一个农民都能够积极投身到何斯路村产业融合发展的建设中来，为何斯路村的美好明天出一份力。

2. 培养新型职业农民，加大引进专业人才的路径与力度

新型职业农民的培育以及专业人才的引进是何斯路村产业融合快速发展不可或缺的条件之一，主要可以从以下几方面入手。第一，注重何斯路村农民职业教育的发展。村委会可以选拔一批具有一定基础和素质的村民到农技站、涉农高校、省（市）农科院以及相关科研院所进行技术培训与理论学习，努力做到与时俱进，掌握最新技术水平和动态消息，不断提升专业技能以及创新能力。此外，还可以定期请专家到何斯路村为农民提供专业的培训和指导。第二，改善何斯路村生产生活条件。不仅要从教育、医疗、交通、

通讯等软硬件方面改善农村基础设施条件，而且还要通过待遇的提升等各种优惠福利吸引、留住高素质、高学历的如薰衣草种植和管理人才、村庄规划和管理人才、产业拓展营销人才等专业人才，共同建设何斯路村的未来，为何斯路村的发展创造更多的可能性。

3. 统筹发挥村庄资源优势，最大限度培育和提升村庄竞争力

为促进村庄产业融合的可持续发展，必须统筹发挥村庄资源优势，最大限度提升村庄竞争力。第一，在吸收、引进村内外各项专业人才之后，根据其专业特长对不同层次的人才进行分类安排，做到物尽其用、人尽其才。第二，采用新型土地经营管理理念与开发利用技术提高土地资源利用率，争取在有限的土地上创造出无限的价值。第三，继续开发燕子坳古村落、何氏祠堂、明代古宅、何家大院等特色的建筑资源，深入挖掘何斯路村的文化底蕴，充分展示其独一无二的人文内涵。总之，要积极探索灵活、可持续的村庄资源有效利用模式，结合现代化发展理念，充分融合何斯路村的自然资源、人文资源、建筑资源等，统筹发挥村庄资源优势，使得何斯路村能够在未来各种新形势下，于众多村庄中脱颖而出，展现自己强大的竞争力。

（三）何斯路村产业融合发展的几点启示

我们认为，尽管何斯路村在产业融合发展的过程中存在一些问题与不足，但仍有许多值得其他精准脱贫后的村域进行三产融合运作借鉴的地方。有条件进行农村三产融合的已脱贫农村可以在吸取何斯路村产业融合发展经验启示的基础上，妥善避开或提前解决其产业融合发展过程中遇到的问题，扬长避短。何斯路村三产融合过程中值得借鉴的地方可以归纳如下。

1. 因地制宜发展"新奇特"产业

何斯路在2008年之前还是贫困村，如今各产业融合发展良好最关键的因素是在农业产业的选择方面做到了新、奇、特。物以稀为贵，不稀就不贵，何斯路一开始在农业产业的选择上就坚持要在村落原有资源的基础上发展别人难以复制的特色产业，在当时，薰衣草产业在义乌市乃至全国还是一

个有待于大力拓展的产业,市场机会巨大。直到目前为止,中国也仅新疆有大面积种植,且产量较低,种植与开发薰衣草产品仍属于一个朝阳产业。何斯路正是瞄准了薰衣草这一特色产业的巨大市场发展潜力,在了解市场行情并请专家对何斯路村做了实地综合分析后,最终决定引种薰衣草,发展薰衣草特色产业。在薰衣草这一特色产业的基础上,何斯路村后来致力于延伸农业产业链,拓展农业的多重功能,使得何斯路村各产业最终能够共生共荣,融合发展。

2. 尊重村民主体权利,发挥村民主人翁优势

一个村庄的发展,关键在于村庄的主体——村民,村民的利益维护了,整个村庄的利益也就巩固了。在产业融合初期,何斯路村就成立了义乌市草根休闲农业经济合作社(2011),并对村内自然资源进行股份制改造。其中,25%的股份为何斯路村全体村民所有(村集体自留5%,20%可以用来分红),这部分股份是身份股、生态股,由何书记请来专家对村内生态资源进行专项评估测价,并将其折算成股份,每个村民可享受"不花一分钱、免费享有1000股"的权益。以原始股方式入股合作社使得每一位村民的利益都有了保障,并且使得村内的生态资源与村民有了更加紧密的联系。此外,通过这种方式还将村集体的水域、自留山、土地、古林木等生态资源有效盘活,挖掘和提升了经济价值,年终还可按实际收益进行分红,形成"一草一木皆股份、男女老幼皆股东"的格局。另外75%的股份为资金股,靠资本运作,由村民和工商资本认购。

此外,通过为村民提供大量就业岗位将整个何斯路村的命运与每个个体村民的利益紧密绑在一起,成为利益共同体,最大限度地发挥村民的主人翁作用。村民在村内就可以实现就业,创造收入。通过在薰衣草庄园内担任管理、看护等职位,在斯路何庄内担任清洁等岗位,一方面让村民看到了村庄产业融合发展的成效、产业融合发展的市场前景,消除质疑,增加信心;另一方面,增加村民收入,解决产业融合发展中职位空缺的问题。

3. 融入乡土文化,体现乡村特色

一个主打乡村旅游的村落,必须拥有并展现其独特的人文内涵和乡土文

化，这样才能在千千万万的旅游型村落中独树一帜。何斯路村将村内每个角落都打造成乡土传统文化的传播点和展示地。作为村庄十景之一的村全景画，何斯路村将村庄的整体风貌以水墨画的形式展现在游客面前。同时，何斯路村发挥墙体文化潜移默化的作用，积极发动、组织村里的离退休教师用漫画、书法等形式将村内历史文化名人以及村特色酒文化等内容在村庄的墙体上形象地描绘出来，打造出别具一格的乡村"文化长廊"。"文化长廊"不仅提高了村庄的人居环境，而且向游客们展示了何斯路的乡土文化历史，使游客和村民在欣赏优美的墙体文化的同时还能受到教育和启发。

此外，何斯路为了弘扬何氏曲酒文化，还专门打造了酒文化陈列馆。游客们可以在何氏酒文化陈列馆中看到何氏家酿曲酒的选料、制曲、蒸饭等工艺流程的模型。同时，为了促进村庄酒文化的发展以及曲酒产业的提升，何斯路村特意为其打造发展平台，通过每年举办的何氏家酿曲酒文化节，不断扩大其知名度。

4. 充分发挥乡村精英与乡贤能人作用

乡村精英与乡贤能人作为一个村庄发展的领导者和推动者，对家乡都有很强的回归情感，在自身发展成功的同时愿意反哺家乡，建设好家乡。在外经商成功的何允辉看到自己的家乡发展如此落后、乡风民俗日益颓败，自告奋勇回到家乡投身于家乡建设事业的发展。在村庄发展初期，成功竞选村主任的何允辉自掏腰包改善村庄基础设施和村庄景观。同时，何允辉还联同其他三位返乡创业的商业精英提供薰衣草产业发展初始资金 100 多万元，并且挖掘何斯路村的深厚文化底蕴，团结全体村民力量，发展特色的乡村休闲旅游产业。正是有了这些具备创新意识、管理组织能力、号召力的乡村精英的带领，何斯路村的发展才能从无到有，一步一个脚印，循序渐进步入正轨直至今日各产业融合发展。

5. 积极探索外部多元化合作，不断推动产业融合发展

何斯路村作为一个薰衣草产业为主导、多产业融合发展的乡村休闲旅游村庄，在产业融合的过程中，形成了"政村"合作、"校村"合作、"资村"合作等多种合作格局。第一，在产业融合初期起步阶段，政府的政策与项目,如"浙江省农房改造建设示范村""空心村改造"等项目的扶持与各级政府对一期、二期薰衣草庄园建设的补贴及推广都为何斯路乡村旅游产业的发展奠定了坚实的基础。第二,何斯路村充分利用高校等的资源,促进村庄产业融合更好地发展。从2008年与浙江大学建立校村合作关系到现在与浙江师范大学农村研究中心签订实习基地协议,高校资源的借用为何斯路村产业融合发展的具体定位、战略规划等都明晰了方向,同时提供了具体的乡村建设操作指导并且将何斯路村的发展经验与模式进行输出与推介。第三,积极引入外来资本参与到何斯路村产业融合发展中来,通过面向社会"招商引资",吸引一些对斯路村发展有兴趣的个人、企业等主体入股投资。

第八章

"飞地"投资模式助推脱贫对象可持续发展 WY 县实践研究

集体经济薄弱是制约精准脱贫对象可持续发展,致使其再一次返贫的一项重要的因素。因此,全面消除集体经济薄弱村是增强农村基层组织整体功能、推动农村经济社会发展的重要保障,是中国扶贫工作的重要内容,是打赢脱贫攻坚战的"杀手锏"。消除集体经济薄弱村成为精准脱贫后时代返贫治理的一项重要工作抓手。2017 年,中央 1 号文件就明确提出:要发展壮大村级集体经济,从实际出发探索发展集体经济有效途径。为此,各省都明确了消除经济薄弱村的时间期限。

WY 县原为浙江省 26 个欠发达县市之一,发展基础较为薄弱,近年来,WY 县积极探索发展途径,村集体和村民收入都得到一定提升。但从整体上看,WY 县村级集体经济自身"造血"功能不强、发展渠道不宽、发展潜力挖掘不够、发展不平衡的现状尚未得到根本改变。以薄弱村为单位进行自我发展存在诸多困难:地区偏远、交通不便、基础设施落后、村级财力薄弱、村班子不给力等。目前,为破解发展难题,WY 县市成立了专门负责解决集体经济薄弱村发展的国资公司,在县市层面抱团发展,利用规模聚集效应,突破镇域、村域限制,采用"统一规划、建设、经营和分配收益的模式,集中分配若干村的集体留用地和财力"发挥国有企业的带动作用,实现统一消薄。进一步探索出了"飞地"发展的新路径,突破县市地域限制,对于条件相对优越的"飞地"则增加相应的资源配比,比如,将村自筹资金、存量建设用地、消除集体经济薄弱村的扶持资金优先提供给这些地方，通过入股下属全资国资公司的方式，联合建设物业经济等可持续发展项目，并由国资公司统一运营，实现资源互补、优势互补、多方共赢的局面。

一、WY 县"飞地"项目现状

为了进一步发挥乡村振兴战略中的引导作用，推进农村现代化，实现农村集体经济的多元化发展。2015 年底，WY 县工作报告中规定，要求 3 年内完成"消薄"任务，因此县委、县政府之间应该加大力度，强强合作，并创建出"双增"工作攻坚组，结合《WY 县全面消除集体经济薄弱村三年行动计划的实施意见》，攻下消除集体经济这一个壁垒。

县政府于 2015 年对全县经济薄弱村进行了摸底，WY 县 546 个村中符合省定标准的集体经济薄弱村有 243 个、占 44.5%。薄弱村占比大，并且这些经济薄弱村集体产业不旺。村集体经济收入主要来源于集体资产租赁发包、资源入股分红、生态公益林补偿等财政补助资金。为了全面消除经济薄弱村，2016 年 WY 县挂牌成立 WY 县投资发展公司，吸收了 WY 县部分薄弱村投资入股，通过 WY 县投资发展公司统筹 WY 县经济薄弱村集体经济投资项目，实现经济薄弱村增收的目的。

（一）WY 县投资发展公司情况介绍

1. WY 县投资发展公司运作机制

（1）投资机制

WY 县投资发展公司的全称为 WY 县农村集体经济投资发展有限公司，公司的注册资本为 100 万元，经营范围为资产管理、项目投资和开发等。公司由县政府出资和经济薄弱村集资两种方式筹资，授权 WY 县农业局履行出资人职责。投资机制采用的是政府和经济薄弱村集资合作，由 WY 县投资发展公司负责项目投资的管理模式。WY县投资发展公司项目引进、园区规划和管理，各集体经济薄弱村村支部负责组织村民集资、土地出让、村投资大会等。公司经营收入除去管理费用后，收益按照各方投资股份比例进行分成。

（2）管理机制

公司设立董事会，成员3人，其中董事长1人，职工董事1人，总经理1人；设置监事会，成员3人，其中职工监事2人。董事会成员由县政府委任。公司内部设综合管理部、项目业务部和风险管理部三个部门。综合管理部主要负责公司的行政、财务工作；项目业务部主要负责公司项目的审查、实施工作；风险管理部主要负责项目的风险控制、法律事务、资产管理等工作。在招商引资及项目实施的过程中，WY县投资发展公司要根据WY县实际情况及各经济薄弱村的资源现状，引进适宜的项目及进行保本增值的投资，以确保出资人的资金安全。

第一，招商管理。WY县投资发展公司主要负责项目招商、审核及批准。并根据招商需要积极协调土地等资源，通过租赁、出让等方式将集体用地先转让给WY县投资发展公司，再由WY县投资发展公司进行土地使用规划。

第二，项目事务管理。在WY县投资发展公司的管理中严格按照"小政府，大社会"的要求，对政府职能进行了有效的整合，最大程度减少了管理层次，以实现高效管理。WY县投资发展公司负责项目的统一管理，负责引进项目的工商税收、安全生产、海关检验、环保等。

（3）利益分配机制

WY县投资发展公司根据项目的投资额度及投资回报率预估，制定每个项目的利润分配机制。大部分项目采用前几年（具体根据项目定）包租固定回报和投资收益分红两种方式，即物业类项目，根据出租实际收益回报分红；购买经营权和投资水电站等项目根据实际利润分红。同时项目多数采用抱团联建方式开展，有效解决WY县部分无发展资源、无法消薄的薄弱村的经营性收入问题，建立消薄托底机制。

（4）协调机制

目前WY县投资发展公司建立以WY县政府及投资企业负责人作为召集人、有关部门参与的联席会议制度，并定期召开联席会议，及时高效地沟通信息，制定加快项目建设的政策措施，解决开发建设、管理工作中的问题。

针对重大事项和工作合作，由 WY 县投资发展公司、投资村集体及项目合作人进行协调解决。WY 县投资发展公司通过这种沟通机制进一步深化了 WY 县政府和投资商、经济薄弱村之间的共识，巩固了合作基础和项目推进效率。

2. WY 县投资发展公司发展现状

为消除经济薄弱村，WY 县投资发展公司自 2016 年成立后，大力推进乡镇抱团消薄项目，共立项乡镇抱团项目 9 个，涉及薄弱村 92 个，项目总投资 6710 万元，补助金额 3890 万元。壶山街道统筹 15 个集体经济薄弱村共同入股，将原桃溪滩中学闲置危房 1.32 万平方米教学楼改造成标准厂房，年租金收益达 160 万元；西联乡牵头原 16 个集体经济薄弱村，将自筹和财政扶持资金 640 万元，以村集体名义入股浙江牛头山旅游开发有限公司，联建牛头山景区牛角山庄酒店，截至 2020 年 2 月，薄弱村已获得投资分红收入 256 万元；大溪口乡 9 个薄弱村投资入股大溪口电站等 3 个电站项目，村均年收益 4 万元以上。2019 年，基于 WY 县和 HN 市的合作意向，开始筹措开展"飞地"项目建设。目前，总投资 3 亿元的 WY 县—HN 市"飞地"扶贫科创产业园合作项目现已落实土地指标 87.62 亩，重点引进高科技企业和省八大万亿产业项目，发动 134 个无发展资源的薄弱村投资入股，每个村一年预计可以增收 4~5 万元。

（二）WY 县"飞地"项目概况

1. "飞地"策略介绍

（1）项目概况

WY 县做好城乡建设用地增减挂钩节余指标跨县域调剂的相关组织申报工作，三年内给予 HN 市 200 亩以上的调剂指标。2019 年安排落地不少于 80 亩，用于 WY 县经济薄弱村集体经济投资项目建设。项目预计总投资 3 亿元。

（2）产权主体和实施主体

计划由 WY 县和 HN 市共同出资在 HN 市设立投资建设股份有限公司

（"飞地"项目的具体实施单位，以下统称 A 公司），A 公司注册资本 3 亿元，WY 县出资 1.2 亿元，占注册资本的 40%，HN 方出资 1.8 亿元，占注册资本的 60%。A 公司设董事会成员若干人，董事长由 HN 方人员担任，设监事会成员若干人，监事长由 WY 县投资发展公司方人员担任。项目建设所形成的资产归 A 公司所有，WY 县投资发展公司方和 HN 方按投资比例持有。项目具体由 A 公司承担建设，WY 县投资发展公司方派员协助。

（3）政策支持

HN 市通过挂牌出让方式将项目用地出让给 A 公司（出让地价按工业园区供地市场评估价）。该项目土地计划指标由 WY 县在 2019 年 11 月底前落实到位。项目建设后招商以 HN 市为主，重点引进符合 HN 市产业发展规划的高科技企业和省八大万亿产业。

2. "飞地"策略初步试验

2018 年 6 月，WY 县和 HN 市两地签订了共建 WY 县—HN 市山海协作生态旅游文化产业园的战略协议，拉开了"飞地"合作序幕。经过近 2 年的发展，两地在政府机构、民间企业、基层群众等方面进行了全面、广泛的交流。2019 年 5 月，HN 市委市政府选派 2 名干部挂职 WY 县，分别挂职县政府副县长、产业园管委会主任和县府办副主任、管委会副主任。管委会搭建、规划深化编制、招商工作启动等工作紧锣密鼓地开展起来。期间全省山海协作工作推进会之后，WY 县委第一时间召开常委会，传达贯彻山海协作工作推进会精神，并制订了任务分解清单，下发给各职能部门进行专题研究落实，全面推动产业园加速建设。

随着产业园的启动，WY 县及 HN 市各相关部门开展了各个层面的合作，两地旅游、农业、总工会、供销社、机关工委等部门分别签订了旅游、农业农村、职工疗休养、机关党建等合作协议。2019 年 5 月，WY 县在 HN 举办旅游推介会，设立农产品展示展销专柜，17 个 WY 县企业品牌、上百种 WY 县农特产品入驻 HN 市名特优产品展示展销中心。经过 WY 县政府常务会议审议，正式印发了《WY 县山海协作茶文化产业园建设前期工作方案》。目前，茶文化产业园建设前期的 14 项工作已全面展开。各部门各司其职，积极响应，农业局与管委会联合发文开展了茶叶加工集聚区入驻意向调查，

103家茶厂参与调查；王宅镇摸清了茶文化产业园土地流转面积，制定了土地流转、征用方案；国土局确定了茶叶加工集聚区红线范围。

（三）WY县谋划"飞地"项目原因

1. 现有集体经济投资项目成效不显著

（1）投资效益回报偏低

表8-1为WY县投资发展公司投资收益率。从表中可以看到，WY县投资发展公司的投资收益率并不高，最高的为电站项目和菜市场改造项目，投资回报率分别达到16.88%和16.90%，其次为旅游项目，投资回报率为16%，标准厂房项目投资回报率为11.62%，物业经营权购买项目仅为5.26%。

表8-1　　　　　　　WY县投资发展公司投资收益率

投资项目	项目收益（万元）	投资总额（万元）	投资回报率（%）
标准厂房项目	380	3270	11.62
物业经营权购买项目	50	950	5.26
旅游项目	96	600	16.00
购置电站项目	184	1090	16.88
杨家菜市场改造项目	49	290	16.90
WY县—HN市"飞地"抱团项目		30000	

（2）投资途径狭窄

从WY县投资发展公司现有的投资渠道来看，投资的种类不多，主要有五类，分别为标准厂房项目、物业经营权购买项目、旅游项目、购置电站项目、杨家菜市场改造项目。从这些投资项目来看，大多是一些常规的消薄项目，但与WY县特点结合不紧密，且随着近几年项目的实施，已难以找寻其他具有可行性且有高回报的项目，甚至存在有资金，却没有项目可以投资的现状，导致资金沉淀，资金使用绩效不高。

（3）投资效益不可持续

WY县投资发展公司现在的经营方式主要是依靠"资产经营"和"资

本经营"相结合的"双轮驱动"发展模式,各项目均需要大量的资金和资源支持。而随着项目的不断引进,WY县土地资源逐渐枯竭,政府投入资金也不断增大,村民融资越来越困难,这就使得WY县投资发展公司遭遇严重的资金和资源瓶颈。此外,从目前几个物业出租合同来看,普遍以3~5年合同为主。根据WY县经济发展现状来看,在接下来10年、20年能否达到现在的收益水平还很难说。在WY县,大多数的投资项目不仅投入了大量的资金,而且所需周期较长,才能回收项目资金,这些都影响了持续收益的能力,因此WY县投资发展公司采取的依靠消耗大量资源的粗放型经济增长方式目前已经不可持续。

2. WY县选择"飞地"模式的依据

"飞地"区域合作目前多数是采用经济发达地区飞入经济欠发达地区的模式,以解决发达地区工业用地逐年递减、用地用工成本问题,提高欠发达地区人均收入,调整产业结构等。随着区域经济合作的不断发展,部分地区根据双方实际情况,也探索出了反向飞入的"飞地"新模式,WY县投资发展公司和HN市"飞地"模式即选用的反向飞入模式,即由欠发达的WY县飞入发达区域HN市,模式选择主要考虑的依据如下:

(1) WY县客观条件

首先,从地理位置上看,WY县地处浙江省中部,多数区域为山区,人们的收入水平不高,没有与之匹配的基础设施等硬件,所以交通设施网络存在等级不高、密度不充分等问题。萤石储量和温泉资源丰富,但是与之配套的产业开发不足,融资环境与产业发展需求不够协调,金融支持乏力。由于WY县经济欠发达,外出务工人员较多,没有与之匹配的人才资源,自然也就不具备相应的自主创新能力。对于WY县而言,虽然有县级的工业园区,但是其地处内陆山区,很难引起大企业和高新技术产业的兴趣,加之受到客观因素影响,存在以下几方面的弊端:

第一,大量的耕地被占用。现阶段,WY县规划的工业园区有约20.77平方千米,有37个工业区,并且还在持续增长中,预计将达到40平方千米,但是入驻的工业企业并不多,无形中造成了土地的浪费。

第二,招商力量不足,因WY县工业园现利用率不足,因此县政府给每个单位都规定了招商引资任务。这就造成了单位与单位之间，采用压低土地价格的方式争夺项目，最终导致一部分引资的单位，采用垫付土地差价款的方式引资，无形中造成了国有资产的流失。因此WY县投资成立了WY县投资发展公司统筹全县招商。由于WY县投资发展公司本身成立不久，且缺乏专业人才，招商渠道狭窄，在招商项目的评估上存在不足，以往的集体经济投资项目收益并没有达到预期。

第三，现有企业规模小，能够带动县域经济发展的项目少。虽然WY县给出了很多优惠的政策，但是由于地理位置不佳，专业人才难以招聘，很难吸引到高科技企业，政府也很难快速增长财政收入，同时需要持续支出财政，最终导致政府长期的财政赤字。

第四，环境制约。WY县属于内陆山区，现有产业层次较低，技术水平、基础设施和沿海发达城市相比存在很大的差距，因此投资环境不具有吸引力，这就使产业发展受到明显制约。此外，WY县温泉资源丰富，而温泉资源的维持需要环境保护，因此WY县更加适合于开发旅游项目而不是工业项目。如果强行在WY县发展工业，势必影响当地的生态环境，对于当地农业及旅游业的发展都存在不利影响。

解析以上几方面的内容可知，现阶段的WY县发展工业的基本条件并不具备，但是目前县内存在多个经济薄弱村，需要有新的投资渠道和方式来带动薄弱村的经济发展，提高政府财政收入。和HN市的山海合作项目也不能以一般的区域经济合作模式进行简单的复制，必须找到一个符合WY县实际情况的合作模式。

（2）HN市合作基础

2001年在浙江省全省扶贫暨欠发达地区工作会议上提出的山海协作项目，经过3年的筹划于2004年正式实施。山海协作工程是浙江省的重点工程，对于一些经济不发达的地区，通过政府引导、推动和鼓励的方式，让发达地区的企业与不发达地区之间优势互补，并且各个省直机关还可以从卫生、教育、科技等方面，支持不发达地区的发展。预计截至2021年，浙江省的工业产业园将围绕共同富裕示范区建设，把工作的重点放在工业产业园、文旅产业园和"飞地""园区"的质量和绩效的提升方面，相较于2012年，将实现2021年工业产业园区的产值、亩均税收、亩均等方面的稳定增长；另外，2022年的援建资金将向乡村振兴示范区项目及促进低收入群众增收、消除集体经济薄弱村、增强教育卫生等社会发展类、开展人才引育和技能实训、改善公共基础设施等项目倾斜。

在土地政策方面，国务院在《2007年国土资源工作要点》中针对耕地提出了具体的要求，不断优化调控并统筹规划土地，基于耕地保有量指标，有效地落实并保护耕地，要求各级政府依据相应的指标，压缩工业土地，提升民生用地，确保土地能够满足基础设施建设所需。HN市位于中国长江三角洲南翼、浙江省北部，在嘉兴市所有县级行政区中GDP排名第一，是嘉兴市工业化最发达的区域。但是目前HN市共有工业园120个，现有的工业用地指标逐年减少，绝大多数的企业之所以不能进入工业园区，很大一部分原因是没办法获得建设用地，HN市之所以经济、产业难以发展，很大一部分原因就是土地。

从以上分析可以看到，HN市有大量的高科技、高效益企业愿意入驻工业园，但是由于工业用地指标限制导致入园困难，而WY县有大量的工业规划用地，但是由于地理位置、基础设置等基础条件导致高科技、高效益的企业不愿意进驻，其生态环境也不适合大力发展工业，使得WY县工业用地指标使用不充分。此外，WY县存在经济薄弱村较多、财政赤字过大、农村闲散劳动力不能有效转移等问题，急需找到一条经济持续快速发展的途径。在此基础上，WY县和HN市的"飞地"项目的最佳合作方式是用WY县的工业用地指标补偿HN市指标，建立"反向工业飞地"。

二、基于DPSIR模型的WY县"飞地"项目运作管理分析

（一）DPSIR模型简介

DPSIR模型在之前主要用于研究环境科学，诸如环境评价、绿色可持续发展等研究内容上，主要用于系统地研究分析人类与自然的相互作用。DP-

SIR模型具有五个要素，分别是驱动力、压力、状态、影响和响应。这五要素将系统发展的各部门串联起来，并蕴含了很强的因果关系。驱动力（R）：事件的发生必须具备根源性原因，这是推动事件发展的原动力；压力（P）：在事件发展中，随着事件的变化，原动力可能不再足以推动其发展，因此需要有某种外力形成压力，使事件发展的推动力更加明显，以维持持续发展；状态（S）：在驱动力R和压力P的共同作用下，事件的状态会发生一定的变化，形成一定的发展趋势；影响（I）：指在事件的发展中系统内事物彼此之间产生的影响和变化；响应（R）：事件发展过程中其状态会发生不断的变化，而事件的掌控者需要采取一定的措施进行控制，保证事件朝希望的方向稳定持续发展。事件发展是一个复杂的系统，但是通过DPSIR模型可以理清系统中的各因素逻辑关系，因为该模型灵活性及实用性较强，可以有效解决事件发展中各系统因素之间的关系，因此被广泛应用于跨学科问题的研究。DPSIR模型原理如图8-1所示。

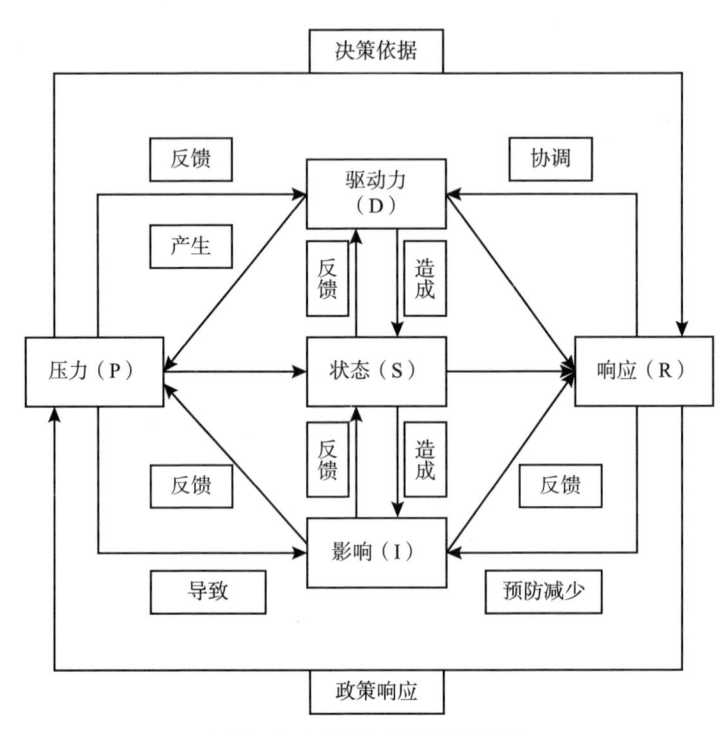

图8-1 DPSIR模型要素因果

鉴于 DPSIR 模型能够明畅地表达复杂系统中各因素之间的逻辑关系，本书将依据模型的内在逻辑因果关系，反映出 WY 县投资发展公司"飞地"项目运作管理水平现状和运作管理影响因素之间的因果关系。利用模型对 WY 县投资发展公司"飞地"项目运作管理现状进行研究不仅需要考虑到影响 WY 县投资发展公司"飞地"项目运作管理的驱动力和压力、从外界压力和内生动力两方面来阐述 WY 县"飞地"项目引进的必要性和重要程度，同时也要对 WY 县投资发展公司"飞地"项目运作管理的当前发展状态进行分析，然后根据当前 WY 县投资发展公司"飞地"项目对于 WY 县的影响，分析出 WY 县在"飞地"项目运作管理中所采取的响应措施，并找到这些措施存在的问题，从而提出优化对策，提高 WY 县投资发展公司"飞地"项目的运作管理水平。

（二） WY 县"飞地"项目 DPSIR 模型要素

根据 DPSIR 模型原理，根据 WY 县投资发展公司"飞地"项目的实际情况，本书对项目的 DPSIR 模型五要素的具体内容进行了梳理，具体见表 8-2。

表 8-2　　WY 县投资发展公司"飞地"项目 DPSIR 模型五要素具体内容

模型五要素	WY 县"飞地"项目具体内容
驱动力（D）	1. HN 市：提高工业园经济密度；引进高技术人才；获得工业用地指标 2. WY 县：提高经济薄弱村收入；拓宽投资渠道；提高工业用地指标使用率
压力（P）	两地经济发展不均衡；WY 县市场化水平低，市场经济改革配套欠缺；"反向飞地"机制不完善，可借鉴经验少
状态（S）	政策引导；运行机制
影响（I）	WY 县收益增长趋势；HN 市优化产业结构
响应（R）	公司领导层转变理念；WY 县投资发展公司创新运营机制；优化组织结构

1. 驱动力（D）

一个城市的发展离不开经济建设，因此在新常态下，更是需要不断地发展经济，通过提升经济密度的方式，推进经济的创新式发展。从全省范围看，HN 市的市域面积为 8845 平方千米，相较于杭州乃至全省的经济密度，其远低于平均水平。结合 WY 县具体情况可以得出 WY 县投资发展公司的项目驱动力在于，该项目可以帮助 HN 市提高经济密度，通过土地补偿政策获得更多的工业用地指标，进而建立工业园区，对于有效提升产业的集中度和经济的密度、引入高端人才和项目来说是行之有效的措施。为了进一步实现经济发展所需的知识溢出效应和中间投入，提高经济密度是行之有效的措施，从而实现创新、管控成本和拓展市场的目的。同时，WY 县目前财政赤字过大，存在较多的经济薄弱村，通过 WY 县投资发展公司招商引资的项目收益并不理想，而与 HN 市合作的"飞地"项目，利用 HN 市的地理及产业优势，吸引更多的高端项目进入共建工业园，并与 HN 市政府共享利益分成，拓宽投资渠道，可以提高经济薄弱村收入。此外，由于 WY 县招商难度大，工业用地指标使用率偏低，因此通过"飞地"项目可以将工业用地指标与 HN 市共享，从而提高其指标利用率并创造价值。

2. 压力（P）

根据 DPSIR 模型原理可以得出，压力可以推动原动力，而原动力对事件的发展能起到更大的助推作用。WY 县投资发展公司"飞地"项目的压力主要来自几个方面：

第一，两地经济发展不均衡。HN 市是浙江省的经济强县，而 WY 县则为贫困县，两者的经济发展对比如表 8-3 所示。

表 8-3　　　　　　　　HN-WY 县 2019 年经济发展对比

经济指标	HN 市	WY 县
GDP（亿元）	1026.57	261.53
财政收入（亿元）	157.36	43.9
城镇居民人均可支配收入（元）	60600	39252
农村居民人均可支配收入（元）	35440	17899
规模以上工业企业总产值（亿元）	2026.35	442.29
规模以上工业企业应交税金（亿元）	1748.47	34.64

从表 8-3 可以看到，HN 市在 GDP、财政收入、人均可支配收入等方面都远远高于 WY 县，因此两地经济存在不均衡，这极易给"飞地"项目造成压力。特别是 WY 县投资发展公司，在经济远远落后于 HN 市的情况下，如何快速提升当地经济成为 WY 县投资发展公司的压力。而对于 HN 市来说，经济不均衡所造成的压力在于如何在保证自身利益的前提下，帮助 WY 县提高收益，实现双赢。因此，在经济压力下，WY 县投资发展公司及 HN 方都必须采用积极的响应措施来推动"飞地"项目的进行，从而实现双赢局面。WY 县市场化水平低，市场经济改革配套欠缺。WY 县工业园区入驻企业不多，且大多为人口密集型企业，其产品不具有高科技含量，没有完善的市场经济机制、市场化水平，加之政府没有深化改革市场经济，没有与时俱进地更新管理理念，因此在创新式产业发展方面，WY 县不具备任何优势。

第二，"反向飞地"机制不完善，可借鉴经验少。在中国的区域合作及浙江省的"山海协作"工程中，大多数都是由经济发达地区飞入经济欠发达地区，为欠发达地区注入资金、专业人才、专业产业链等，以促进当地的产业及经济发展。但是由于 WY 县的先天条件决定了不适合建设高新科技的产业园，因此两地的合作只能采用"反向飞地"的合作模式，由 WY 县飞入 HN 市。由于这种区域合作模式在中国的成功案例较少，国家相关的机制不完善，可借鉴经验有限，给 WY 县投资发展公司"飞地"项目带来一定压力。

3. 状态（S）分析

第一，政策引导。以"山海协作""八八战略"等原则，结合经济发展规律，推进其创新式的发展。2003 年，在十一届四次全会上，浙江省提出了"八八战略"，其中的一点就是，在浙江省山海资源基础上，重点发展海洋经济，推动不发达地区的跨越式发展，使之成为我省新的经济增长点。2005 年，浙江省在扶贫暨欠发达地区工作会议上，率先提出了"山海协作工程"，并在 2006 年正式实施。所谓的山海协作工程是指，从省内各个区域经济发展不均衡实际情况出发，发挥沿海地区的帮扶作用，带动不发达地区的经济发展，均衡区域发展，推进其繁荣发展。对于两大战略而言，遵循经济发展的客观规律，利用行政力量，推动其合理和合理化发展，从宏观上为WY县"飞地"项目的创新发展提供了政策支持。

第二，运行机制。利益是WY县—HN市"飞地"项目合作的纽带，而WY县和HN市"飞地"项目进程中构建两地政府合作机制是必然的趋势。WY县—HN市"飞地"项目可以实行WY县和HN两地政府高层领导小组决策加投资决策建设公司的管理模式，全面推进"飞地"项目建设协调。设立"飞地"项目两地高层决策领导小组。领导小组组长由两地政府项目分管领导担任，成员包括两地相关领导、相关部门及"飞地"项目投资建设股份有限公司的负责人。领导小组负责指导、协调和解决"飞地"项目建设和管理中的重大问题，并定期召开例会。两地政府应该给予"飞地"项目投资建设股份有限公司全面授权，对"飞地"项目进行全面管理。按照项目合同，公司中HN方负责招商，WY县方负责项目建设及管理过程中的协调及服务。

第三，管理机制。WY县投资发展公司在"飞地"项目的管理中，和HN市政府充分互动，对于两地而言，充分发挥自身的优势，实现优势互补，并对土地、技术、管理等资源优化配置，使得其在园区建设和运营管理中发挥应有的作用，同时创建出利益、成本分担共享机制，促使各个合作方之间的良性沟通和互惠互利。在"飞地"项目的经营中，WY县投资发展公司应该充分认识到企业作为项目的主体地位，遵循市场规律，积极引导企业参与到园区的管理中来，并发挥行业的作用，逐步提高相应的建设和运作管理水平，提升合作园区的专业化和市场化水平。

4. 影响（I）分析

在新常态下，创新"飞地"是指构建新型的机制，推进其创新、共享发展，使得区域之间能够在共建共享之后，实现共同富裕的目标，尤其是创建出发展平台，满足不发达地区飞出地的发展需求，推进知识、技术的创新式和突破性进展，通过强大内生动力和可持续发展机制，推进经济的发展，从而促使区域经济公平发展，推进人民生活水平全方位提升。WY县投资发展公司"飞地"项目的影响主要有以下两个方面：

第一，对WY县的影响。一个项目的投资，其能给投资方带来的积极影响是投资成功的重要评价标准。在经济影响方面，WY县投资发展公司"飞地"项目净用地面积 84.998 亩,根据 HN 市工业用地确定的土地使用权出让价格相关标准,按 HN 市 2019 年价格计算,工业用地使用期限 50 年,土地使用权出让价格 36.685 万元/亩计算,项目土地购置成本 3118 万元。项目全部建设完成后,按照 HN 市出租价格完全出租,累计税前利润达 3421.99 万元,根据有关税收规定,项目应纳所得税税率为 25%,按照政府扶持项目投入使用后 3 年内减免所得税政策,"飞地"项目税后利润累计达 3303.84 万元。具体明细如表 8-4 所示。

表 8-4　　　　　　　"飞地"项目利润表(预估)　　　　单位:万元/年

项目	金额
税前收入	3421.99
租赁税金及附加费	188.12
管理成本费	70
企业利润总额	3303.84
所得税	0
税后利润	3303.84
WY 县所得利润	1651

从表 8-4 可以看到,WY 县投资发展公司飞地项目的收益为 1651 万元,对比原来的 759 万元收入来说,"飞地"项目投资收益则远远高于现有投资项目,因此"飞地"项目可以为 WY 县带来较大的经济影响,有利于提高 WY 县收入,预估将解决 84 个经济薄弱村的经济薄弱问题。

第二,对 HN 市的影响。HN 市—WY 县"飞地"项目总投资 3 亿元,项目建成后招商引资涉及精编家纺、生物制药、智能家居等多个领域,将进一步优化 HN 市的产业结构和发展基础,推动 HN 市经济高质量发展。

5. 响应(R)分析

HN 市—WY 县"飞地"项目属于一种新型的"反向飞地"经营模式,因此没有较为成熟的经验可以借鉴,这就需要双方政府在项目的合作过程中不断磨合,总结经验,针对项目中遇到的问题或需要的改变做出积极的响应,以保证项目的顺利进行。

(三) WY县"飞地"项目运作管理问卷调查

1. 研究设计

(1) 问卷设计

为了加强对 WY 县"飞地"项目运作管理现状的了解,本次研究基于 DPSIR 模型要素对项目运作的参与人员进行了问卷调查。问卷共分为两个部分,第一部分为被调查者的基础资料,主要包括被调查者性别、年龄、司龄、职位等;第二部分为 WY 县"飞地"项目运作管理现状调查,问卷内容主要以 WY 县"飞地"项目的 DPSIR 五要素为主。要求被调查者依照个人认为的项目经营中存在问题进行选择。每个题共设 5 个选项,计分原则为"完全不重要"1 分,"不重要"2 分,"一般"3 分,"比较重要"4 分,"非常重要"5 分。得分越高则证明该选项越重要,分数越低则表示越不重要。

(2) 问卷发放与回收

本次问卷发放采用定向发送方式,被调查对象为项目经营的参与者,调研问卷采取不记名调查形式,以保证数据的真实性。

问卷初稿设计完成之后,采用预调研方式对项目参与者进行了小范围的试调查,并收到 7 条修改意见,之后结合修改意见对问卷进行了完善,修改了一些语义模糊及对于项目经营现状关系不大的项目。本次共计发放问卷 40 份,回收问卷 37 份,其中因部分问卷作答不全故进行了剔除,有效问卷共计 34 份,问卷有效率 85%。

2. 问卷描述性统计(见表 8-5)

表 8-5 问卷描述性统计

项目		频率	百分比(%)
性别	男	21	61.76
	女	13	38.24

续表

项目		频率	百分比（%）
年龄	25～30 岁	3	8.82
	31～40 岁	12	35.29
	41～50 岁	16	47.06
	50 岁以上	3	8.82
学历	高中及以下	3	8.82
	大专	8	23.53
	本科	15	44.12
	研究生及以上	8	23.53
调入公司年限	<1 年	4	11.76
	1～3 年	18	52.94
	3 年以上	12	35.29
工作部门	WY 县投资发展公司	10	29.41
	项目领导小组	2	5.88
	经济薄弱村干部	9	26.47
	WY 县政府	1	2.94
	工业园管委会	5	14.71

（1）性别

从表 8-5 的统计结果可以看出，本次接受调查的人员中男女比例存在较大差距，男性占比为 61.76%，女性占比为 38.24%。

（2）年龄

本次被调查者在年龄分布上，主要以 31～50 岁年龄段为主，其中 31～40 岁的人数占总人数的 35.29%，41～50 岁的人数占比为 47.06%；此外，25～30 岁的人数占比为 8.82%；50 岁以上的人数占比也为 8.82%。

（3）学历

从调查结果看，本次被调查者的学历主要集中在大专以上，其中大专学历人数占比为 23.53%，本科学历人数占比为 44.12%，研究生以上学历人数占比为 23.53%，高中以下学历人数占比为 8.82%。

（4）工作部门

本次被调查者的工作部门分布较广泛，其中 WY 县投资发展公司的员工人数占比为29.41%，项目领导小组成员人数占比为5.88%，经济薄弱村干部人数占比为26.47%，WY县政府工作人员人数占比2.94%，项目工业园管委会工作人员人数占比为14.71%，其他人员占比为20.59%。

3. "飞地"项目运作管理现状调查

为了了解"飞地"项目运作管理现状，因此就运作管理的相关项目进行了问卷调查，具体结果如下：

（1）风险防控管理

从图8-2可以看到，在调查中87.45%的人都认为公司没有建立风险防控体系，12.21%的人认为公司有风险防控制度但是不完善，仅有0.34%的人认为公司有完善的风险防控体系。从调查结果看，认为公司有风险防控体系的都是公司的管理层，普通员工均认为公司没有构建与风险防控相关的制度和流程，这也说明了公司建立了部分制度，但是对于风险防控的专项制度并不完善，并且风险防控培训也不到位，导致基层人员对此并不清楚。

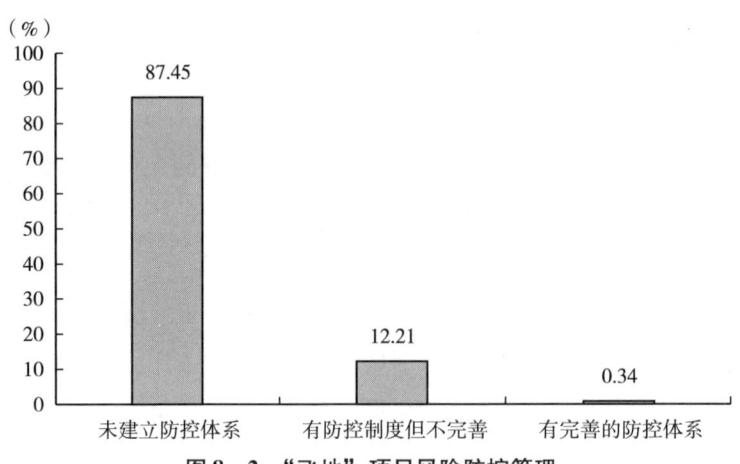

图8-2 "飞地"项目风险防控管理

（2）绩效管理满意度

从图8-3可以看到，公司员工对于公司绩效考核的满意度较低，其中在被调查人员中，"非常不满意"的人数占比为20.14%，"不满意"的人数占比为41.88%，"无所谓"的占比为29.34%，"满意"的占比为7.12%，

"非常满意"的占比为 1.52%。而从图 8-4 得知,对于绩效考核不满意的原因主要是集中在"负激励过多",占比 24.54%,认为"只注重结果"的占被调查人数的 30.11%,认为"考核目标不清晰"的占被调查人数的 19.32%,认为"考核不公平"的占被调查人数的 17.38%,"认为考核无反馈"的占比为 1.49%,其他原因占比为 8.45%。因此,从以上调查结果可以看到,WY 县投资发展公司在绩效考核体系的建设上还存在较大的问题,导致员工对于绩效考核不满意,这将影响公司项目的正常开展,可能造成整体目标无法达成的结果。

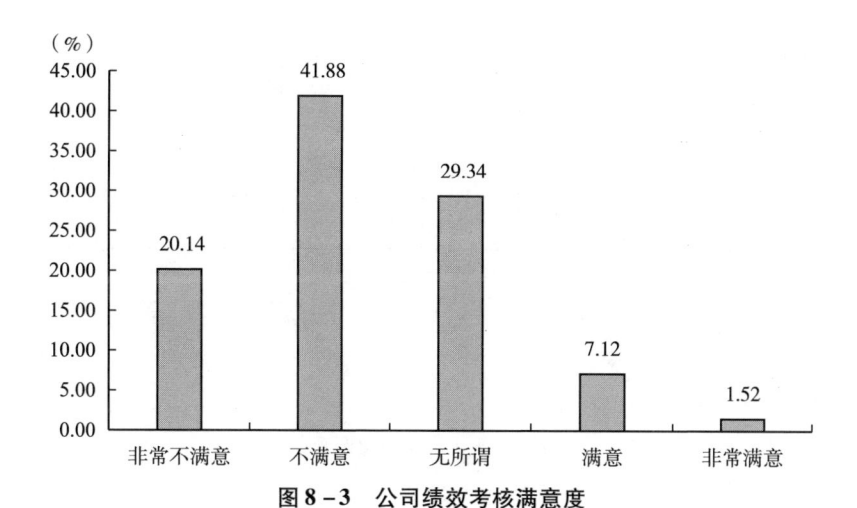

图 8-3 公司绩效考核满意度

图 8-4 绩效考核不满意原因

（3）人员培训

从图8-5和图8-6可以看到，WY县投资发展公司也组织过培训，但是培训频次较低，51.94%的被调查人员仅在入职时接受过培训，半年培训一次的人员占比为21.87%，每月培训一次的人员占比为17.44%，每周培训一次的人数占比为1.21%，还有7.34%的人员未接受过培训。而从培训内容上看，由于WY县投资发展公司为国有企业，因此培训内容多集中在学习中央精神、学习党章、学习领导讲话几个方面，其中接受过中央精神学习

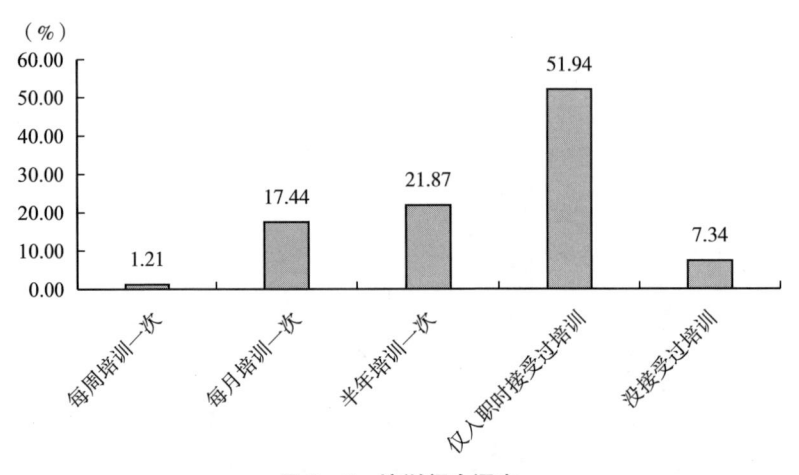

图8-5 培训频次调查

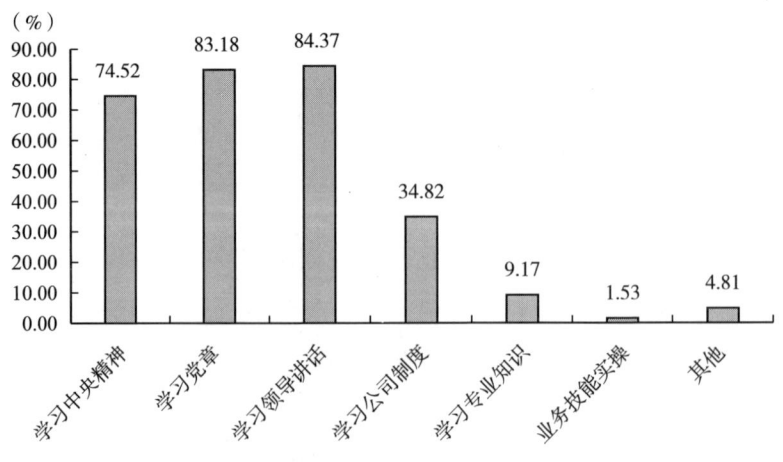

图8-6 培训内容调查

的人员占比为74.52%，学习过党章的人员占比为83.18%，学习领导讲话的人员占比为84.37%，但是对于与公司运作管理紧密相关的专业知识的学习仅占9.17%，接受过业务技能实操培训的人数占比仅为1.53%。从调查结果可以看出，WY县投资发展有限公司在员工的培训上和"飞地"项目结合并不紧密，这就造成了员工对于项目的了解程度及胜任能力均有不足，难以保障项目的顺利开展。

4. 基于问卷的DPSIR模型五要素调查分析

（1）"飞地"项目的必要性

为了深入了解WY县投资发展公司"飞地"项目的驱动力，本书对项目的必要性进行了调查，具体结果见图8-7所示。

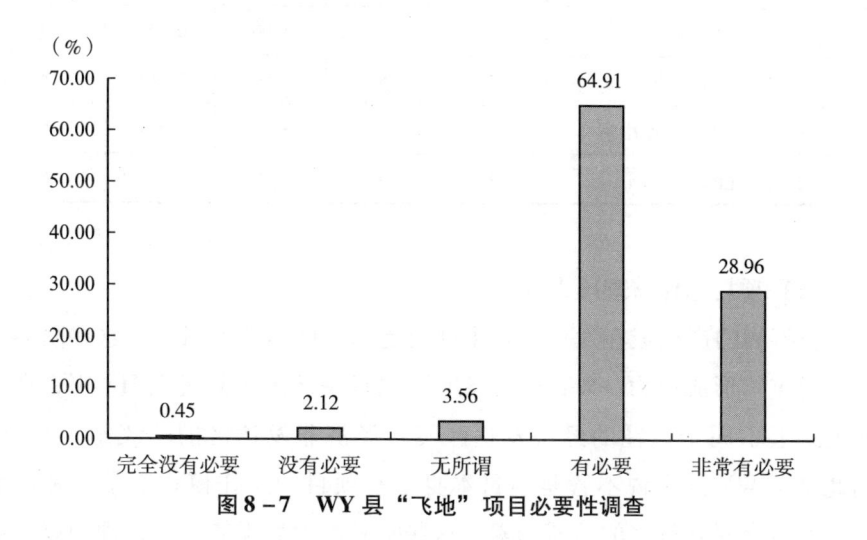

图8-7 WY县"飞地"项目必要性调查

从图8-7可以看到，在被调查的工作人员中，有64.91%的人认为WY县"飞地"项目"有必要"，28.96%的工作人员认为"非常有必要"，仅有2.57%的工作人员认为"完全没有必要"和"没有必要"，3.56%的工作人员认为"无所谓"。因此可以看出，参与该项目的工作人员绝大多数都认为该项目具有必要性。

（2）"飞地"项目驱动力（D）

从表8-6可以看到，所有项目的标准差均<0.7，证明各调查项样本结

果的离散程度不高,均和平均值较为接近,因此,该调查结果表明被调查人员对调查项的认知差异性不大,结果具有一定的代表性,可以用于本研究后续分析。调查结果显示 WY 县"飞地"项目驱动因素的重要程度中,"增加财政收入"得分为 4.57,排在第一位,其他依次为"促进消薄工作成效""解决用工""拓宽投资渠道""提高工业用地指标使用率"及"提高工业园管理水平"。

表8-6　　　　WY县"飞地"项目驱动因素重要程度

WY 县驱动因素	极小值	极大值	均值	标准差	排序
增加财政收入	4	5	4.57	0.502	1
促进消薄工作成效	4	5	4.22	0.571	2
解决用工	3	5	3.96	0.564	3
拓宽投资渠道	3	5	3.69	0.601	4
提高工业用地指标使用率	3	5	3.51	0.511	5
提高工业园管理水平	2	4	3.04	0.525	6

(3) 项目运作管理压力 (P)

新事物的产生或在发展过程中都会受到一些因素的阻碍,这些阻碍因素将对事物形成压力。WY 县"飞地"项目是从 WY 县飞入 HN 市,在运作模式上不同于以往的经济发达区飞入经济非发达区的"飞地"模式,因此对于 WY 县来说不管是项目本身还是项目的运作模式都是一种新事物,肯定会遇到很多的阻碍因素,这些阻碍因素如果能通过管理加以缓解将成为促进项目可持续发展的动力,如果在管理中无视这些阻碍因素则将阻碍"飞地"项目的可持续发展,甚至导致项目失败。为了深入了解在 WY 县"飞地"项目运作管理中存在的压力,为后续的管理优化提供依据,书本对 WY 县"飞地"项目工作人员进行了项目阻碍因素的问卷调查,具体结果见表 8-7。

表 8-7　　　　　　　　WY 县"飞地"项目运作管理阻碍因素

阻碍因素	极小值	极大值	均值	标准差	排序
职能交叉	4	5	4.79	0.628	1
管理机制不健全	4	5	4.72	0.539	2
合作发展理念落后	4	5	4.55	0.511	3
经济体制落后	4	5	4.34	0.561	4
项目运作管理制度不完善	3	5	4.07	0.497	5
缺乏招商投资专业人才	3	5	3.99	0.619	6
高素质人力资源不足	3	5	3.56	0.585	7
人员配置不足	2	4	2.94	0.527	8
消薄村配合力度不足	2	4	2.85	0.495	9
项目规划不足	2	3	2.51	0.536	10

从表 8-7 可以看出，WY 县受自身发展因素的影响，自主招商投资存在较多的阻碍因素，主要的阻碍因素经调查排序如下："职能交叉"得分 4.79 分，排在第一位；"管理机制不健全"得分 4.72 分，排在第二位；"合作发展理念落后"得分 4.55 分，排在第三位。其他依次为"经济体制落后""项目运作管理制度不完善""缺乏招商投资专业人才""高素质人力资源不足""人员配置不足""消薄村配合力度不足"和"项目规划不足"。在这些阻碍因素中，排名在后三位的因素，"人员配置不足""消薄村配合力度不足"和"项目规划不足"得分在 3 分以下，证明其阻碍不大，因此在运作管理中，WY 县投资发展公司应重点关注并优化得分在 3 分以上，即对项目运作管理影响较大的前 7 位因素。

（4）"飞地"项目运作管理状态（S）

根据前一小节的分析得知，WY 县"飞地"项目运作管理状态要素主要有政策引导、运行机制和管理机制几个方面。分析 WY 县"飞地"项目的运作管理状态可以有效了解项目的成效及存在的问题，因此本书针对项目的运作管理状态要素进行了问卷调查，具体结果见表 8-8。

表 8-8　　　　　　　　　　WY 县"飞地"项目状态

状态要素		极小值	极大值	均值	标准差
政策引导	政策激励性	4	5	4.07	0.462
	政策可操作性	4	5	3.85	0.513
	政策支持力度	4	5	3.66	0.494
	政策开放性	2	4	2.89	0.526
运行机制	组织架构	2	4	2.67	0.480
	监督机制	2	4	2.67	0.501
	奖惩机制	3	5	3.51	0.558
	利益分配机制	2	4	2.98	0.519
	管理机制	2	4	2.51	0.487
	市场运作机制	2	4	2.78	0.520

从表 8-8 可以看到，WY 县"飞地"项目的运作管理状态不太理想，调查结果显示，在政策引导方面政策的激励性、可操作性及支持力度方面做得较好，得分均高于 3 分，但是"政策的开放性"得分仅为 2.89 分，说明政府在政策制定过程中还应该重点考虑项目的实际情况，解放思想，增强政策的开放性，为项目可持续发展提供更加有力的支持。

在运作机制方面各个因素均不太理想，"组织架构"得分 2.67 分，证明组织架构存在不合理的情况，这将影响到项目的正常进行；"监督机制"得分 2.67 分，"利益分配机制"得分 2.98 分，"管理机制"得分 2.51 分，"市场运作机制"得分 2.78 分，证明项目在监督管理、利益分配、管理及市场运作的机制建设上均存在不完善、不健全的方面，应该加以改进以保证项目的可持续发展。

（5）"飞地"项目给 WY 县带来的影响（I）

通过问卷分析对"飞地"项目对 WY 县的积极影响进行了排序，具体如表 8-9 所示。

从表 8-9 可以看出，WY 县投资发展公司"飞地"项目对于 WY 县的发展具有较大的影响。经过调查显示，项目影响排在前三位的分别是"提高投资收益"，得分 4.36 分，"消薄村增收"，得分 4.21 分，"提升工业园管理能力",得分 4.04 分,这三项得分都超过 4 分,证明项目在这三个方面的影响较大。接下来依次为"为自主招商引资积累经验""充分利用工业用地指标""快速实现消薄目标""拓宽投资途径",这些项目都高于 3.5 分,说明项目在这些方面的影响也较大。因此,在项目的运作管理中,应充分关注这些因素的目标实现情况,并根据实际情况及时调整政策或制度,使指标达成得到提高。

表 8-9　　　　　　　　　"飞地"项目对 WY 县的影响

影响维度	极小值	极大值	均值	标准差	排序
提高投资效益	4	5	4.36	0.401	1
消薄村增收	4	5	4.21	0.429	2
提升工业园管理能力	4	5	4.04	0.411	3
为自主招商引资积累经验	3	5	3.96	0.512	4
充分利用工业用地指标	3	5	3.76	0.462	5
快速实现消薄目标	3	5	3.69	0.427	6
拓宽投资途径	3	5	3.61	0.610	7

(6)"飞地"项目响应(R)

基于 DPSIR 模型原理,在 WY 县"飞地"项目的发展过程中,其状态是会不断发生变化的,其变化主要与自然环境、市场环境、项目发展阶段及管理机制等相关,因此 WY 县投资发展公司应该时刻关注项目的发展,并及时做出响应,以保证项目能朝着预期的方向稳定持续发展。为了更加准确地把握 WY 县投资发展公司在项目发展现阶段应做出的响应,本书结合问卷调查结果对各响应维度的重要性进行分析,具体见表 8-10。

从表 8-10 可以看出,在政府响应的 6 个维度中,所有维度重要性得分都高于 4 分,即政府在这 6 个维度上的响应对"飞地"项目的可持续发展影响较大,因此双方政府应从以下几个方面做出积极响应:

表 8-10　　　　　"飞地"项目双方政府响应维度重要性

响应维度	极小值	极大值	均值	标准差	排序
合作理念转变	4	5	4.38	0.539	1
开放意识	4	5	4.29	0.482	2
管理互动	4	5	4.17	0.559	3
管理体制改革	4	5	4.12	0.632	4
市场经济体制改革	4	5	4.04	0.592	5
政府职能转变	4	5	4.01	0.481	6

第一，合作双方政府应增强开放意识。HN市—WY县"飞地"项目属于方向飞入项目，不同于传统的经济发达地区飞入欠发达地区的"飞地"合作模式，因此要求HN市和WY县双方政府持续优化改革，秉承开放的态度，脱离传统的观念束缚，提升合作、效率和服务意识，秉承合作共赢的理念，发挥主观能动性，在跨区域经济合作和竞争中发挥应有的作用。"飞地"发展的成本，与拟定的帮扶政策、功能配套服务、运营服务等有直接关系。因此应该逐步实现管理到位、资金到项目、责任到人、政策到位的良性发展局面。

第二，加强经济和管理合作互动。"飞地"项目不应该仅仅停留在经济合作上，WY县作为欠发达地区，县政府在政务管理、市场运作等方面和HN市都存在一定的差距，因此WY县要善于向HN市学习，在加速经济发展的同时提高政府管理水平，优化本地软环境。

第三，深化市场化改革。"飞地"项目虽然是双方政府合作行为，但是其应该遵循市场运行机制。项目在运行过程中，双方政府应该对进一步深入市场改革有进一步的认知，需要打破市场壁垒，提升资源配置的公平性和效率，进而形成自由选择、自主消费、公平竞争、自主经营的理念，实现平等交换、商品要求自由流动的目标，从而在经济发展中，发挥市场机制的有效作用。

第四，政府应强化服务职能。只有协调好政府和市场的关系，秉承政府管宏观、定方向，企业管微观、定项目的原则，在政府主导、企业辅助的作用下，推进"飞地"良性有序的创新式发展。双方政府之间，秉承公平公开的原则，转换自身职能，推进市场环境的发展。在项目建设过程中，涉及国土、规划、环保等部分审批事项，应该精简办事机构，简化审批机构，采用规范化、个性化、标准化的运作管理模式，提升"一站式"审批服务的效果，提升审批的效率。双方应该在准入市场、人力资源、信用体系、社会保障、户籍管理方面进行无缝对接，提供政策、制度、法律等方面的合作，提供高效的服务，提升跨区域调配力度，推进项目的顺利实施。

三、WY县"飞地"项目存在的主要问题

前面通过对WY县"飞地"项目DPSIR模型五要素进行调查，对WY县"飞地"项目从驱动力、压力、状态、影响和响应几个方面进行了深入分析，找到在项目运作过程中存在的问题。

（一）合作双方发展理念滞后

加快山海协作工程是浙江省的重要创举，也是实施供给侧结构性改革的一个重要探索。但从表8-7可以看出，WY县"飞地"项目的DPSIR五要素运作管理阻碍因素中"合作发展理念落后"得分4.55分，证明目前WY县和HN市政府对于项目合作的战略价值、合作模式、管理体制、发展前景尤其是发展理念的认识仍存在不清晰、不一致、不到位的问题。主要表现：一是作为经济发达区的HN市政府在项目合作中存在对WY县单纯的"对口帮扶"观念，没有树立HN市与WY县"相互带动、共建共荣"的理念；二是存在双方的部分人员将项目合作简单地定义为"产业转移"，没有树立HN市与WY县"互相依存、一体发展"的理念；三是两地政府对于合作项目的价值认识仅仅停留在推动经济发展方面，而对于"城市共建"价值认识并不深刻；四是作为执行主体的A公司和WY县投资发展公司在"飞地"项目的合作中更加倾向于依靠行政手段进行协调，执行主体的能动性发挥不足，因此难以通过"飞地"项目实现两地产业、文化等方面的高度融合。

(二) 职能不明确，管理制度不健全

针对与 HN 市合作的"飞地"项目，WY 县发布了《关于发展"飞地"的指导意见》《推进"飞地"发展暂行办法》和《关于加快推进"飞地"发展的实施意见》等一系列政府文件。但从表 8-7 可以看到，调查结果显示 WY 县"飞地"项目在运作管理中存在职能交叉及项目运作管理制度不完善的问题。经过对这些政府文件的梳理发现，其对于 WY 县投资发展公司在项目中的具体权限并没有做明确的规定。按照文件的规定，WY 县投资发展公司全面负责"飞地"项目的实施，但其审批权限、汇报途径并不明确，导致一些制度上的先天缺陷和园区管理实践中的后天弊病，造成 WY 县投资发展公司在事务统筹协调方面存在管理权限不足、统筹协调不力等问题。加上 WY 县投资发展公司在"飞地"项目执行主体 A 公司，是以 WY 县外派机构的角色出现，因此在项目的管理中存在部分职能先天缺失、授权不到位、职能不明确等问题，这将导致 WY 县投资发展公司很多可以自行协调解决的事情也会逐级上报，大大降低了沟通协调效率。

(三) 内部运行机制不完善

从调查结果表 8-10 可以看到，在响应（R）要素中，"飞地"项目的工作人员都认为管理体制改革和经济体制改革对于项目的发展非常重要，但是表 8-8 对于 WY 县"飞地"项目状态（S 要素的调查却显示，利益分配机制、管理机制、监督机制等方面得分均低于 3 分）说明 WY 县投资发展公司"飞地"项目在内部运行机制方面存在着较大的问题，主要如下：

1. 监督机制不完善

经过调查了解发现，WY 县投资发展公司在组织结构上有监事，但是内部监督制度不完善，运作和管理随意性较大，缺乏外部监督，缺少上级主管部门及审计机构的检查、监督。缺乏监督限制了 WY 县投资发展公司组织机制的健全发展和自主民主决策的实现。

2. 利益分配不公平

WY县投资发展公司成立不久，仍处在发展的初级阶段，利益分配机制也在不断地发展和完善，但仍存在很多问题，制约着公司的发展。首先，公司对于经济薄弱村入股项目收益的股金分红和利润返还比例标准不统一，利益机制不够健全，乡政府收益与村民收益分成比例不合理，导致村民得到的利益很少，容易打击村民的积极性。

3. 缺乏专业性人才

WY县投资发展公司的发展离不开专业人才，WY县投资发展公司作为WY县国有企业，主要负责全县范围内的招商和项目实施。在招商和项目实施过程中，涉及大量的项目考察评估、财务监督、企业管理等工作，这些都需要工作人员具有较强的专业知识、创新能力及管理经验，而WY县投资发展公司专业性人才较为欠缺。另外，由于管理人员没有得到满意的薪资，他们在工作中过于被动，反而制约着WY县投资发展公司工作的开展。

四、WY县"飞地"项目运作效益提升建议

（一）创新管理理念，优化公司架构

1. 创新管理理念，增强开放意识

改革创新是企业持续发展的动力，而WY县投资发展公司高层的发展理念及管理理念和HN方相比存在一定的差距，这种差距如果不及时缩小将会为双方合作带来障碍。因此，WY县投资发展公司领导层应该转变固有的管理思维，坚持以新发展理念为指导原则，持续解放思想，强化领导班子的开放意识，不断提高认识，结合两地在"飞地"合作项目中存在的问题，提

出适合于 WY 县的创新性发展思路，为"飞地"项目推动及深化打下坚实的思想基础。增强开放意识需要 WY 县投资发展公司领导层积极努力创造良好的开放环境，提升 WY 县投资公司方的履约能力，在思维上不能仅仅停留在"被扶持"的观念上，而应该在项目合作中以"共创共赢"的积极思维为项目推动提供条件和推动力，实现与 HN 方的合作共赢。

2. 合理优化公司架构，明确管理职能

由于 WY 县"飞地"项目现在处于建设初期阶段，管理模式和软件硬件条件还不成熟，WY 县投资发展公司应强化职能，明确公司职能定位，为项目顺利推进提供保障。在现有政府文件的基础上，WY 县投资发展公司应该根据公司的实际情况制定公司《"飞地"项目管理办法》，充分解放思想，优化完善现行管理机制，明确公司各级部门及人员在"飞地"项目中的管理职能，并捋顺与 A 公司各级部门的组织关系。

（二）建立完善内部合作机制，促进项目持续发展

1. 建立完善信任机制，促进双方深度协作

信任机制是企业间成功合作和稳定发展的前提和关键因素。因为合作有些方面不设置法律意义上的实体，WY 县投资发展公司在和 A 公司之间的合作实际上是基于对未来行为的承诺，但是随着市场环境的变化，这些承诺存在不稳定性，在合作过程中可能会因利益分配、资源投入等问题产生分歧，从而妨碍合作的持续和深入进行。因此，WY 县投资发展公司在和 A 公司的合作中建立相互信任机制就显得非常重要，通过机制拉进双方之间成员关系，相互了解，促进相互信任，从而提高双方沟通协作的自觉性，减少彼此间的监督成本，提高合作的效率。在双方的实际合作中，应该建立一套完善的信任强化机制，以强化彼此间的信任感。

2. 建立信息共享机制，提高合作效率

信息共享对于 WY 县投资发展公司与 HN 方 A 公司之间协同合作非常重

要。虽然在建设项目的初期，已有信息共享平台，但是还没有真正地实现信息共享。目前，WY县投资发展公司"飞地"项目相关信息在HN方合作企业A公司内部，由于双方存在地域差异，因此导致信息共享不畅。此外，由于合作还处于初期，双方未建立充分的信任，因此双方出于自身利益等方面的因素考虑，在一些核心资源信息上共享力度并不大，这就导致了在合作中信息共享不充分、不及时，合作内耗较大，合作效率大大降低。因此WY县投资发展公司应在信息共享方面保持与A公司HN方的积极沟通，建立完善的信息共享机制和共享平台，对合作经营中的收益、项目进度、核心资源、需协商事项等重要信息进行及时共享，并对存在问题的部分及时沟通，从而减少因信息不通畅导致的重复用工，既节省时间，又节省人力、物力，同时以现代信息技术为支撑，提高项目合作效率。

3. 建立"飞地"项目专门协调机制

对于公司而言，创建出执行、决策、监督制约协调机制的作用在于满足"飞地"项目的运行协调监督所需，确保双方可以相互监督、制约，同时也有效地进行分工。所谓的协调包含了对HN方与WY县投资发展公司之间的协调，对权利和责任做出明确规定，不允许权利争夺的情况，各司其职，减少矛盾和冲突。并要求双方通过签订承诺书、备忘录等方式协调彼此之间的关系。统筹规划"飞地"项目工作计划，协调项目双方以及内部之间的阶段目标和工作方式，推进行动的发展。

4. 建立"飞地"项目网络对接机制保障

对"飞地"项目参与双方的软硬件网络体系进行对接建设。打通WY县投资发展公司和HN方之间交通物流、能源供应、信息通信等硬件设施网络体系，借助于抵扣收益、分担成本的方式，进一步对接和交流科技、信息、培训、金融等方面的信息，将HN市先进的项目经营管理理念进行转移复制，对WY县投资发展公司的经营管理理念形成冲击，从而促进公司进行观念及管理方式的转变和改进。

（三）构建完善的风险防控及监督机制，降低合作风险

1. 构建风险防控体系

投资都会存在风险，由于 WY 县投资发展公司"飞地"项目涉及 WY 县投资发展公司和 HN 方的合作，项目成败关系到 WY 县投资发展公司和 HN 市双方的利益，因此公司应该建立完善的风险防控机制，将双方的风险及损失降到最低。公司应该成立风险决策组织对"飞地"项目中的其他子项目或投资意向进行全面论证和审查，决策组织人员应包括 HN 方和 WY 县投资发展公司双方的核心人员，以便保障双方利益不受侵害。要最大程度降低公司的投资风险，需要在公司内部建立投资风险决策制度体系，保证项目决策的全过程都要经过层层审查，同时对于项目而言，在投资决策的各个环节中，应该配备相应的制度和指导机制，对机制的管理范围、合作双方权限、各类型项目的审查标准、项目决策团队的人员配置、项目决策的评价指标拟定相应的标准，才可以确保项目资金、项目组织人员、投资项目具体业务的有效实施，确保项目决策的可行性和合理性。

首先，有效的控制投资项目，全方位监管项目公司申请资金、资金用途等信息，全方位监管项目资金。其次，控制项目的开发业务层面，公司应拟定相应的监督管理办法，有效管控投资项目的资金，采用预算控制体制，有效的管控投资项目，控制重大投资、合同、对外担保等体系，控制考核、审计监督以及关联交易等相关的内容。

2. 健全项目监督机制

健全 WY 县投资发展公司"飞地"项目的监督机制，在 A 公司中成立项目监督机构，对公司的项目运行进行监督和改进，对于双方合作项目的持续发展有着重要的作用。合作双方应该协商成立项目运作管理监督小组，由双方委派专人加入，对项目的运行管理进行有效监督。在对"飞地"项目运行管理的监督中，员工与管理层之间密切合作交流，管理层发挥监督指导的作用，员工对自己的岗位职责要有一个清楚的认知，合作双方彼此监

督，发现问题及时从制度上加以规范，减少制度漏洞。在监督中，双方应该理性、客观地发现问题，提出问题，而不能有本位思想，对自己一方的问题隐瞒，对对方问题扩大，只有真正发挥监督小组的作用才能促进项目的健康发展。

（四）优化绩效考核机制和评估标准

绩效考核是当前最为有效的一种员工管理方式，WY县投资发展公司在"飞地"项目中应加强对员工的绩效考核。公司应该建立完善的绩效考核体系，通过优化考核机制和评估标准，提高员工在项目运作中的工作积极性，从而提高工作效率，提升公司的整体绩效。

1. 建立科学的绩效考核方案

在绩效考核目标的设定中，WY县投资发展公司应该充分结合公司的发展战略规划及"飞地"项目的发展目标，将公司战略规划及项目目标分解到各个部门，再分解到每个工作岗位。通过岗位说明书的方式让员工清楚地了解自己的工作岗位职责，通过与员工深入沟通，制定公司及员工都认为科学、合理的绩效考核指标，使员工明白在"飞地"项目中自己承担的责任及工作目标，以确保员工保质保量完成分配的工作任务。在公司的绩效考核运行中，WY县投资发展公司可以通过以下两点，设定和优化绩效考核机制和评估标准：

第一，在考核方式上，要结合"飞地"项目的实际情况及特点，按照建设初级阶段、完善阶段及成熟阶段等不同阶段的任务特点设置不同的考核内容和指标。

第二，在考核内容上，制定过程和结果并重的考核指标。WY县投资发展公司的"飞地"项目是一个新项目，还处于项目发展建设的初级阶段，在该阶段还不能很好地呈现出经营效益等结果。因此在筹备和运行的初级阶段，公司对于项目成员的考核应该更多地侧重于过程指标，例如项目计划制定的完善性、计划完成率、与合作方沟通协调等有利于项目正常开展的指标，再辅以分阶段的结果性指标，双管齐下，提高参与项目的员工的工作按时完成率及完成质量，从而促进项目整体顺利开展，保障项目总体目标的可实现性。此外，要把项目进度、项目协调、项目取得成果作为考核评价的重要内容，并结合"飞地"项目建设过程中的特点，根据不同部门及人员负责的具体事项进行结果和过程的考核，而不是仅仅关注结果而忽略过程的监控，导致过程失控，影响项目的顺利推进。

第三，在考核参与上，要注重员工的参与性。绩效考核需要双向沟通的过程。公司领导层通过绩效考核了解项目进度及各单位及个人在项目执行上对任务的把控程度；而员工也可以通过绩效考核明白自身存在的不足，在领导的指导下对后期工作加以调整，以确保自己负责的项目模块顺利推进，保障项目建设全面达标。

2. 强化绩效激励运用

第一，减少绩效惩罚，以激励为主。在项目运行管理初期，招商引资、项目盈利等都需要一定的时间周期，只有项目中的各个环节、合作双方互相磨合，才可以在短时间内做出成绩。因此，WY县投资发展公司在对员工进行绩效考核和工作评估的时候，在项目运行前期应减少绩效惩罚，增加激励，让员工更加积极、正面地应对工作，发挥绩效的激励作用，发挥员工的热情与积极性，更好地面对工作。

第二，注重精神文化激励。对于员工而言，不仅仅要通过物质来激励，更要逐步丰富员工的精神世界，通过创建"沟通达人""项目经营"等奖项，肯定并激励员工，不仅可以营造良好的工作氛围，缓解员工工作压力，而且可以给员工带来更多正面的影响。

（五）创新用人体制，打造专业团队

1. 深化人才引进机制

经济要发展，人才是根本，培养和造就WY县投资发展公司所需的各类人才，是实现公司发展的必要条件。创造公平、公开、公正的用人环境，对于熟悉市场经济的优秀人才，在工作上要委以重任，放心、放胆、放手让他们去试、去闯；待遇上可以特殊安排；对于科技专业性人才，要充分发挥他们的优势，通过建立激励机制积极开辟多种渠道重视人才、留住人才，为专业人才提供专业平台。此外，公司应该重视团队的力量，加大选人用人的力度，根据专业相关性等特点，打造优秀的管理团队和专业队伍。只有保证人员流动渠道的畅通无阻，才可以冲破体制性障碍，引进人才，并创建出相应的聘用机制，更好地管理人员流动。公司应该积极引入市场机制，通过科学合理的绩效评估体系真正把那些熟悉市场经济规律、勇于创新、善于管理的人才吸引到团队中来，充分发挥个体的优势，壮大集体力量。

2. 完善培训体系

对于企业而言，在激烈的市场竞争中，只有与时俱进地更新相应的技术与知识，提供终身制的教育和培养，满足员工所需，确保企业的人才及时掌握并更新相应的技能和知识，才可以使企业有长足的发展。WY县投资发展公司作为国有企业，肩负WY县消薄重任，更应该重视员工的培训，以打造专业的队伍，提高公司在招商引资、项目评估等方面的能力。

第一，公司高层对培训的态度与员工对培训的重视程度有直接关系，也与之后公司在具体的培训项目中愿意投入的资源、资金多少有关。同时公司对培训的态度，会影响到员工的学习意识，与培训的效果息息相关。基于此，企业是否能够快速地实现战略目标，与公司的高层主观对培训的认知有直接关系，在企业中，不仅各个领导层要以身作则，树立终身学习的观念，同时还要不断强化工作的责任感和自觉性，勇于承担培训责任，起到表率作用，进而有效提升培训效果；另外，要让员工树立终身学习的意识，发挥他们的主观能动性，提升其培训的效果。

第二，WY县投资发展公司应该在内部成立专业的员工培训机构部门，负责公司员工培训的所有事宜，由人力资源管理部门对培训功能进行统筹，建立新入职人员及在岗人员的培训机制，以提高WY县投资发展公司工作人员的专业性。

第三，应对培训体系持续调整与完善。在制定培训体系过程中，应该结合所处的内外部环境、公司的发展战略以及国家相应的法律法规，拟定相应的培训内容，同时与时俱进地更新员工的知识技能，优化管理机制和保障体系，通过使用多元化的培训策略，发挥培训体系的作用，进一步强化培训效果，并在评估结果的基础上，进一步优化调整培训体系，推进其可持续发展。

总而言之，本章以WY县的"飞地"项目为例，深入研究了WY县与HN市"反向飞地"合作项目的基础条件、必要性等，认为WY县投资发展公司的"飞地"项目由经济欠发达的WY县反向飞入经济发达区域HN市是合理的，具有科学和实际依据。

第一，"飞地"是一种新的区域合作模式，传统的"飞地"合作模式是由经济发达区域飞入经济欠发达地区，但从WY县投资发展公司"飞地"项目研究发现，经济欠发达地区可能由于地理位置、市场开放程度、环境保护等因素并不适合飞入。因此在"飞地"区域合作中，应该根据合作的两个区域的实际情况，对各项因素进行深入分析后确定"飞地"合作的飞入方式，以确保合作取得最大效益，合作双方实现共赢。

第二，WY县投资发展公司作为公益性的政府国有企业，在"飞地"项目建设过程中，暴露出来管理层理念落后、市场运营机制不完善等不足。在区域合作中，合作双方的理念一致是合作基础，因此WY县投资发展公司作为WY县"飞地"项目代表应该改变管理理念，以市场为导向，通过优化公司结构、明确公司职能、建立创新性的市场运行机制以保障项目的顺利推进。

第三，WY县以"反向飞地"项目模式来提升集体经济薄弱村的集体经济实力，在实际运作上是可行的，因而，对于保证精准脱贫后时代，缺乏资源条件的脱贫对象可持续发展，阻止返贫发生能够起到保障作用，对其他类似地区的返贫治理有现实借鉴意义。

第九章

结论与思考

一、本书研究小结

(一) 贫困治理是一项长期的艰巨工作

1949年新中国成立以来,中国共产党和中国政府就开始实施困扰中国数千年的贫困治理工作。进入20世纪70年代末,随着中国全面改革开放的展开,贫困治理工作的力度,更是史无前例地得到加强,并取得了巨大成功。到2020年末,经过近8年的精准扶贫,中国最终解决了农村的绝对贫困问题。按照现在通行贫困标准测算,改革开放以来,中国一共有7.7亿农村人口脱离了贫困困扰,如果按照世界银行提出的国际贫困标准,中国彻底摆脱贫困的农村人口占同期全球摆脱贫困人口的70%以上,对世界的贫困治理工作做出了巨大贡献,提供了宝贵的经验。

虽然,中国的贫困治理工作取得了巨大成就,但并不意味着贫困治理工作的终结,而只能是贫困治理工作取得了阶段性成果,中国的贫困治理仍然是一项必须长期关注的艰巨任务。究其原因,主要有两大方面,一方面是返贫压力仍然存在,另一方面是相对贫困问题日益突出。从第一方面看,返贫的实质仍然是贫困。数十年的贫困治理虽然解决了部分致贫问题,但大量的返贫原因并没有得到根本控制。在特殊背景下,一旦失去某些控制,返贫的制度与非制度因素就会被激活,从而导致绝对贫困问题重新出现。从第二方面看,根据发达国家的贫困治理经验和学者们的理论探索,随着绝对贫困的解决,相对贫困问题就会显现。相对贫困不是单纯的物质贫困,而是一种多维贫困,是在解决了物质贫困基础上的发展贫困,是一种比较贫困,带有一定的主观性,涉及一定时期和一定环境下,社会个体对于收入分配公平的主观理解。因此,如果相对贫困问题一旦被大范围激发,极易引发社会对立,最终可能成为社会动乱的根源,从而影响中华民族伟大复兴目标的顺利实现。综上所述,我们认为贫困治理仍将是一项长期而艰巨的工作。

(二) 返贫治理需要持续的政策完善与创新

国内外理论研究和实践充分证明,返贫治理与贫困治理一样,主要力量来自政府参与,而政府参与返贫治理的关键抓手是保证返贫治理工作做到有章可循、有法可依,及时制定与各种返贫原因相对应的政策措施,这些科学合理的政策措施可以充分调动社会各方力量全方位地参与返贫治理工作。研究表明,浙江省自2015年底在全国率先高标准(高于国家标准一倍)完成精准脱贫任务以来,之所以没有再度发生大面积的农村返贫问题,最关键的原因在于,多年来针对全省原来贫困的26个脱贫县的各种特殊情况,持续颁布和完善各个层面促进经济社会发展的政策措施达52项(截至2019年的不完全统计)。这些政策措施不仅阻止了返贫现象的发生,还促进了原26个贫困县农村居民的可持续发展,至2020年底,26个原贫困县农村居民的人均可支配收入达到24167元,比2015年的15274元增加了近60%。

(三) 返贫治理监控工作要常抓不懈

阻止返贫现象发生的关键环节是及时发现和把握贫困的发生。只有精准把控返贫风险和返贫态势,才能做到精准解决返贫问题。研究发现,精准脱贫后的返贫发生的原因错综复杂,既有贫困治理制度设计缺陷方面的原因,又有大量非制度因素的影响。因此,返贫治理工作的展开,必须构建和完善返贫治理的专门机构,确保返贫治理有专人负责,有物可用,有财可支。其中,重中之重是首先要做好脱贫户的返贫监控工作,在做好返贫户的定期查验走访外,还要充分运用现代信息技术手段,做到提前介入,精准预测,防患于未然;其次也要运用当代互联网、大数据技术,通过建立相关监测机制,随时跟踪、监测非脱贫户的生存状态,做到及时发现非脱贫户的返贫风险,采取各种有效措施,及时阻断返贫的发生。

(四) 乡村产业振兴是保证脱贫对象可持续发展的主要路径

任何一个地方经济社会的发展,最关键的都是产业振兴,即所谓"无工不富、无商不活"。产业发展是支撑经济社会发展的基础中的基础,要保证和维持脱贫地区和脱贫农户可持续发展的根本动力,就要为其建立合适的产业,使当地资源能够发挥作用,转化成为资产和经济收入,让脱贫农户有工可打,增加其财产性收入,避免再度陷入贫困状态。我们研究发现,何斯路村通过三产融合模式,摆脱了脱贫后再返贫的魔咒,并持续保持了农村居民可持续发展的良好势头。茜溪区域各村在当地乡政府的引导下,通过不断地推进农村主导产业转型,植入新的朝阳产业,找到了一条适合当地特色的致富之路,保证了脱贫农户的可持续发展,最终跳出了贫困恶性循环的悖论。WY县通过"飞地"产业模式,解决了集体经济极度薄弱村的发展问题,通过产业的异地深度合作、做大做强农村集体经济,运用公共力量,促进产业振兴,最终达到让脱贫村民可持续发展,阻止了贫困问题的再度发生。

(五) 基层政府和组织是保证脱贫对象可持续发展的重要保证和有力推手

所有针对返贫现象发生的制度因素、非制度因素和其他因素,以及促进脱贫对象可持续发展而制定的政策措施、法律法规、各种规划等,最终都需要落实到基层政府和组织来推行实施。因此,基层政府和组织的工作能力、工作热情、创新精神、工作效率、建设程度等是保证脱贫对象可持续发展的重要保证和有利推手。我们研究发现，正是茜溪流域所在地的乡村组织，特别是历届乡政府的连续不懈的努力，通过内引外联，统一谋划，保证了农村主导产业的不断转型，促进了当地经济的可持续发展，阻断了返贫问题的发生。而 WY 县的"飞地"产业模式，更是从资金支持到选择合作对象、到具体经营管理等，都有政府相关部门直接参与指导才获得的成就。

（六）乡村人才是促进脱贫对象可持续发展的有力保证

科技是第一生产力，技术进步是促进乡村产业振兴的源动力，而人的因素是生产力中最根本的因素。因此，乡村人才振兴，借助产业振兴平台，是促进农村脱贫对象可持续发展的有力保证。乡村人才包括组织管理人才、技术人才、经营人才等多个方面，其中乡贤是当代乡村中重要的人才储备资源，发挥好乡贤的作用对于推进乡村可持续发展有着重要的意义。我们的研究发现，引导何斯路村农村三产融合发展的关键人物是村委会主任何允辉，他原是村里外出经商创办企业的成功企业家，因为内心的乡村情怀，才回村带领村民实现脱贫致富，并进一步推动何斯路村走上可持续发展的道路。茜溪流域的农村主导产业转型，也有乡贤的巨大贡献，茶产业的开发、体育文旅产业的培育、明清古建筑群的开发利用、青年创业基地的创立经营、野马岭高端名宿的创立等，都有乡贤发挥重要作用的身影，有的是直接投资，有的联合开发经营，还有的出谋划策。

二、返贫治理路径创新若干思考

返贫治理是一项长期艰巨的工作。要做好返贫治理工作，首先需要有长期斗争的思想准备，同时必须构建防止返贫发生的长效治理机制，其中实施乡村振兴战略，是返贫治理长效机制的核心和基础。构建具体的返贫治理长效机制必须多方努力，全方位展开，调动一切可以调动的社会力量，创新政策，拓宽思路，形成合力，才能最终完成。

（一）分类试策，实施乡村振兴，保证贫困乡村与脱贫农户的可持续发展

中国当前还有50余万个行政村（包括脱贫村庄），这些村所处位置不同，资源条件也不同，因此乡村振兴不能实行一刀切的方法，而是要先对村庄进行分门别类，然后再分类试策，制定促进乡村振兴的不同政策体系和工作机制，来保证村民的可持续发展。例如，可以先把50余万个乡村（行政村）主要根据区位条件，划分成四大类型——快速提升村、城乡融合村、特色保护村和偏远脆弱村，再根据各类村庄的特点，分别构建乡村振兴政策体系（见表9-1），保证乡村（包括脱贫乡村）与农户（包括脱贫农户）的可持续发展。

表9-1　　　　　　　　　村庄类别与政策构想

序号	乡村类别	区位与资源特征	政策构想
1	快速提升村	区位条件优越，自然资源、产业基础、人口集聚较好，发展潜力足	快速推进乡村全面振兴
2	城乡融合村	靠近城市，交通便捷，与城市融合度较高，能承接部分城市产业外溢	建成城市卫星村（城郊村）
3	特色保护村	与城市有一定距离，生态环境脆弱，具备有价值的特色资源	兼顾民生，发展绿色生态产业
4	偏远脆弱村	远离城市，生态非常脆弱，人类生存条件极差，资源贫乏	搬迁、撤并、促使村庄自然消亡

（二）构建和不断完善返贫预警机制

对返贫风险的准确预警是返贫治理的关键环节，中国基层政府中已经建立的返贫预警机制，虽然对防止返贫问题的发生起到了重要作用，但其主要依靠定期的工作人员调查跟踪和农户自身申报相结合的信息获取方式，存在

信息滞后、不全面和一定程度上的被动预警的缺陷,甚至可能造成返贫预警的偏差。因此,我们认为,在乡村振兴背景下,除了继续完善已经建立的动态返贫预警机制外,还可以借助互联网和大数据技术,重构返贫预警系统,从而使返贫预警更加科学和精准。新的预警系统,至少必须包括返贫环境预警机制、扶贫对象不良变化预警机制、意外变故预警机制、应急反应机制和干预机制等部分组成,各分系统之间必须相互关联和协调,见图9-1。

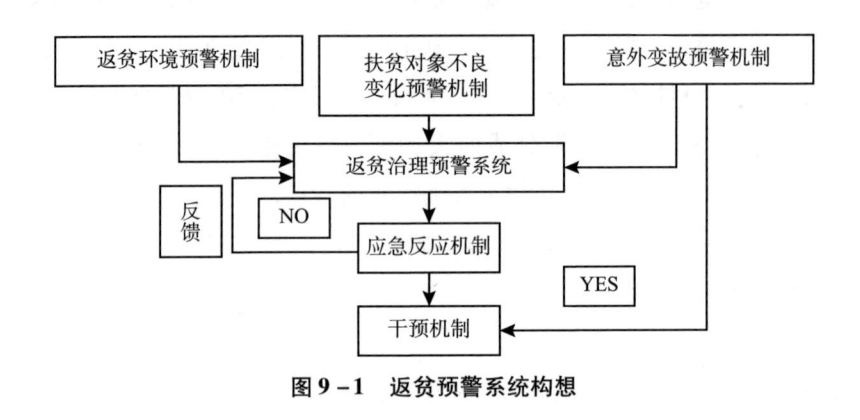

图9-1 返贫预警系统构想

(三) 重塑乡村新产业体系

要有效阻止返贫现象的发生,各级政府的支持和社会各界力量的广泛参与固然重要,但最终起决定作用的还是乡村的内生动力。而乡村发展的内生动力的培育和激发需要村民的积极参与和强大的乡村产业基础。长期以来,贫困乡村的产业主要是传统农业和依附于传统农业的简单延伸产业。随着传统农业在农村发展中的作用衰退,农村的主导产业也逐渐衰退,这大大制约了脱贫农户的可持续发展能力。各地乡村因扶贫而引入的各种新型产业(相对于传统农业),由于目的性过于实际,缺乏长远战略规划,脱离各地实际,再加上没有扶贫对象的主动参与,往往在外部推动力消退后,快速萎缩,直至彻底消失。因此,我们认为,在乡村振兴背景下,要防止返贫发生,推进脱贫农户的可持续发展,有必要重塑乡村新产业体系。这种新产业体系安排,必须始终坚持农民的主体地位,同时能吸引全社会参与,以促进城乡一体化为抓手,能充分利用当地资源优势和环境特征,能够保持可持续发展的良好势头。

（四）探索乡村生态资源资产化路径，大幅提升脱贫农户财产性收入

通过精准扶贫而完成脱贫的乡村和脱贫农户，大多位于偏远地区，生存条件比较恶劣，资源普遍匮乏。按照传统发展思路，这些地区和农户，一般很难真正做到依靠自身努力达到可持续发展的目标。就这些地域而言，唯一的资源特性可能是拥有独特山川地貌、自然风光、清新空气、蓝天白云和青山绿水。因此，要防止返贫的发生，保持脱贫农户的可持续发展，必须改变思路，让脱贫农户所拥有的这些独特生态资源，转换成农户资产，从而可以大幅度提升农户的财产性收入，最终达到真正脱贫致富的目标。

（五）制定政策法规，吸引新乡贤下乡参与乡村振兴

乡镇振兴作为一项国家战略，需要长期执行，为此需要调动各方力量，来共同完成这一历史性的任务。各乡村发展的实践证明，乡贤凭借其自身的各种优势条件，对促进乡村振兴具有不可替代的作用。因此，各地方政府必须从各地实际出发，制定相应的管理办法，力争做到新乡贤引得进、留得住、有作为，进而让新乡贤有良好的获得感，愿意倾力投入乡村振兴活动。

1. 制定精神鼓励与实物回报相结合的政策

对于早年从乡村离开的能人来说，作为新乡贤回归除了情怀以外，还需要尊重与回报。因此，各地方政府，特别是乡镇和乡村管理者必须认真研究，在不违反国家大政方针的前提下，出台切实可行和有效的管理规章和制度，这些制度和规章既能照顾乡贤的思乡和反哺乡村的情怀，又能让他们觉得投资有回报，利益有保障，比如设立乡贤功德牌坊、乡贤英雄谱、一年一度的乡贤表彰会等精神奖励，也可以在一定范围内以某些标准给予新乡贤买房置地、修缮或重建老房的权益，让他们的经营所得尽量留在乡村，成为乡村另一条靓丽风景线或者在他们身后成为乡村的物质遗产。

2. 建设新乡贤论坛平台，激发乡贤回乡热情

针对从外部引入或离村数代以上的新乡贤而言，他们在陌生的乡村环境中没有稳定的情怀之根，如何让他们回归或愿意经常关照乡村，除了乡村的自然环境和人文环境建设作为吸引动力外，我们认为在制度设计上应在乡村振兴战略中增加一块新乡贤的平台建设，比如建立乡村建设研究院，研究院的建设甚至可以做成一定规模的地产项目，让新乡贤们直接参与投资和入股，投资人可以获得这些房产的办公使用权甚至部分产权，这样更能激发新乡贤的回乡热情。研究院建成后定期举行由全国各地的新乡贤参与的各种研讨会，让新乡贤们有一个思想交流和碰撞的平台，这既有利于新乡贤的经常回归，又有利于乡村振兴思想和智慧的供给与推广。

3. 制定新乡贤权益保护地方性法规

从长期意义上看，法律法规是新乡贤回归所得权益保障的最佳手段，过去的事实一再证明，所有的各项承诺都会随着主张者的消失而被舍弃。因此，随着新乡贤回归计划的推进和乡村振兴战略的逐步实施，一旦时机成熟，我们认为就必须及时制定法律法规，至少要先出台地方层面上的法律法规，来约束各种力量对新乡贤获得的各项权益的有意或无意的侵害，保护新乡贤应得的各项收益。

| 附件 |

WY县—HN市"飞地"项目调查问卷

尊敬的先生/女士：

您好！

为了解WY县—HN市飞地项目的经营现状，现邀请您针对以下问题进行作答。本问卷主要是采用无记名方式，相关数据不会公开，希望能得到您的大力支持与帮助，谢谢！

（1）本调查问卷共分为三个部分，第一个部分为您的基本信息填写；第二部分为"飞地"项目相关问题调查。

（2）本调查问卷将严格保密，所以你可以放心回答。

（3）请你按实际情况作答，否则将影响调查效果。

第一部分：基本信息调查

你的年龄：　　　　　　　　你的性别：

你的学历：　　　　　　　　你的工作性质：

第二部分：WY县—HN市"飞地"项目相关情况调查

该部分问卷主要是调查WY县—HN市"飞地"项目相关情况，请您根据问题在最接近的方框内打钩。

1. 您认为WY县—HN市"飞地"项目对WY县

□非常重要　　□重要　　□一般　　□不重要　　□完全不重要

2. 您是否支持 WY 县—HN 市"飞地"项目

□非常支持　　□支持　　□不清楚　　□不支持　　□非常不支持

3. 您认为 WY 县是否适合自主招商投资

□非常适合　　□适合　　□不清楚　　□不适合　　□非常不适合

4. 请对以下 WY 县自主招商投资阻碍因素影响大小进行评分

阻碍因素	影响非常大（5分）	有影响（4分）	一般（3分）	无影响（2分）	完全没有影响（1分）
工业园不成熟					
交通便利性差					
管理理念落后					
经济体制落后					
配套设施不完善					
缺乏招商投资专业人才					
高素质人力资源不足					

5. 请对以下"飞地"项目可能给 WY 县带来的影响进行评分

阻碍因素	影响非常大（5分）	有影响（4分）	一般（3分）	无影响（2分）	完全没有影响（1分）
提高投资效益					
消薄村增收					
提升工业园管理能力					
为自主招商引资积累经验					
充分利用工业用地指标					
快速实现消薄目标					
拓宽投资途径					

6. 为保障"飞地"项目的顺利推进，请对双方政府以下响应维度的重要性进行评分

阻碍因素	非常重要（5分）	重要（4分）	一般（3分）	不重要（2分）	完全不重要（1分）
合作理念转变					
开放意识					
管理互动					
管理体制改革					
市场经济体制改革					
政府职能转变					

主要参考文献

[1] 安增军，许剑. 发展"飞地工业"：区域经济协调发展的新思路 [J]. 东南学术，2008（6）：144-150.

[2] 蔡鹏程. 精准扶贫对象识别监控机制的优化研究——基于L县Z村调研分析 [D]. 金华：浙江师范大学，2019.

[3] 曹红军. 浅评DPSIR模型 [J]. 环境科学与技术，2005（S1）：110-111，126.

[4] 常莉. 防返贫机制研究 [D]. 郑州：郑州大学，2018.

[5] 常齐杰. 河北省Z县脱贫人口返贫问题研究 [D]. 石家庄：河北师范大学，2019.

[6] 陈标平，吴晓俊. "破"农村返贫困境，"立"可持续扶贫新模式——农村反贫困行动60年反思 [J]. 生产力研究，2010（3）：60-61，72.

[7] 陈广，刘广龙，朱端卫，王雨春，周怀东. DPSIR模型在流域生态安全评估中的研究 [J]. 环境科学与技术，2014，37（S1）：464-470.

[8] 陈琳. 基于产业融合的农业旅游新模式研究 [D]. 上海：华东师范大学，2007.

[9] 陈琳. 农村"隐性离婚"问题与返贫风险研究——基于贵州的调查与分析 [J]. 法制与社会，2018，6（中）：157-158.

[10] 陈年生，邓其祥. 浅谈防止返贫对策 [J]. 老区建设，1992（7）：10.

[11] 陈帅飞，曾伟. 复合行政视角下国内飞地管理研究 [J]. 湖北理工学院学报（人文社会科学版），2016，33（6）：45-49，83.

[12] 陈文，张旭锋，桑兴岳. 陕西农民合作社"三产"融合的类型探

索[J]. 中国农民合作社, 2015 (6): 24-26.

[13] 陈扬帆. 传统农业型村落的产业融合发展路径研究——以义乌何斯路村为例[D]. 金华: 浙江师范大学, 2017.

[14] 程明. "后2020"时代我国农村返贫的生成机理、治理困境与优化路径[J]. 岭南学刊, 2021 (1): 63-70.

[15] 程明, 钱力, 吴波. "后扶贫时代"返贫治理问题研究[J]. 重庆理工大学学报(社会科学), 2020 (3): 81-87.

[16] 程郁. 日本发展"六次产业"的主要做法与启示[J]. 山东经济战略研究, 2015 (11): 44-47.

[17] 崔文静, 李佩奇. 飞地经济研究综述[J]. 中国商论, 2019 (18): 229-231.

[18] 代家龙. 精准扶贫背景下精准识别问题研究——以会泽县拖落村为例[D]. 昆明: 云南财经大学, 2016.

[19] 邓维杰. 精准扶贫的难点、对策与路径选择[J]. 农村经济, 2014 (6): 78-81.

[20] 邓维杰. 贫困村分类与针对性扶贫开发[J]. 农村经济, 2013 (3): 42-44.

[21] 邓瑶. 农业公共服务的三螺旋模型——政府、产业与农民合作社互动关系分析[J]. 农村经济, 2010 (4): 86-89.

[22] 丁伟伟. 飞地经济发展研究: 一个文献综述[J]. 经济师, 2019 (4): 55-57.

[23] 丁伟伟. 逆向飞地经济现象研究[D]. 杭州: 杭州师范大学, 2019.

[24] 董荣奎. 三产融合——农村经济可持续发展的新举措[J]. 内蒙古农业科技, 2015 (6): 144-147.

[25] 段忠贤. 社会扶贫"碎片化"如何治理[N]. 光明日报, 2016. 05. 30.

[26] 范和生. 返贫预警机制构建探究[J]. 中国特色社会主义研究, 2018 (1): 57-63.

[27] 范西川. 精准扶贫视域下农村返贫治理对策研究[D]. 重庆: 中

共重庆市委党校,2017.

[28] 冯云廷.飞地经济模式及其互利共赢机制研究[J].财经问题研究,2013(7):94-102.

[29] 付桂军,齐义军."飞地经济"研究综述[J].经济纵横,2013(12):113-116.

[30] 高帅.贫困识别、演进与精准扶贫研究[M].北京:经济科学出版社,2016.

[31] 高艳云.中国城乡多维贫困的测度及比较[J].统计研究,2012(11):61-66.

[32] 葛剑雄.历史上的中国:中国疆域的变迁[M].上海:上海锦绣文章出版社,2007.

[33] 葛深渭,彭梦晨.新时期反贫困的浙江模式:创新、包容与共享并举[J].学理论,2018(12):37-39.

[34] 葛志军,邢成举.精准扶贫:内涵、实践困境及其原因阐释——基于宁夏银川两个村庄的调查[J].贵州社会科学,2015(5):157-163.

[35] 龚晓珺.试析青年农民"因婚返贫"的非正式制度致因及其整体协同治理策略[J].中国青年研究,2018(3):71-78.

[36] 顾颉刚,史念海.中国疆域沿革史[M].北京:商务印书馆,1993.

[37] 贵桁.参与式扶贫:遏制返贫问题的路径选择[D].新乡:河南师范大学,2019.

[38] 郭思源.构建后脱贫时代贫困治理的长效机制:社会工作的实践[J].重庆工商大学学报(社会科学版),2021(8):83-96.

[39] 郭友文.无影灯效应在慈善机构内部控制中的应用研究[D].湘潭:湘潭大学,2014.

[40] 韩一军.加快推进农村一二三产融合发展[N].农民日报,2015(3):1-3.

[41] 何华征,盛德荣.论农村返贫模式及其阻断机制[J].现代经济探讨,2017(7):95-102.

[42] 何菁菁.农业产业化发展中的金融支持研究[D].杭州:浙江大

学, 2010.

[43] 何立胜, 李世新. 产业融合与农业发展 [J]. 晋阳学刊, 2005 (1): 37-40.

[44] 洪苏珍. 农村贫困治理中精准识别研究——以江西省兴国县为例 [D]. 南昌: 南昌大学, 2017.

[45] 胡瑾. "飞地" 研究 [D]. 贵阳: 贵州师范大学, 2016.

[46] 胡世文, 曹亚雄. 脱贫人口返贫风险监测机制设置、维度聚焦与实现路径 [J]. 西北农林科技大学学报 (社会科学版), 2021 (1): 29-38.

[47] 黄得林. 试论中国公务员监控机制的完善 [J]. 法制与社会, 2008 (34): 186-188.

[48] 黄海棠. 乡村振兴背景下的返贫风险评估及防范长效机制研究 [J]. 洛阳理工学院学报 (社会科学版), 2019, 6 (3): 38-44.

[49] 黄好. 产业转型推动农村经济结构调整趋向研究 [J]. 湖北开放职业学院学报, 2019 (1): 135-136.

[50] 黄志烨, 李桂君, 李玉龙, 常远. 基于 DPSIR 模型的北京市可持续发展评价 [J]. 城市发展研究, 2016, 23 (9): 20-24.

[51] 姜长云. 日本的 "六次产业化" 与我国推进农村一二三产业融合发展 [J]. 农业经济与管理, 2015 (3): 5-10.

[52] 蒋雅娜. 现阶段我国西部农村多维返贫的因素分析及预防对策研究——基于 X 县的调研 [D]. 兰州: 甘肃农业大学, 2019.

[53] 焦国栋. 解决我国农村返贫问题的对策思考 [J]. 理论前沿, 2004 (18): 33-34.

[54] 焦克源, 陈晨, 焦洋. 整体性治理视角下深度贫困地区返贫阻断机制构建——基于西北地区六盘山特困区 L 县的调查 [J]. 新疆社会科学, 2019 (1): 137-145.

[55] 金坤城. 对中国 4977 万农村准绝对贫困人口返贫的忧虑及其对策 [J]. 安徽农业科学, 2005 (7): 1289-1290.

[56] 金鑫. 当代中国应对自然灾害导致返贫的对策研究 [D]. 长春: 吉林大学, 2015.

[57] 柯元. 我国农村返贫问题的现状、成因及对策 [J]. 九江学院学

报，2007（4）：35-37.

[58] 孔祥智，周振. 发展第六产业的现实意义及其政策选择 [J]. 农业经济研究，2015（1）：98-103.

[59] 蓝勇. 中国历史地理学 [M]. 北京：高等教育出版社，2010.

[60] 李凤荣. 日本农产品"地产地消"流通模式分析 [J]. 商场现代化，2012（672）：1-3.

[61] 李国祥. 农村一二三产业融合发展是破解"三农"难题的有效途径 [J]. 中国合作经济，2016：32-36.

[62] 李会琴，张婷. 基于风险因素识别的返贫预警机制构建 [J]. 国土资源科技管理，2020（4）：104-113.

[63] 李佳路. 农户多维贫困测量：以S省30个国家扶贫开发工作重点县为例 [J]. 财贸经济，2010（10）：63-68.

[64] 李进涛，谭术魁，汪文雄. 基于DPSIR模型的城市土地集约利用时空差异的实证研究——以湖北省为例 [J]. 中国土地科学，2009，23（3）：49-54，65.

[65] 李俊岭. 我国多功能农业发展研究——基于产业融合的研究 [J]. 农业经济问题，2009（3）：4-7.

[66] 李骏阳，夏惠芳. 开发区"飞地经济"发展模式研究 [J]. 商业经济与管理，2006（2）：55-60.

[67] 李鲁奇，马学广，鹿宇. 飞地经济的空间生产与治理结构——基于国家空间重构视角 [J]. 地理科学进展，2019，38（3）：346-356.

[68] 李瑞琴，徐德军. 对山西省柳林县农村返贫的忧虑及对策 [J]. 商业文化（上半月），2011（7）：146.

[69] 李晓杰. 体国经野：历代行政区划 [M]. 长春：长春出版社，2004.

[70] 李孝聪. 中国区域历史地理 [M]. 北京：北京大学出版社，2004.

[71] 李玉田. 中国农村反返贫困问题研究 [J]. 广西右江民族师专学报，2005（4）：8-12.

[72] 李玉照，刘永，颜小品. 基于DPSIR模型的流域生态安全评价指标体系研究 [J]. 北京大学学报（自然科学版），2012，48（6）：971-981.

［73］李赞. 如何跳出高彩礼致贫返贫的泥潭即对解决农村彩礼飞涨的对策建议［J］. 农村经济与科技, 2016（18）：218, 222.

［74］连莲, 叶旭廷. 京津冀协同发展中的"飞地"经济研究［J］. 经济问题探索, 2016（5）：146－151.

［75］梁伟军. 产业融合视角下的中国农业与相关产业融合发展研究［J］. 科学·经济·社会, 2011, 29（125）：12－17.

［76］梁伟军, 易法海. 中国现代农业发展路径的产业融合理论解释［J］. 江西农业大学学报（社会科学版）, 2009, 8（4）：43－47.

［77］廖富洲, 徐夏楠. 河南农村脱贫人口的返贫问题及对策思考［J］. 河南省情与统计, 2003（2）：13－15.

［78］林晨. 农业产业转型升级中地方政府作用优化研究——以龙岩市Y区为例［J］. 农村经济与科技, 2019（22）：214－215.

［79］凌保平. 农村返贫问题及其对策［J］. 老区建设, 2001（2）：35－36.

［80］刘晖. 新疆少数民族聚居区贫困人口的测量指标体系及贫困发生率研究［J］. 中国人口科学, 2005（S1）：94－98.

［81］刘君德, 靳润成, 周克瑜. 中国政区地理［M］. 北京：科学出版社, 1999.

［82］刘娜. "四个方子"同治一种"病"［N］. 云南政协报, 2017.4.21.

［83］刘孝蓉, 胡明扬. 基于产业融合的传统农业与乡村旅游互动发展模式［J］. 贵州农业科学, 2013, 41（3）：219－222.

［84］刘渊. 西部偏远山区农村贫困对象瞄准问题探究［J］. 农村经济, 2015（4）：75－78.

［85］卢福营, 刘成斌, 等. 非农化与农村社会分层——十个村庄的实证研究［M］. 北京：中国经济出版社, 2005.

［86］鲁子箫. 农村教育扶贫的"因教致贫"困境及观念转向［J］. 教育理论与实践, 2017（2）：10－12.

［87］陆汉文, 李文君. 信息不对称条件下贫困户识别偏离的过程与逻辑［J］. 中国农村经济, 2016（7）：15－22.

［88］陆湘群. 上海大学生体质健康监控机制研究［D］. 上海：东华大

学,2013.

[89] 吕登蓉,左文华.经济学视野下西部农村教育反贫困与返贫困问题[J].沧桑,2010(4):78-79,81.

[90] 吕帅.飞地经济型高新技术产业开发区规划研究——以红云高新技术产业园为例[D].西安:长安大学,2011.

[91] 罗江月,唐丽霞.扶贫瞄准方法与反思的国际研究成果[J].中国农业大学学报(社会科学版),2014(4):10-17.

[92] 罗文霞.治理农村返贫现象的对策思考[N].邵阳日报,2015.11.30.

[93] 麻朝晖.欠发达地区农村返贫现象探析[J].商业经济与管理,2003(4):43-45.

[94] 马丁·瑞沃林.贫困的比较[M].赵俊超,译.北京:北京大学出版社,2005:52-54.

[95] 马健.产业融合理论研究评述[J].经济学动态,2002(5):78-81.

[96] 马健.产业融合论[M].南京:南京大学出版社,2006.

[97] 马晓河.推进农村一二三产业深度融合发展[J].中国合作经济,2015(2):43-44.

[98] 孟春,高雪姮.大力推进三产融合加快发展现代农业[J].发展研究,2015(1):7-8.

[99] 孟晓哲.现代农业产业融合问题及对策研究[J].中国农机化学报,2014,35(6):318-321.

[100] 牛若玲.创意农业与旅游产融合发展研究——以江西省新余市为例[D].金华:浙江师范大学,2014.

[101]《农产品加工业及农村一二三产业融合发展保障措施研究》课题组.制订完善相关政策法律保障措施,促进农村一二三产业融合发展[J].农村工作通讯,2015(18):30-33.

[102] 彭琪,王庆.精准扶贫背景下返贫问题的成因及对策——以湖北省W区L村为例[J].贵阳市委党校学报,2017(6):45-50.

[103] 彭腾.在制度完善中消除农村返贫困[J].荆楚理工学院学报,

2002（10）：66-70.

［104］皮啸菲. 发展飞地经济下区域产业与用地整合模式研究［D］. 南京：南京大学，2011.

［105］漆敏. 我国农村返贫问题根源剖析与对策研究［D］. 重庆：重庆大学，2021.

［106］覃志敏，黄丽珠. 乡村振兴与返贫治理［J］. 中国国情国力，2019（8）：41-44.

［107］邱铁华. 四川省平武县白马乡精准扶贫案例研究［D］. 成都：电子科技大学，2014.

［108］冉光电. 农村返贫的原因及对策［J］. 理论与当代，1997（8）：24-25.

［109］任经宪. 边疆民族地区贫困户返贫研究［D］. 昆明：云南师范大学，2019.

［110］单元媛，赵玉林. 国外产业融合若干理论问题研究进展［J］. 经济评论，2012（5）：152-160.

［111］沈权平."后扶贫时代"东北边疆民族地区返贫预警机制研究［J］. 北方民族大学学报，2020（6）：41-48.

［112］史德. 农村返贫现象探析［J］. 农村工作通讯，1999（6）：9-11.

［113］史念海. 河山集第7集［M］. 西安：陕西师范大学出版社，1999.

［114］史为乐. 中华人民共和国政区沿革（1949~2002）［M］. 北京：人民出版社，2006.

［115］谭明交，向从武，王凤羽. 中国农业产业在乡村振兴中的转型升级路径［J］. 区域经济评论，2018（4）：121-128.

［116］谭贤楚. 民族山区转型农村返贫人口的多维成因探讨——基于恩施州的实证［J］. 前沿，2013（11）：161-162.

［117］唐任伍，肖彦博，唐常. 后精准扶贫时代的贫困治理——制度安排和路径选择［J］. 北京师范大学学报（社会科学版），2020（1）：133-139.

［118］田立帅. 我国政府监管存在的问题与监管机制的革新［J］. 法制与社会，2007（10）.

［119］仝刘革. 晋中农村返贫原因及对策初探［J］. 山西农经，2000

(6)：33-35.

[120] 完世伟．创新驱动乡村产业振兴的机理与路径研究［J］．中州学刊，2019（9）：26-32.

[121] 汪磊，汪霞．基于风险分析的西南喀斯特山地省区农村返贫问题研究——以贵州为例［J］．贵州大学学报（社会科学版），2013（5）：27-30，67.

[122] 汪磊，伍国勇．精准扶贫视域下我国农村地区贫困人口识别机制研究［J］．农村经济，2016（7）：112-117.

[123] 汪三贵，郭子豪．论中国的精准扶贫［J］．贵州社会科学，2015（6）：147-150.

[124] 汪三贵，刘未．"六个精准"是精准扶贫的本质要求——习近平精准扶贫系列论述探析［J］．毛泽东邓小平理论研究，2016（1）：40-43.

[125] 汪中华，彭涌，谢仲玮，李岩，刘伟．农村贫困地区产业转型的模式选择［J］．北方经贸，2011（12）：60.

[126] 王传刚，王士昌．地方政府返贫治理绩效指标模型构建——基于KPI视角［J］．贵阳学院学报（自然科学版），2020，15（3）：36-39.

[127] 王道荣．宿州市探索农村三产融合发展的新思路［J］．安徽农学通报，2015（23）：8-10.

[128] 王刚，贺立龙．返贫成因的精准识别及治理对策研究［J］．中国经贸导刊，2017（3）：37-38.

[129] 王国勇．我国精准扶贫工作机制问题探析［J］．农村经济，2015（9）：46-50.

[130] 王华女．多维视野下的基础教育课程质量监控机制研究［D］．长沙：湖南师范大学，2013.

[131] 王景新．协调发展：村域发展战略与政策：大整合、大调整——长江三角洲区域协调发展研究［M］．上海：上海人民出版社，2005.

[132] 王明．NGO及其在扶贫开发中的作用［J］．清华大学学报（社会科学版），2001（1）：75-80.

[133] 王琪延，张家乐．国内外旅游业和农业融合发展研究［J］．调研

世界，2013（3）：61-65.

[134] 王琦，王平达：科学把握精准扶贫的三个阶段——学习习近平总书记关于"精准扶贫"的论述[N]. 光明日报，2016.6.15（13）.

[135] 王倩."飞地经济"治理中的地方政府合作研究——以深汕特别合作区为例[J]. 厦门特区党校学报，2017（5）：40-47.

[136] 王小林，Alkires. 中国多维贫困测量：估计和政策含义[J]. 中国农村经济，2009（12）：4-10.

[137] 王昕坤. 产业融合——农业产业化的新内涵[J]. 农业现代化研究，2007，28（3）：303-321.

[138] 王玉平，尚凡强. 关于当前我国农村返贫现象的研究[J]. 山东行政学院山东省经济管理干部学院学报（增刊），2005（12）：39-40.

[139] 王志刚，江笛. 日本"第六产业"发展战略及其对中国的启示[J]. 世界农业，2011（3）：80-83.

[140] 韦香. 返贫风险识别与防控研究——基于贵州原贫困L乡片区的实证调查[D]. 上海：华东理工大学，2019（12）：51-57.

[141] 韦志明. 农村"因教致贫"现象的反思[J]. 安徽农业科学，2007，9（35）：78-79.

[142] 魏有广，孙赫. 基于产业转型视角的农村休闲旅游产业发展研究[J]. 农业经济，2015（4）：22-23.

[143] 吴胜亮. 我国民间扶贫组织外部监督机制研究[D]. 南昌：南昌大学，2016.

[144] 吴素春. 飞地经济研究综述与展望[J]. 山东工商学院学报，2013，27（3）：33-38.

[145] 吴晓俊. 中国农村返贫困境分析与可持续扶贫探索[J]. 求实，2010（6）：92-95.

[146] 吴雄周，丁建军. 单维瞄准向多位瞄准的嬗变[J]. 湖南社会科学，2012（5）：129-135.

[147] 吴昀. 岳西县农村老年贫困群体返贫治理研究[D]. 合肥：安徽大学，2019.

[148] 伍婷. 农业与旅游产业融合模型及实证研究——以桂林休闲农

业旅游发展为例[D]. 桂林：广西师范大学，2014.

[149] 席晓丽. 产业融合与我国多功能农业建设初探[J]. 福建论坛（人文社会科学版），2007（9）：20-23.

[150] 香河县情调查组. 中国国情丛书——百县市经济社会调查香河卷[M]. 北京：中国大百科全书出版社，1994.

[151] 解安，刘承昊. 农业农村优先发展的历史逻辑、现实性与路径探索[J]. 江淮论坛，2018（6）：46-54，197.

[152] 解宗方. 基于三螺旋模型的国家粮食安全保障战略——以河南省为例[J]. 中国人口·资源与环境，2012，22（12）：115-122.

[153] 辛欣. 文化产业与旅游产业融合研究：机理、路径与模式——以开封为例[D]. 开封：河南大学，2013.

[154] 熊德斌，张成功. 乡村产业转型升级需要政府有为市场有效[N]. 贵州日报（理论周刊，黔言），2020.04.15.

[155] 徐建平. 政治地理视角下的省界变迁——以民国时期安徽省为例[M]. 上海：上海人民出版社，2009.

[156] 徐璐. 新沂市精准扶贫监管工作的实践与思考[J]. 科技经济导刊，2018（9）：145-146.

[157] 徐延辉，龚紫钰. 社会质量、社区能力与城市居民的能力贫困[J]. 湖南师范大学社会科学学报，2015，44（5）：116-125.

[158] 徐延利，齐中英，刘丹. 基于监控机制的激励机制框架模型设计与扩展[J]. 哈尔滨工业大学学报，2006（10）：38.

[159] 许婷. 飞地经济区的管理体制创新[D]. 武汉：武汉大学，2019.

[160] 杨斌. 插花地研究：以明清以来贵州与四川、重庆交界地区为例[M]. 北京：中国社会科学出版社，2015.

[161] 杨翠萍. 我国西部农村"因教返贫"现象透析[J]. 中州学刊，2010，9（5）：265-266.

[162] 杨道田. 新时期我国精准扶贫机制创新研究[M]. 北京：经济管理出版社，2017.

[163] 杨瑚. 返贫预警机制研究[D]. 兰州：兰州大学，2019.

[164] 杨晶. 多维视角下农村贫困的测度及分析[J]. 华东经济管理，

2014（9）：37-38.

[165] 杨玲丽. 超越"嵌入性"约束，共建产业园——苏州工业园"飞地经济"促产业转移［J］. 经济体制改革，2014（3）：105-109.

[166] 杨龙，李萌，汪三贵. 我国贫困瞄准政策的表达与实践［J］. 农村经济，2015（1）：8-12.

[167] 杨秀丽. 精准扶贫的困境及法制化研究［J］. 学习与探索，2016（1）：108-110.

[168] 杨玉娇. 全域旅游下的井冈山反返贫机制研究［D］. 南昌：南昌大学，2019.

[169] 杨志银. 扶贫资金安全运行与监管研究——以贵州省为例［J］. 上海经济研究，2017（34）：52-55.

[170] 姚建平，王硕，刘晓东. 农业产业化的农户返贫风险研究——基于甘肃省靖远县两村庄枣农的分析［J］. 华北电力大学学报（社会科学版），2017（2）：73-79.

[171] 叶初升，邹欣. 扶贫瞄准的绩效评估与机制设计［J］. 华中农业大学学报（社会科学版），2012（1）：63-69.

[172] 叶林. 基于乡村产业振兴的防返贫路径研究［D］. 成都：四川师范大学，2019.

[173] 游玉婷，王志刚，苏毅清. 湖北省农村一二三产业融合现状、问题及对策［J］. 新疆农垦经济，2016（1）：14-17.

[174] 于秀丽. 慈善组织的行为分析及对中国发展慈善事业的启示［J］. 生产力研究，2006（4）：170.

[175] 袁德梽. "三产融合"助推奉节县中药材产业发展［N］. 经济观察，2015（1）：25.

[176] 苑藏忍. 河北省农村贫困人口返贫问题的解决思路［J］. 河北农业科学，2004（6）：98-99.

[177] 查婷俊，刘志彪. "飞地经济"的江苏实践［J］. 环境经济，2017（16）：38-41.

[178] 张春勋，赖景生. 西部农村返贫的制度根源及市场化创新方向［J］. 重庆工商大学学报（西部论坛），2006（12）：11-14.

[179] 张春艳. 我国"因灾返贫"问题研究 [D]. 西安: 西北大学, 2012 (5): 32-39.

[180] 张峰. 中国农业产业化融资体系研究 [D]. 太原: 山西财经大学, 2015.

[181] 张华, 阿古拉. 加大扶贫力度、巩固扶贫成果——扎鲁特旗农村牧区贫困现状及控制返贫致贫的对策 [J]. 内蒙古统计, 2002 (4): 27-28.

[182] 张珺. 当前我国农村返贫现状与问题分析 [J]. 中国管理信息化, 2011 (6): 26-27.

[183] 张丽敏: 扶贫攻坚中返贫问题的成因与对策研究 [J]. 中国集体经济, 2019 (28): 5-8.

[184] 张丽娜. 以农村一二三产业融合助推农业改革发展 [J]. 奋斗, 2015 (12): 21-22.

[185] 张全红, 周强. 中国农村多维贫困的动态变化: 1991~2011 [J]. 财贸研究, 2015 (6): 22-29.

[186] 张冉, 郝斌, 任浩. 飞地经济模式与东中合作的路径选择 [J]. 甘肃社会科学, 2011 (2): 187-190, 204.

[187] 张文礼, 王达梅. 政府购买社会组织服务监管机制创新研究 [J]. 甘肃行政学院学报, 2017 (3).

[188] 张晓静, 冯星光. 贫困的识别、加总与分解 [J]. 上海经济研究, 2008 (10): 3-10.

[189] 张野, 赵新生. 美丽乡村建设对乡村旅游转型升级的作用力研究 [J]. 农业经济, 2018 (9): 44-46.

[190] 张义博. 农业现代化视野的产业融合互动及其路径找寻 [J]. 改革, 2015 (2): 98-107.

[191] 张燚. 均衡市场化: 民族地区农村返贫的再脱贫之路 [J]. 中国农村研究, 2020 (4): 80-96.

[192] 张玉胜. 精准扶贫需强化监管 [N]. 检察日报, 2016 (6).

[193] 张园园, 吴强, 孙世民. 供应链环境下畜产品质量安全的政府监管机制研究 [J]. 农村经济, 2018 (4): 29-34.

[194] 张中近. 贵州省谷脚镇精准扶贫中的返贫预防研究 [D]. 大理:

大理大学，2019.

[195] 赵海. 论农村一二三产业融合发展 [J]. 农村经营管理，2015 (7)：26-29.

[196] 赵聚军. 中国行政区改革研究：政府发展模式转型与研究范式转换 [M]. 天津：天津人民出版社，2007.

[197] 赵文灿. 关于洛阳市农村返贫问题的调查与对策 [J]. 中国贫困地区，2000 (6)：30-32.

[198] 赵欣，任军. 精准扶贫背景下民族地区农牧民高利贷致贫化解对策研究 [J]. 黑龙江民族丛刊（双月刊），2018 (5)：95-99.

[199] 郑明高. 产业融合发展研究 [D]. 北京：北京交通大学，2010.

[200] 周昌芹. 产业融合背景下农业旅游的开发模式研究——以浙江省为例 [D]. 重庆：重庆师范大学，2012.

[201] 周柯，谷洲洋. 飞地经济运行机制及实现途径研究 [J]. 中州学刊，2017 (10)：23-28.

[202] 周念群，汝艳红. 农村产业转型升级的路径选择——以济南市市中区近郊农村为例 [J]. 中共济南市委党校学报，2020 (2)：126-128.

[203] 朱琳. 关于扶贫资金审计监管的问题及对策研究 [J]. 全国商情，2016 (34)：80-85.

[204] 庄涛，吴洪. 基于专利数据的我国官产学研三螺旋测度研究——兼论政府在产学研合作中的作用 [J]. 管理世界，2013 (8)：175-176.

[205] 邹薇，方迎凤. 关于中国贫困的动态多维度研究 [J]. 中国人口科学，2011 (6)：49-58.

[206] 邹逸麟. 中国历史地理概述 [M]. 上海：上海教育出版社，2007.

[207] 左停，杨雨鑫，等. 精准扶贫：技术靶向、理论解析和现实挑战 [J]. 贵州社会科学，2015 (8)：156-162.

[208] Amartya Sen. Poverty and Famine. An Essay on Entitlement and Deprivation [M]. Oxford：University Press，1982：55-57.

[209] Benjamin Seebohm Rowntree. Poverty：a study of human inequality [M]. London：Macmillan，1901：46.

[210] Besley T，Kanbur R. "The Principals of Targeting" Policy Research

and External Affairs Working Paper Se – Ries [Z]. World Bank, 1990: 385.

[211] Copestake J, Dawson P, Fanning J P, et al. Mckay, A. and Wright – Revolledo, K. Monitoring the diversity of the poverty outreach and impact of microfinace: Acomparison of methods using data from Peru [J]. Development Policy Review, 2005, 23 (6): 703 – 723.

[212] Gilert N. Targeting social benefits: International perspectives and trends [M]. New Brunswick, NJ: Transaction Publishers, 2001: 100 – 150.

[213] Gunnar Myrdal. The Challenge of World Poverty: A World Anti – Poverty Program in Outline [M]. New York: Pantheon, 1970: 65 – 66.

[214] Lind J. Convergence: History of term usage and lessons for firm strategies [R]. Stockholm School of Economics, Center for Information and Communications Research, 2004.

[215] Narayan – Parker D, Ebbe K. Design of social funds: Participation, demand orientation and local organizational ca-pacity [M]. World Bank Publications, 1997.

[216] Peter Townsend. The concept of poverty [J]. London: Heinemmann, 1971.

[217] Ragnar Nurkse. Problems of capital formation in underdeveloped countries [M]. Oxford: IBM Press, 1966: 136.

[218] Rosenberg N. Technological change in the machine tool industry, 1840 – 1910 [J]. The Journal of Economical History, Vol. 23, 1963: 414 – 416.

[219] Schreiner Mchreiner M, Caire D. A simple poverty scorecard for Russia [EB/OL]. 2011 – 03 – 25. http: //www. Microfinance. com/Russia, 2011 – 03 – 25.

[220] Theodore W. Schultz. Transforming traditional agriculture [M]. The University of Chicago Press, 1964: 81.

[221] Townseng P, Gordon D. World poverty: New policies to defeat an old enemy [M]. Bristol: The Policy Press, 2002: 171 – 194.

[222] Yoffie D B. Introduction: CHESS and competing in the age of digital convergence [A]. In: Yoffie, D B (ed.). Competing in the age of digital convergence [C]. Boston, 1997: 1 – 35.

后　　记

书稿终于完成了，但内心仍不免忐忑。掩卷思量，饮水思源，在此谨表达自身的殷切期许与拳拳谢意。

首先，感谢与此书研究内容相关的所有研究者，正是你们的研究成果成为本书写作的指路明灯。本书在研究农村返贫治理问题的过程中，吸收了理论界的很多新观点、新对策、新建议和新措施，充实了本书的研究内容。虽大部分研究者已列在参考文献目录中以示感谢，但也可能因为疏忽而有所遗漏，在此对遗漏列举的研究者深表歉意。

其次，感谢本书研究过程中所有提供帮助的老师、同事、乡镇（村）干部和我的研究生。特别是我的研究生陈扬帆、彭梦晨、魏月皎、蔡鹏程、刘敏、张萍、傅陈浩等同学，他们在本书的实地调研、资料收集和整理中作出了大量的努力。

再次，感谢浙江师范大学乡村振兴研究院提供出版经费支持。

最后，感谢本书得以付梓的幕后英雄，经济科学出版社的李雪老师和其他参与图书出版过程中的封面设计、文字校对、文稿润色、出版安排等工作方面的所有老师，你们在工作中的严谨态度给作者带来巨大的帮助与启发。

由于本人才疏学浅，本书中还存在很多不足与缺憾，在此诚挚地希望广大同仁和专家学者提出宝贵意见。

葛深渭

2021 年 11 月 1 日于浙江师范大学